Rechtsbuch der Schweizer Frau

von Dr. iur. Alice Wegmann

Büchler-Verlag

ISBN 3-7170-0156-6

© 1975 Büchler-Verlag Zürich/Wabern
Alle Rechte vorbehalten Nachdruck, auch auszugsweise, verboten

Dieses Buch will den Frauen
elementare Kenntnisse
auf verschiedenen Rechtsgebieten
in leicht verständlicher Form
und praxisnah darbieten:

— damit sie sich selbst schützen,
— damit sie anderen helfen,
— damit sie darauf einwirken können,
  dass das Rechtsgefühl
  der modernen Frau
  vermehrt Anerkennung findet
  und in der Gesetzgebung
  verankert wird.

Inhalt

	Rechtsfragen – aus dem Alltag gegriffen...	7
	Zur Einführung	10
	Rechts- und Handlungsfähigkeit	13
	Wichtigste Familienschutzbestimmungen	21

Die Ehescheidung

I.	Scheidung – Persönliche Nebenfolgen – Ehetrennung	27
II.	Finanzielle Nebenfolgen der Scheidung	32

Grundsätze des ehelichen Güterrechtes

I.	Allgemeines, Güterstände, Ehevertrag und Sondergut	39
II.	Die Güterverbindung	43
III.	Gütergemeinschaft und Gütertrennung	48
IV.	Wie ist der Haushaltbeitrag der berufstätigen Ehefrau zu berechnen?	51
V.	Besteht ein Lohnanspruch der Ehefrau bei Mithilfe im Betrieb des Ehemannes?	54
VI.	Ist Gütertrennung zu empfehlen?	57
VII.	Revisionsbedürftiges Eherecht	60

Das Erbrecht

I.	Grundsätze des Erbrechtes	75
II.	Das Erbrecht der Ehefrau	78
III.	Begünstigung der Ehefrau	82
IV.	Letztwillige Verfügung, Erbvertrag, Erbauskauf, Enterbung	86
V.	Die Ausgleichung	90
VI.	Erbschaftsschulden und Teilung	97

Das Eltern- und Kindesrecht

I.	Grundlagen des Eltern- und Kindesrechtes	101
II.	Die Adoption	104
III.	Rechte und Pflichten der Eltern und Kinder	107
IV.	Schutzmassnahmen	112
V.	Das ausserehelische Kindesverhältnis	116
VI.	Die Revision des Kindesrechtes	122

Das Jugendstrafrecht

I.	Grundsätze des Jugendstrafrechtes	131
II.	Das Strafrecht für Kinder	134
III.	Das Strafrecht für Jugendliche	138
IV.	Das Strafrecht für jugendliche Erwachsene	142

Das Nachbarrecht

I.	Grundsätze des Nachbarrechtes	147
II.	Spezielle Pflichten und Rechte der Nachbarn	151

Das Arbeitsverhältnis 157

Das Mietrecht

I.	Grundsätze des Mietrechtes	165
II.	Die Regelung des Mietverhältnisses	168
III.	Der Mietzins	173
IV.	Die Kündigung und die Kündigungsbeschränkungen	177
V.	Die Beendigung des Mietverhältnisses	182

Die Verjährung und die Verjährungsunterbrechung 187

Die Sozialversicherung

I.	Allgemeines	195
II.	Die Alters- und Hinterbliebenenversicherung (AHV)	196
III.	Die Invalidenversicherung (IV)	200
IV.	Die Krankenversicherung	202
V.	Die obligatorische Unfallversicherung	206

Die Privatversicherung

I.	Allgemeines	215
II.	Die Personenversicherung	217
III.	Die Sachversicherung	220
IV.	Die Haftpflichtversicherung	221
V.	Pflichten und Rechte im Versicherungsverhältnis	225

Grundsätze der Staatskunde

I.	Allgemeines	231
II.	Der schweizerische Bundesstaat	232
III.	Die Rechte des Schweizer Bürgers	237
IV.	Die staatlichen Organe und ihre Funktionen	241
V.	Die Bundesaufgaben	245

Verzeichnis der benutzten Gesetzeserlasse 249

Was finde ich wo – Schlagwortregister 251

Rechtsfragen – aus dem Alltag gegriffen...

A. Die Berufstätige

Seit Frau Leu weiss, dass sie keine Kinder bekommen kann, ist sie wieder berufstätig. Ihr Mann hat gegen ihre Berufstätigkeit grundsätzlich nichts einzuwenden, erwähnte aber sie könne später in seinem Betrieb mithelfen, wenn er sich als Werbeberater selbständig mache. Frau Leu hat nun allerlei Bedenken, über die sie mit ihrem Mann nicht reden möchte, bevor die Sache spruchreif ist. Jetzt verdient sie Fr. 2100.– pro Monat und legt davon Fr. 700.– in die Haushaltkasse. Der Ehemann leistet von seinem Verdienst von Fr. 3000.– Fr. 1000.– an die Haushaltkosten. Sie weiss nun nicht, ob sie auch bei Mithilfe im Betrieb des Mannes einen Lohn beanspruchen kann, ob so viel eingeht, dass ein Lohn ausbezahlt werden kann und was sie als Haushaltbeitrag leisten muss. Ihr Mann erwähnte gelegentlich in einer partnerschaftlichen Ehe müssten beide Teile gleich viel an die Haushaltkosten leisten.

Wissen Sie, ob die Ehefrau bei Mithilfe im Betrieb des Ehemannes einen Lohnanspruch hat? – In welcher Form wäre der Lohn zu leisten? – Welche Beiträge an die Haushaltkosten obliegen der berufstätigen Ehefrau?

Sollten Probleme dieser Art auch Sie beschäftigen, so vertiefen Sie sich in die Ausführungen auf Seite 51, 54 ff.

B. Vor der Scheidung

Herr Wiederkehr eröffnet seiner Frau, er wolle sich von ihr scheiden lassen, sie genüge ihm geistig und körperlich nicht mehr. Frau Wiederkehr vermutet, ihr Mann habe eine Freundin, kann aber nichts beweisen. Sie plagt sich nun Tag und Nacht mit folgenden Fragen, auf die sie von ihren Freunden und Bekannten die widersprechendsten Antworten erhält. Einen Anwalt will sie nicht aufsuchen, weil ihr Mann bisher noch nichts unternommen hat.

Kann man nach 32jähriger Ehe so einfach scheiden, weil einem der Partner nicht mehr passt? – Wem würden bei einer Scheidung die zwei noch minderjährigen Kinder zugeteilt? – Was kann sie allenfalls von ihrem Ehemann als Unterhaltsbeitrag verlangen, nachdem sie 56 Jahre alt ist und seit 30 Jahren ihren Schneiderinnen-Beruf nicht mehr ausgeübt hat? – Was geschieht bei einer Scheidung mit den von ihr eingebrachten Möbeln und dem gemeinsam Ersparten? – Wie steht es mit der AHV-Leistung?

Die Antwort auf solche Fragen finden Sie im Kapitel über die Ehescheidung und die AHV auf Seite 25ff, 198.

C. Die Witwe

Eine 63jährige Frau wird Witwe. Ihre Nachkommen wollen ihr ¼ des vorhandenen, während der Ehe erworbenen Vermögens von Fr. 90000.– überlassen, also Fr. 22500.–. Sie verweisen darauf, dass nach Gesetz der überlebende Ehegatte in Konkurrenz mit Nachkommen ¼ des Nachlasses des verstorbenen Ehegatten zu Eigentum oder ½ zur Nutzniessung erhält. Die Witwe, die mit einem viel grösseren Erbteil gerechnet, sich um Rechtsfragen aber nie gekümmert hatte, weiss sich nicht zu helfen. Umsomehr, als ihr gesagt wird, die von den Kindern angegebene Erbquote sei richtig. Dies stimmt auch, doch wurde die güterrechtliche Auseinandersetzung unterlassen.

Wissen Sie, dass der erbrechtlichen eine güterrechtliche Auseinandersetzung vorauszugehen hat und welche Rechte der Ehefrau zustehen? – In diesem Fall kann die Ehefrau ⅓ der während der Ehe erworbenen Fr. 90000.– verlangen = Fr. 30000.–. Von den restlichen Fr. 60000.–, die den Nachlass des verstorbenen Ehemannes bilden, erhält sie sodann ¼ = Fr. 15000.– zu Eigentum oder ½ zur Nutzniessung. Insgesamt also Fr. 30000.– aus Güterrecht und Fr. 15000.– aus Erbrecht, total Fr. 45000.–. Wissen Sie, wie die Ehefrau güter- und erbrechtlich noch weiter begünstigt werden kann?

Eine umfassende Orientierung über güter- und erbrechtliche Fragen finden Sie auf S. 37, 73ff.

D. Die Mieterin

Das gehbehinderte Fräulein Zogg erhält für ihre in einem Altbau gelegene 3-Zimmer-Parterre-Wohnung die Kündigung. Der Vermieter teilt ihr eingeschrieben folgendes mit: «Da ich Ihre Wohnung für meinen neuen Angestellten benötige, sehe ich mich zu meinem Bedauern gezwungen, Ihre Parterre-Wohnung wegen Eigenbedarfs auf den 30. September dieses Jahres zu kündigen.» Fräulein Zogg ist ratlos. Sie, die sich nur mit Stöcken fortbewegen kann, ist auf eine Parterrewohnung dringend angewiesen, denn in Häusern mit Lift sind die Mietzinsen für sie unerschwinglich. Die Kündigung scheint, so weit sie es beurteilen kann, in Ordnung zu sein. Als Kündigungstermine sind im

Mietvertrag der 31. März und der 30. September angegeben. Die darin festgesetzte 3monatige Kündigungsfrist ist eingehalten, denn die eingeschriebene Kündigung ging ihr am 25. Juni zu. Wissen Sie, was in einem solchen Fall zu tun ist? – Liegt Eigenbedarf des Vermieters vor, wenn er die Wohnung nicht für sich, sondern für einen Angestellten benötigt? – Spielt der Umstand, dass die Mieterin gehbehindert ist eine Rolle? – Was kann Fräulein Zogg verlangen und wo muss sie sich hinwenden?

Sollten Sie in einem solchen Fall ebenso ratlos sein wie Fräulein Zogg, so finden Sie alles Wissenswerte über die Kündigungsbeschränkungen auf Seite 179 ff.

E. Die Verunfallte

Eine Frau stürzt auf dem Hausplatz des Nachbarn, bricht das Bein und muss sich in Spitalbehandlung begeben. Der Nachbar verweist sie mit ihrem Schadenersatzanspruch an seine Haftpflichtversicherung. Diese lehnt die Schadenersatzansprüche ab. Die Verletzte, die eine eigene Unfallversicherung hat, meldet derselben den Schaden. Die Unfallversicherung erklärt ihr jedoch, sie komme nicht für den vollen Schaden auf, sondern erbringe nur die versicherten Leistungen. Die Frau, die einen Verdienstausfall von Fr. 70.– pro Tag erleidet, erhält nur das versicherte Taggeld von Fr. 30.–.

Wissen Sie, ob der Nachbar auch haftet, wenn ihn kein Verschulden an dem Unfall trifft und unter welchen Voraussetzungen? – Wissen Sie, welche Leistungen Ihre Unfallversicherung zu erbringen hat und ob dieselben mit der Schadenersatzforderung verrechnet werden müssen? – Wissen Sie, wann die Forderungen auf Schadenersatz und auf Leistungen Ihrer eigenen Unfallversicherung verjähren?

Antwort auf alle diese Fragen finden Sie auf Seite 217 ff.

Zur Einführung

Die Schweizerfrau hat sich während Jahrhunderten um ihre Rechtsstellung, das heisst die ihr in der staatlichen Gemeinschaft zustehenden Rechte und Pflichten, wenig gekümmert. Dies mag einerseits als Vertrauensbeweis gegenüber dem Gesetzgeber gewertet werden, ist andrerseits aber auch eine Nachlässigkeit, denn bis zur Erlangung des Stimmrechtes durch die Frauen im Jahre 1971 wurden die Gesetze ausschliesslich von Männern gemacht – von pflichtbewussten Männern. Dabei sei vorab Eugen Huber, der Schöpfer unseres Zivilgesetzbuches, lobend erwähnt. Er versuchte der Frau im Personen-, Familien- und Erbrecht die ihr gebührende Stellung einzuräumen. Aber man darf nicht vergessen, dass das von ihm geschaffene schweizerische Zivilgesetzbuch am 1. Januar 1912 in Kraft getreten ist. Zu einer Zeit, da die Frau, auch die ledige, noch vorwiegend in der Familie lebte, sich um den Haushalt kümmerte und dem Mann das Geschäftliche überliess. Eugen Huber ging bei seinem Gesetzesentwurf von diesen Voraussetzungen aus und liess die Vorherrschaft des Mannes, der im Eherecht als Haupt der Gemeinschaft bezeichnet wird, bestehen. Der Ehemann bestimmt die eheliche Wohnung, verwaltet beim ordentlichen Güterstand das eheliche Vermögen, ihm gehört hier zunächst, was während der Ehe erworben wird, und er hat sogar darüber zu entscheiden, ob die Ehefrau einen Beruf ausüben darf.

Eugen Huber regelte die Verhältnisse so, wie sie zu seiner Zeit bestanden haben und liess es sich angelegen sein, durch Einbau zahlreicher Schutzbestimmungen die geschäftsunerfahrene Frau vor Schaden zu bewahren. Inzwischen ist aber die Frau aus dem Haus in die Welt und ins Geschäftsleben hinausgetreten. Sie will Partnerin des Mannes, nicht seine Schutzbefohlene sein. Diese neuen Verhältnisse muss die Rechtsordnung berücksichtigen, soll sie nicht als unbillig, weil hoffnungslos veraltet, empfunden werden. Darum wird das Familienrecht jetzt einer Revision unterzogen. Das Gesetz soll, wie Eugen Huber es ausdrückt, das enthalten, was im Rechtsbewusstsein des Volkes lebt. Aufgabe des Gesetzgebers ist es, die im Volk vorhandenen Rechtsideen aufzuspüren, sie im Gesetz zu verankern und ihnen Nachachtung zu verschaffen. Hier nun haben die Frauen, haben vor allem die Frauenverbände die Möglichkeit und Pflicht, ihre Auffassung von den Rechten der Frau der auch heute noch vielfach patriarchalisch gefärbten Auffassung des Mannes entgegenzusetzen und dafür zu sorgen, dass die Frau im neuen Familienrecht die ihr gebührende partnerschaftliche Stellung auch wirklich erhält. Voraussetzung ist aber, dass die Frauen die ihnen zustehenden Rechte und Pflichten kennen. Erst dann werden sie in der Lage sein, die notwendigen Änderungen zu beantragen, erst dann aber auch ihre Rechte wirksam geltend zu machen.

Viele Amtsstellen beklagen sich darüber, dass Frauen beim Tod des Mannes hilf- und ratlos dastehen, weil sie nicht über die Vermögensverhältnisse orientiert sind. Sie verliessen sich darauf, der Mann werde schon alles geordnet haben und müssen dann leider oft erfahren, dass der Mann nichts zu ihren Gunsten vorgekehrt hat und sie nun die Leidtragenden sind. Was durch Ehevertrag oder einfaches handschriftliches Testament der Ehefrau hätte zugewendet werden können, wurde unterlassen und daher steht sie den Miterben hilflos gegenüber, oft sogar ohne zu wissen, was sie überhaupt beanspruchen kann. Der Ehemann, auf den sie sich verlassen hat, kann sie nicht länger schützen, sondern sie müsste selbst imstande sein, ihre Rechte geltend zu machen. Dazu aber sollte sie über gewisse grundlegende Rechtskenntnisse verfügen.

Gerichte und Amtsstellen

Die Gerichtsorganisation und das Gerichtsverfahren (Prozessordnung) sind kantonal und daher von Kanton zu Kanton verschieden. Desgleichen auch die Befugnisse von Amtsstellen, Notaren und Anwälten. Wer wissen möchte wo und in welcher Form ein Prozess einzuleiten ist oder welche Stelle für eine bestimmte Rechtsvorkehr, zum Beispiel die öffentliche Beurkundung zuständig ist, wende sich an einen ortsansässigen Anwalt. Oft erteilen auch Gemeindeschreiber und Gerichtspräsidenten Auskünfte.

Rechts- und Handlungsfähigkeit

A. Die Rechts- und Handlungsfähigkeit

Unsere Bundesverfassung erklärt in Art. 4, dass allen Bürgern die gleichen Rechte zustehen, dass also in der Schweiz das Prinzip der Rechtsgleichheit gilt.

Rechtsfähigkeit. – Im Schweiz. Zivilgesetzbuch wird in Art. 11 weiter bestimmt, dass jedermann (Erwachsene, Jugendliche, Kinder) rechtsfähig ist, also Träger von Rechten und Pflichten sein kann. Dies bedeutet indessen nicht, dass tatsächliche Verschiedenheiten, die für das gesellschaftliche und wirtschaftliche Leben bedeutungsvoll sind, wegen des Grundsatzes der Rechtsgleichheit nicht berücksichtigt werden dürfen. Man denke an den Unterschied zwischen Kindern und Erwachsenen. Wegen der beschränkten Entwicklung und der mangelnden Erfahrung bedürfen die Kinder und Jugendlichen eines Schutzes, dessen die Erwachsenen entraten können. Deshalb wird für Verpflichtungsgeschäfte, d. h. die vertragliche Begründung von Pflichten aller Art, Handlungsfähigkeit verlangt.

Handlungsfähigkeit. – Sie setzt voraus, dass der Betreffende urteilsfähig und mündig ist, also das 20. Altersjahr zurückgelegt hat und vernunftgemäss zu handeln vermag.

Beispiel: Ein Kind von 3 Jahren ist rechtsfähig und darum erbberechtigt, aber noch nicht handlungsfähig. Deshalb kann es z. B. aus seinem Erbe nicht ohne Zustimmung des gesetzlichen Vertreters (Eltern, Vormund) ein Haus kaufen, weil es die Tragweite dieses Geschäftes nicht zu überblicken vermag.

B. Spezielle Handlungs- und Verfügungsfähigkeit der Ehefrau

Die Frau ist im Prinzip voll handlungsfähig, auch wenn dies im Gesetz nicht ausdrücklich erwähnt wird. Sowohl die unverheiratete Frau wie die Ehefrau können Rechte erwerben und Verpflichtungen eingehen. Unter dem Gesichtspunkt der Gleichberechtigung der Geschlechter erscheint dies heutzutage als Selbstverständlichkeit.

Im Hinblick auf die eheliche Gemeinschaft kann aber dort, wo die Verwaltung des ehelichen Vermögens dem Manne obliegt, eine Beschränkung der Verpflichtungs- und Verfügungsfähigkeit der Ehefrau Platz greifen. Dies gilt vorab für den ordentlichen Güterstand der Güterverbindung (über die Güterstände s. S. 39), der überall dort gilt, wo nicht durch Ehevertrag ein anderer Güterstand vereinbart wurde. Beim Güterstand der Güterverbindung steht dem Ehemann die Nutzung und Verwaltung des Frauenvermögens zu. Um diese Befugnisse nicht zu tangieren, haftet im Prinzip das von der Ehefrau eingebrachte und ihr während der Ehe angefallene Vermögen nur für Verpflichtungen der Ehefrau, denen der Ehemann als Vermögensverwalter zugestimmt hat.

Aus dieser Beschränkung wird von den Ehefrauen nun oft zu Unrecht der Schluss gezogen, dass Verpflichtungen, denen der Ehemann seine Zustimmung versagt, ungültig seien. Dass also ein von der Ehefrau unterzeichneter Vertrag keine rechtliche Wirkung habe, solange die Zustimmung des Ehemannes fehle. Dieser Irrtum wird von Vertretern aller Art weidlich ausgenutzt, indem sie die Ehefrau zur Unterzeichnung von Verträgen veranlassen, die von ihnen oft nur im Glauben an ihre rechtliche Unverbindlichkeit unterzeichnet werden, um den lästigen Vertreter loszuwerden. Sie glauben, sich durch die Erklärung des Ehemannes, er verweigere seine Zustimmung, von der eingegangenen Verpflichtung befreien zu können.

Eine entsprechende Erklärung des Ehemannes bewirkt aber nur den Ausschluss der Haftung für das von ihm verwaltete Frauenvermögen für die ohne seine Zustimmung von der Ehefrau eingegangene Verpflichtung. Er selbst haftet ohnehin nicht für Frauenschulden, sowenig wie die Ehefrau für Schulden des Ehemannes. Eine Ausnahme besteht nur insofern, als es sich um Verpflichtungen der Ehefrau für normale Bedürfnisse des Haushaltes handelt. In diesem Rahmen (Schlüsselgewalt) verpflichtet die Ehefrau den Ehemann, ohne dass sie seine Zustimmung benötigt, und haftet bei Zahlungsunfähigkeit des Ehemannes ihrerseits mit ihrem vollen, also auch dem eingebrachten Frauenvermögen. Nur dort, wo die Verpflichtung der Ehefrau den normalen Haushaltrahmen sprengt, wie beispielsweise die Anschaffung eines Fernsehapparates ohne Zustimmung des Ehemannes, kann er die Haftung sowohl für sich persönlich wie auch für das von ihm verwaltete Frauenvermögen ablehnen.

Wichtig: Da die Ehefrau im Prinzip handlungsfähig ist, bleiben ihre Verpflichtungen auch dort, wo der Ehemann ihnen seine Zustimmung versagt und damit die Haftung des eingebrachten Frauenvermögens ausgeschlossen ist, nicht einfach wirkungslos. Die Ehefrau haftet vielmehr für die Erfüllung des Vertrages wie jede andere Vertragskontrahentin. Dies lediglich mit der Einschränkung, dass sie ohne Zustimmung des Mannes das eingebrachte Frauenvermögen nicht verpflichten kann, damit nicht durch eigenwillige Verfügung der Ehefrau die Verwaltungs- und Nutzungsbefugnis des Ehemannes illusorisch wird.

C. Beschränkungen der Handlungsfähigkeit der Ehefrau

Wohl ist die Ehefrau im Prinzip voll handlungsfähig, aber dieser Grundsatz erleidet doch gewisse Einschränkungen.
Die Zustimmung der Vormundschaftsbehörde ist für die Gültigkeit nachstehender Rechtsgeschäfte erforderlich:

1. Bestimmte Rechtsgeschäfte unter Ehegatten

Rechtsgeschäfte, welche das der ehemännlichen Verwaltung und Nutzung unterstehende Frauenvermögen betreffen, bedürfen der vormundschaftlichen Genehmigung.
Beispiele: a. der Verkauf einer der Frau gehörenden Liegenschaft an den Ehemann; b. eine Schenkung an den Mann aus dem Frauengut (Gelegenheitsgeschenke fallen nicht unter diese Bestimmung).

Dass es sich hier um eine Schutzbestimmung zugunsten der Ehefrau handelt, ist klar. Der Gesetzgeber befürchtete, die geschäftsunerfahrene Frau könnte von dem geschäftstüchtigeren Mann übervorteilt werden. Daher sollen derartige Geschäfte nur rechtsgültig sein, wenn die Zustimmung der Vormundschaftsbehörde, als einer neutralen Instanz, vorliegt. Sie hat zu prüfen, ob das geplante Geschäft den Interessen der Frau nicht zuwiderläuft, d. h. der Kaufpreis für die Liegenschaft angemessen ist oder die Schenkung sich nach dem Vermögensstand verantworten lässt. Diese Einschränkung der Handlungsfähigkeit ist ein Schönheitsfehler, schadet aber wenig, weil sie sich auf die Beziehung zwischen den Ehegatten beschränkt.

2. Verpflichtungsgeschäfte gegenüber Dritten zugunsten des Ehemannes (Interzessionsgeschäft)

Verpflichtungen, welche die Ehefrau gegenüber Dritten zugunsten des Ehemannes eingeht, sind nur mit Zustimmung der Vormundschaftsbehörde gültig, so z. B.
- Bürgschaften
- Schuldübernahme-Verträge
- Garantie-Erklärungen usw.

Voraussetzung ist indessen, dass die Verpflichtung dem Ehemann zugute kommt und die Ehefrau kein eigenes rechtliches Interesse daran hat. Ein solches Interesse der Ehefrau wäre z. B. dann anzunehmen, wenn sie sich als Mitinhaberin eines von beiden Ehegatten betriebenen Geschäftes für einen Betriebskredit verbürgt. Dagegen genügt ein bloss allgemeines Interesse am wirtschaftlichen Vorwärtskommen des Mannes nicht als Ausschliessungsgrund; verlangt wird ein rechtliches Interesse.

Die Zustimmung der Vormundschaftsbehörde ist nicht erforderlich bei Verfügungen der Ehefrau zugunsten des Ehemannes.

Beispiel: Die Ehefrau kann einen Gläubiger des Ehemannes durch Zahlung abfinden, ohne dass hiefür die Zustimmung der Vormundschaftsbehörde erforderlich wäre. Verpflichtet sie sich aber zur Zahlung einer Verbindlichkeit des Ehegatten, so liegt ein genehmigungspflichtiges Rechtsgeschäft vor.

Wichtig: Der Unterschied zwischen Verpflichtung und Verfügung besteht darin, dass sich die Ehefrau bei Verfügungen, wie z. B. Zahlungen zugunsten des Ehemannes, eines Vermögensobjektes entäussert, während sie bei Verpflichtungsgeschäften erst in Zukunft leistungspflichtig wird oder werden kann. Der Gesetzgeber befürchtete, die geschäftsunerfahrene Ehefrau nehme Verpflichtungen nicht ernst genug, während ihr die Tragweite von Verfügungen eher aufgehe. Indessen ist es oft nicht leicht, die Verfügungs- von den Verpflichtungsgeschäften zu unterscheiden.

Diese sicher gutgemeinte, aber veraltete Beschränkung der Handlungsfähigkeit der Ehefrau untergräbt ihren Kredit weitgehend. Bankinstitute und private Geldgeber sind Ehefrauen gegenüber misstrauisch, weil nicht leicht feststellbar ist, ob eine Verpflichtung der Ehefrau nicht in irgendeiner Form doch dem Ehemanne zugute kommt und daher der vormundschaftlichen Genehmigung bedarf. Bei der Unübersichtlichkeit der Verhältnisse wäre es an der Zeit, diese gutgemeinte, aber wirtschaftlich untragbare Beschränkung der Handlungsfähigkeit der Ehefrau zu beseitigen und dadurch ihren Kredit aufzuwerten. Voraussetzung ist aber natürlich, dass sich die Ehefrau der Tragweite ihrer Handlungs- und Verpflichtungsfähigkeit voll bewusst ist, was bei der modernen Frau weitgehend der Fall ist.

Beispiel (Verfügungsgeschäft): Die Ehefrau gibt ihrem Mann das Geld für den Kauf eines Autos. Hier ist keine Zustimmung der Vormundschaftsbehörde erforderlich, weil die Ehefrau die Tragweite des Geschäftes ohne weiteres erkennen kann.

Beispiel (Verpflichtungsgeschäft): Verpflichtet sich die Ehefrau, für das vom Ehemann auf Kredit gekaufte Auto an seiner Stelle die Abzahlungen zu leisten, wenn er diese nicht selbst leistet, so ist hier die Zustimmung der Vormundschaftsbehörde erforderlich, weil man befürchtet, die Ehefrau sei sich über die Tragweite eines solchen Geschäftes nicht klar.

Wichtigste Familienschutzbestimmungen

A. Grundsätzliches

Der Staat ist an einem gesunden Ehe- und Familienleben seiner Bürger interessiert. Wo die Familie als innerste Zelle in Ordnung ist, kann mit einem gesunden öffentlichen Leben gerechnet werden. Verwildern dagegen Ehe und Familie, so wirkt sich das auch auf das Zusammenleben in Gemeinde, Kanton und Bund aus.

Obwohl die Gestaltung des Ehe- und Familienlebens in erster Linie Sache der direkt Beteiligten ist, so kann doch der Staat durch seine Gesetzgebung einen gewissen Familienschutz schaffen. Einerseits dadurch, dass er die Rechte und Pflichten der Familienangehörigen so gegeneinander abgrenzt, dass möglichst wenig Konfliktstoff entsteht, anderseits dadurch, dass gewisse Ansprüche von Familienangehörigen privilegiert werden. Dem gleichen Zweck dienen auch spezielle Instanzen, die sich mit gefährdeten Ehen und Familien zu befassen haben, und schliesslich die Strafbestimmungen bei schweren Verstössen gegen Ehe- und Familienpflichten.

B. Rechte und Pflichten der Ehegatten

Der Ehemann ist das Haupt der Gemeinschaft und vertritt dieselbe nach aussen. Er hat in erster Linie für den Unterhalt der Familie aufzukommen. Beim ordentlichen Güterstand der Güterverbindung nutzt und verwaltet er das eheliche Vermögen.

Die Ehefrau ist zur Haushaltführung verpflichtet und vertritt die Gemeinschaft nur im Rahmen der Haushaltbedürfnisse. Für die Ausübung eines Berufes oder Gewerbes benötigt sie die Zustimmung des Ehemanns. Sie hat jedoch die Möglichkeit, bei Verweigerung der Zustimmung den Richter anzurufen.

Selbstverständlich steht es den Ehegatten frei, diese teilweise sehr veralteten Bestimmungen durch eine andere Aufteilung von Rechten und Pflichten zu ersetzen. So wird dort, wo beide Ehegatten berufstätig sind, meist auch die Hausarbeit gemeinsam besorgt. Die gesetzliche Regelung ist aber massgebend, wo Ehegatten sich über die gegenseitigen Rechte und Pflichten nicht einigen können. So z. B. wenn die Frau einen Beruf ausüben will, der Mann aber wünscht, dass sie zu Hause bei den Kindern bleibt.

Die Ehegatten schulden einander gegenseitig Treue und Beistand. Ausser in ganz bestimmten, im Gesetz abschliessend aufgezählten Fällen ist eine Betreibung unter Ehegatten nicht zulässig, weil mit dem Wesen der Ehe nicht vereinbar.

Ausschliesslich zum Schutz der Ehefrau dienen folgende, sehr umstrittene Bestimmungen: Rechtsgeschäfte unter Ehegatten über das eingebrachte Gut der Ehefrau oder das Gemeinschaftsgut und Verpflichtungen der Ehefrau zugunsten des Mannes sind nur mit Zustimmung der Vormundschaftsbehörde gültig.

C. Schutzbestimmungen bei Gefährdung der Ehe

1. Berechtigung zum Getrenntleben

Werden die Gesundheit, der gute Ruf oder das wirtschaftliche Auskommen eines Ehegatten durch das Zusammenleben ernstlich gefährdet, so ist derselbe berechtigt, den gemeinsamen Haushalt für so lange aufzuheben, als die Gefährdung dauert. Das gleiche Recht steht ihm auch bei Einleitung einer Scheidungs- oder Trennungsklage während der Dauer des Verfahrens zu.

2. Anrufung des Eheschutzrichters

Bei Pflichtvergessenheit eines Ehegatten, oder wenn derselbe seinen Ehepartner gefährdet oder in Schande oder Schaden bringt, kann der gefährdete den Eheschutzrichter (in den meisten Kantonen ist es der Gerichtspräsident) um Hilfe angehen.

Der Eheschutzrichter hat die Aufgabe, den fehlbaren Ehegatten an seine Pflicht zu mahnen. Der richterliche Zuspruch zeigt den Ehegatten, die oft nicht die nötige Distanz zu ihren Problemen besitzen, wie ein neutraler erfahrener Dritter die Sache beurteilt und welche Lösungen, von aussen her gesehen, bestehen. Dies vermag in vielen Fällen die Ehegatten zu einem neuen Verhalten zu bestimmen.

Wo der Zuspruch allein nichts fruchtet, trifft der Eheschutzrichter geeignete Massnahmen. Als solche kommen in Betracht:

a. Festsetzung von Beiträgen an den Ehegatten, der zur Auflösung der ehelichen Gemeinschaft berechtigt ist.
b. Anweisung an die Schuldner des Ehemannes, der seine Unterhaltspflicht vernachlässigt, ihre Zahlungen an die Ehefrau zu richten. Vorab wird es dabei um die direkte Auszahlung des Lohnes an die Frau gehen. Derartige Massnahmen sind mit Vorsicht zu treffen, weil sie den Arbeitswillen des Ehemannes beeinträchtigen und geeignet sind, ihn der Familie in noch stärkerem Mass zu entfremden.

Die Ehescheidung

I. Scheidung – Persönliche Nebenfolgen Ehetrennung

A. Allgemeines

Es gibt Situationen, in denen die Fortsetzung der Ehe einem der beiden Ehepartner nicht mehr zugemutet werden kann, weil der andere sich schwerer Verfehlungen schuldig gemacht hat (Ehebruch) oder sich seine Persönlichkeit so verändert (Geisteskrankheit), dass die durch die Ehe angestrebte Lebensgemeinschaft nicht mehr realisierbar ist. Man spricht hier von speziellen Scheidungsgründen. Sie werden im Gesetz einzeln aufgeführt.

Aber auch dort, wo kein spezieller Scheidungsgrund besteht oder ein solcher nicht nachgewiesen werden kann, was bei Ehebruch häufig zutrifft, kann die Ehe durch dauerndes Aneinandervorbeileben der Partner oder aus anderen Gründen so zerrüttet sein, dass ihnen eine Fortsetzung derselben nicht mehr zuzumuten ist. Dies wird vor allem dort der Fall sein, wo sich eine echte Lebensgemeinschaft nicht mehr verwirklichen lässt. Man spricht dann vom allgemeinen Scheidungsgrund der tiefen Zerrüttung.

Die meisten Scheidungen werden wegen tiefer ehelicher Zerrüttung ausgesprochen. Den speziellen Scheidungsgründen kommt weniger Bedeutung zu.

B. Die speziellen Scheidungsgründe

1. Ehebruch

Man versteht darunter den freiwilligen Beischlaf eines Ehegatten mit einem Dritten. Meist wird es schwierig sein, einen Ehebruch nachzuweisen, doch genügen unter Umständen auch Indizienbeweise, die nach den Erfahrungen des Lebens einen dringenden Verdacht rechtfertigen. Bei nachgewiesenem Ehebruch muss die Scheidung auf Verlangen des verletzten Ehegatten ausgesprochen werden, wenn nicht Verzeihung, Zustimmung zum Ehebruch oder Fristablauf geltend gemacht werden.

Zustimmung zum Ehebruch oder Verzeihung desselben durch den verletzten Ehegatten schliessen das Klagerecht aus, auch wenn keine ausdrückliche Erklärung in diesem Sinne erfolgt ist. Es genügt ein entsprechendes Verhalten. So wird in der Regel die Wiederaufnahme ehelicher Beziehungen nach dem Ehebruch als Verzeihung gewertet.

Das Klagerecht als solches ist verwirkt, wenn nicht innert 6 Monaten seit Kenntnis des Ehebruches auf Scheidung geklagt wird.

2. **Nachstellung nach dem Leben, schwere Misshandlung, schwere Ehrenkränkung**

Eine Misshandlung oder Ehrenkränkung wird – abgesehen von ihrem effektiven Ausmass – vor allem dann als schwer bezeichnet, wenn sie die Fortsetzung der Ehe verunmöglicht. Diesem speziellen Scheidungsgrund kommt kaum mehr Bedeutung zu, da sich die Parteien in solchen Fällen in der Regel auf den allgemeinen Scheidungsgrund der tiefen Zerrüttung berufen.

3. **Entehrende Verbrechen, unehrenhafter Lebenswandel**

Unter unehrenhaftem Lebenswandel ist eine Lebensführung zu verstehen, die durch gemeine, ehrlose Gesinnung gekennzeichnet ist, wie beispielsweise die Zuhälterei oder die Führung eines Bordells.

4. **Böswillige Verlassung**

Böswillige Verlassung ist die widerrechtliche Aufhebung der häuslichen Gemeinschaft gegen den Willen des anderen Ehegatten. Von böswilliger Verlassung kann dann nicht gesprochen werden, wenn ein Ehegatte aus gesundheitlichen, wirtschaftlichen oder moralischen Gründen zum Getrenntleben berechtigt oder ausdrücklich zum Getrenntleben ermächtigt worden ist.

Ein Anspruch auf Scheidung besteht nur, wenn die Verlassung mindestens 2 Jahre gedauert hat und der verlassene Ehegatte nach dieser Frist den abwesenden Ehegatten durch den Richter aufrufen lässt, binnen 6 Monaten zurückzukehren. Wegen dieser Einschränkung kommt dem Scheidungsgrund der böswilligen Verlassung praktisch kaum mehr Bedeutung zu.

5. **Unheilbare Geisteskrankheit**

Voraussetzung ist, dass die Geisteskrankheit mindestens 3 Jahre gedauert hat und ihre Unheilbarkeit durch medizinisches Gutachten dargetan ist.

C. Der allgemeine Scheidungsgrund der tiefen Zerrüttung

Die Scheidung kann auch dort, wo kein spezieller Scheidungsgrund vorliegt, verlangt werden, wenn das eheliche Verhältnis so tief zerrüttet ist, dass eine Fortsetzung desselben den Ehegatten nicht zugemutet werden darf. Dies beispielsweise bei ehewidrigen Beziehungen

Die Ehescheidung
Scheidung – Persönliche Nebenfolgen – Ehetrennung

eines Ehegatten zu einer Drittperson, auch wenn es nicht zum Ehebruch kommt, Verweigerung des ehelichen Verkehrs, ausser wenn derselbe wegen Alters oder Krankheit nicht zuzumuten ist, schwere Trunksucht eines Ehegatten usw.

Ein Verschulden der Ehegatten wird nicht verlangt. Es genügt durchaus, dass aus bestimmten Gründen eine richtige Lebensgemeinschaft nicht mehr verwirklicht werden kann. Wo jedoch ein Ehegatte die Schuld an der Zerrüttung trägt, kann er die Scheidung nicht gegen den Willen des schuldlosen Ehegatten durchsetzen, sondern nur mit dessen Zustimmung.

Die meisten Ehen werden heutzutage auf Grund tiefer Zerrüttung des ehelichen Verhältnisses geschieden, selbst dort, wo ein spezieller Scheidungsgrund geltend gemacht werden könnte.

D. Persönliche Nebenfolgen der Scheidung

1. Allgemeines

Die Scheidung hat schwerwiegende persönliche und finanzielle Folgen für die Beteiligten, aber auch für die aus der Ehe hervorgegangenen Kinder. Die finanziellen Nebenfolgen werden auf den Seiten 32–36 behandelt.

2. Persönliche Auswirkungen für die Ehegatten
a. *Die Namensänderung der Ehefrau.* – Sie verliert durch die Scheidung den Namen des Mannes, kann sich aber durch die Regierung ihres Heimatkantons aus wichtigen Gründen ermächtigen lassen, den bisherigen Namen weiterzuführen. Die Weiterführung des bisherigen Namens wird der Ehefrau vor allem dort wichtig sein, wo sie mit ihren Kindern zusammenwohnt und den gleichen Namen führen möchte wie diese.
Wichtig: Das Bürgerrecht der Ehefrau wird durch die Scheidung nicht berührt.
b. *Wartefrist für Eingehung einer neuen Ehe*
aa. Wartefrist mit Strafcharakter (Eheverbot). – Dem schuldigen Ehegatten kann ein Eheverbot von 1 bis 3 Jahren auferlegt werden. Voraussetzung ist eine schwere Verletzung der ehelichen Pflichten, die auf diese Weise bestraft werden soll.
bb. Spezielle Wartefrist für die Ehefrau. – Eine geschiedene Ehefrau darf sich erst 300 Tage nach Auflösung der Ehe wieder verheiraten,

Die Ehescheidung
Scheidung – Persönliche Nebenfolgen – Ehetrennung

ausser wenn die Frist durch eine Geburt unterbrochen wird oder ein ärztliches Zeugnis eine Schwangerschaft ausschliesst. Diese Bestimmung soll verhindern, dass bei rasch aufeinanderfolgenden Ehen eine Ungewissheit bezüglich der Vaterschaft besteht, d. h. nicht mehr festzustellen ist, aus welcher Ehe ein Kind stammt. Daher gilt diese Wartefrist auch bei Auflösung der Ehe durch den Tod des Ehemannes.

3. Auswirkungen der Scheidung im Hinblick auf die Kinder

a. *Kinderzuteilung.* – Nicht nur die Ehegatten, auch die Kinder werden durch die Auflösung einer Ehe aufs tiefste betroffen. Wenn der normale Familienverband gesprengt wird, hat der Richter zu entscheiden, was mit den Kindern zu geschehen hat. Das Übliche ist die Zuteilung derselben an denjenigen Ehegatten, der am ehesten Gewähr für gute Betreuung und Erziehung der Kinder bietet. Kleinkinder werden in der Regel der Mutter zugesprochen, weil sie die Mutter weniger entbehren können als den Vater.
Wichtig: Massgebend ist immer das Interesse des Kindes. D. h., sein Wohl ist bei der Zuteilung zu berücksichtigen, nicht die Wünsche der Eltern.
Wo Zweifel an der Eignung des Elternteiles, dem die Kinder zugesprochen werden, bestehen, kann eine vormundschaftliche Aufsicht angeordnet werden. Wird keine Gewähr für eine richtige Betreuung der Kinder durch einen Elternteil geboten, so muss eine andere Lösung, meist die Unterbringung in einer Familie oder in einem Heim, getroffen werden.
Über die Beitragspflicht des Elternteils, der die Kinder nicht erhält, wird im Zusammenhang mit den finanziellen Nebenwirkungen der Scheidung ausführlich die Rede sein.

b. *Besuchsrecht.* – Der durch Scheidungsurteil von den Kindern getrennte Elternteil hat Anspruch auf angemessenen persönlichen Verkehr mit ihnen, d. h., es ist ihm ein Besuchsrecht einzuräumen. Dasselbe soll so beschaffen sein, dass die Kinder nicht dauernd zwischen den geschiedenen Eltern hin- und hergerissen werden, sondern wissen, wohin sie gehören. Konflikte lassen sich allerdings auch bei einer starken Beschränkung des Besuchsrechtes nicht vermeiden. Ein Abbruch jeder Beziehung zu dem durch Scheidung aus dem Familienverband ausgeschlossenen Elternteil liesse sich aber auch nicht verantworten. Sehr oft kann ein Vater

Die Ehescheidung
Scheidung — Persönliche Nebenfolgen — Ehetrennung

den bei der Mutter aufgewachsenen Kindern in späteren Jahren wirksam vorwärts helfen.

Aufgabe der Eltern wird es sein, das Besuchsrecht so auszuüben, dass die Kinder sowenig als möglich in den Spannungsbereich der geschiedenen Eltern hineingeraten.

E. Formelles Scheidungsrecht

Die Scheidungsklage ist am Wohnsitz der klagenden Partei anzubringen. Schweizer im Ausland können an ihrem Heimatort klagen, worauf die Scheidung ausschliesslich nach schweizerischem Recht zu beurteilen ist.

F. Die Ehetrennung

Statt auf Scheidung kann auch auf Trennung geklagt werden. Indessen kann der Richter auch dort, wo Scheidung beantragt wird, nur auf Trennung erkennen, wenn Aussicht auf Wiedervereinigung besteht.

Die Trennung wird auf 1 bis 3 Jahre oder für unbestimmte Zeit ausgesprochen. Ist die Trennungszeit abgelaufen oder hat sie bei unbestimmter Trennung 3 Jahre gedauert, ohne dass die Wiedervereinigung erfolgt ist, so kann jeder Ehegatte die Scheidung verlangen. Sie muss ohne nähere Prüfung der Verhältnisse ausgesprochen werden. Eine Ausnahme besteht nur dort, wo der an der Ehetrennung allein schuldige Teil gegen den Willen des schuldlosen Ehegatten die Scheidung verlangt. Indessen ist sie selbst dann auszusprechen, wenn der schuldlose Ehegatte die Wiedervereinigung verweigert.

Wichtig: Die Ehetrennung führt zu einer Erleichterung der Scheidung, worüber sich Ehegatten, die eine gerichtliche Trennung anstreben, oft zu wenig klar sind.

Da es sich bei der gerichtlichen Trennung um einen mehr oder weniger provisorischen Zustand handelt, so entscheidet der Richter, ob das bisherige güterrechtliche Verhältnis fortgesetzt oder Gütertrennung angeordnet werden soll. Verlangt eine der Parteien die Gütertrennung, so muss sie angeordnet werden. Desgleichen ist die Beitragspflicht während der Trennungszeit durch den Richter zu regeln.

II. Finanzielle Nebenfolgen der Scheidung

A. Allgemeines

Wenn eine Ehe, die als Lebensgemeinschaft gedacht war, durch Scheidung aufgelöst wird, so entstehen daraus nicht nur schwerwiegende persönliche, sondern auch finanzielle Probleme. Der Ehemann, welcher bis dahin für den Unterhalt der Familie aufzukommen hatte, löst sich aus diesem Kreis, geht eigene Wege und gründet oft über kurz oder lang eine neue Familie. Indessen kann er durch die Scheidung seine Verpflichtungen gegenüber der ursprünglichen Familie nicht einfach abschütteln, sondern es muss eine den Verhältnissen angemessene Regelung getroffen werden. Dies sowohl bezüglich der Ansprüche der Ehegatten wie auch derjenigen der Kinder. Ferner ist dort, wo das von den Ehegatten eingebrachte Gut zu einem ehelichen Vermögen vereinigt wurde, eine güterrechtliche Auseinandersetzung erforderlich. Dies trifft sowohl bei der Güterverbindung wie bei der Gütergemeinschaft zu.

B. Verpflichtungen des schuldigen Ehegatten gegenüber dem schuldlosen Eheteil

Wird durch die Schuld eines Ehegatten die finanzielle Situation des schuldlosen Eheteils durch die Scheidung verschlechtert – meist wird das bei der Ehefrau der Fall sein –, so hat der schuldige Teil dafür Ersatz zu leisten. Zu berücksichtigen ist dabei nicht nur der Wegfall von Unterhaltsansprüchen, sondern auch von Erbanwartschaften (das Erbrecht der Ehegatten wird durch die Scheidung beseitigt), Pensionsansprüchen usw.

1. Unterhalts-, Entschädigungs- und Genugtuungsleistungen

Voraussetzung für solche Leistungen sind ein Verschulden des Pflichtigen sowie Schuldlosigkeit des berechtigten Eheteils. Man wird indessen kaum einen Ehegatten finden, dessen Verhalten nicht in gewissem Sinne ebenfalls zur Scheidung beigetragen hat. Als schuldlos ist deshalb ein Ehegatte zu betrachten, der sich nicht prinzipiell ehewidrig verhält und dadurch selbst die Auflösung der Ehe bewirkt, d. h., sein Mitverschulden darf nur geringfügig sein. Bei Mitverschulden können die Leistungen entsprechend gekürzt werden.

    a. *Unterhaltsansprüche der schuldlosen Ehefrau gegenüber dem schuldigen Ehegatten.* – Meist wird die Ehefrau durch die Scheidung finanziell geschädigt. Wenn nun die erwähnten Voraus-

Die Ehescheidung
Finanzielle Nebenfolgen der Scheidung

setzungen — Schuld des Ehemannes, relative Schuldlosigkeit der Ehefrau — erfüllt sind, hat sie Anspruch auf eine angemessene Entschädigung. Bei der Festsetzung der Unterhaltsbeiträge ist jedoch zu berücksichtigen, dass die Ehefrau von der Pflicht zur Haushaltführung durch die Scheidung befreit wird und einem Erwerb nachgehen kann. War der schuldlose Ehegatte schon vor der Scheidung voll berufstätig, so ist ein Unterhaltsanspruch in der Regel ausgeschlossen oder es wird nur eine kleine Übergangsrente zugesprochen. Die Unterhaltsbeiträge müssen den Verhältnissen der Ehegatten entsprechen, d. h., es wird auf das Einkommen und die Bedürfnisse beider Eheteile abgestellt. Dass eine Bedürftigkeit in dem Sinne bestehe, dass der schuldlose Ehegatte ohne Unterhaltsbeiträge nicht leben könnte, ist nicht Voraussetzung. Man muss vielmehr davon ausgehen, dass der schuldlose Ehegatte gegenüber dem Schuldigen einen eigentlichen Schadenersatzanspruch wegen der Verschlechterung seiner finanziellen Situation hat.

Unterhaltsbeiträge dieser Art können nicht schon dann herabgesetzt werden, wenn sich die Verhältnisse des Berechtigten verbessern, die Ehefrau also beispielsweise einen eigenen Verdienst hat, sondern nur, wenn sich die Verhältnisse des Pflichtigen wesentlich verschlechtern, also sein Einkommen stark zurückgeht.

Wichtig: Eine Erhöhung dieser Unterhaltsbeiträge ist ausgeschlossen, ausser wenn sie im Scheidungsurteil selbst vorgesehen und genau fixiert wurde.

b. *Entschädigungs- und Genugtuungsleistungen.* — Für den Verlust von Erbanwartschaften, Pensionsansprüchen usw. hat der schuldige Ehegatte dem schuldlosen eine angemessene Abfindung zu leisten. Meist wird sie in Kapitalform erfolgen, während die Entschädigung für den Wegfall des ehelichen Unterhaltsanspruches in der Regel durch periodisch zu leistende Alimentenzahlungen erfolgt.

Wird ein schuldloser Ehegatte durch das Verhalten des schuldigen Eheteils sehr schwer verletzt, so kann ausserdem eine Genugtuung gefordert werden. So z. B. dort, wo eine Ehefrau durch den Ehebruch des Mannes einen schweren seelischen Schock erleidet. Solche Leistungen sind indessen selten und halten sich in bescheidenen Grenzen.

Die Ehescheidung
Finanzielle Nebenfolgen der Scheidung

C. Verpflichtung des schuldlosen Ehegatten gegenüber dem schuldlosen bedürftigen Eheteil

In den weitaus meisten Fällen kann nicht ein Ehegatte für das Scheitern der Ehe allein verantwortlich gemacht werden. Es ist vielmehr so, dass sich die Ehegatten auseinanderleben, eigene Wege gehen und die Gemeinschaft immer mehr abbröckelt. Wo es auch beim besten Willen beider Gatten nicht mehr möglich ist, die Entfremdung zu überbrücken, weil sie ein gewisses Mass überschritten hat, drängt sich die Scheidung auf. Hier das gegenseitige Verschulden abzuwägen – sofern man bei einer solchen Entwicklung überhaupt von Verschulden sprechen will –, fällt sehr schwer. Daher unterlassen z. B. die zürcherischen Gerichte die Prüfung der Verschuldensfrage dort, wo beide Parteien mit der Scheidung einverstanden sind. Geprüft wird lediglich, ob die Zerrüttung der Ehe so schwer ist, dass den Ehegatten die Fortsetzung der Ehe nicht mehr zugemutet werden kann.

Aber auch dort, wo das Scheitern der Ehe nicht dem Verschulden eines Eheteils zuzuschreiben ist, darf ein Ehegatte den andern nicht einfach im Stich lassen, wenn derselbe seiner Unterstützung bedarf. Meist wird es die Ehefrau sein, die unterstützt werden muss. Nachdem sie in der Ehe den Haushalt und die Kinder zu betreuen hatte, kann sie nach einer Scheidung nicht einfach dort wieder anknüpfen, wo sie vor der Ehe stand. In einem gewissen Alter findet sie den Anschluss an das Erwerbsleben überhaupt nicht mehr oder nur beschränkt, und wo Kinder zu betreuen sind, darf ihr nicht ohne weiteres zugemutet werden, einem Erwerb nachzugehen. In allen diesen Fällen ist sie auch nach der Scheidung auf die Unterstützung durch den Ehegatten angewiesen. Daher muss in solchen Fällen ein angemessener Unterhaltsbeitrag festgesetzt werden, der sich nach der Bedürftigkeit des einen und der Leistungsfähigkeit des andern Eheteils richtet.

Jüngere Ehefrauen werden, soweit sie nicht für Kinder zu sorgen haben, meist nach kurzer Zeit imstande sein, ihren Unterhalt selbst zu erwerben, weshalb in diesen Fällen meist nur eine Übergangsrente festgesetzt wird. Sie soll die Anpassung an die neuen Verhältnisse erleichtern.

Voraussetzung ist auch bei den sogenannten Bedürftigkeitsrenten die relative Schuldlosigkeit des Unterstützungsberechtigten.

Wichtig: Ein Mitverschulden führt zur Herabsetzung der Leistungen.

Die Ehescheidung
Finanzielle Nebenfolgen der Scheidung

Die Bedürftigkeitsrente kann herabgesetzt oder aufgehoben werden, wenn sich die Bedürftigkeit stark vermindert oder bei wesentlicher Verschlechterung der Vermögensverhältnisse des Unterstützungspflichtigen. Eine Erhöhung ist auch hier ausgeschlossen.

D. Unterhaltsleistungen gegenüber den Kindern

Die Scheidung berührt nicht nur die Ehegatten, sondern auch die aus der Ehe hervorgegangenen Kinder. Meist werden sie einem Eheteil – in der Regel der Mutter – zur Pflege und Erziehung zugesprochen und unter ihre elterliche Gewalt gestellt. Sie hat dann für ihren Unterhalt aufzukommen. Der Eheteil, dem die Kinder nicht zugesprochen sind, muss dagegen einen angemessenen Beitrag leisten. Die Kinder haben Anspruch auf standesgemässe Erziehung, und beide Elternteile sind verpflichtet, ihnen dieselbe zu gewähren. Die Beiträge sind den Bedürfnissen des Kindes und den Vermögensverhältnissen der Eltern anzupassen. Diese Beiträge können so gestaffelt werden, dass sie den wachsenden Bedürfnissen des Kindes angepasst sind. So beispielsweise dadurch, dass im vorschulpflichtigen Alter der Kinder die Unterhaltsbeiträge niedriger sind als bei Erreichung des Schulalters oder bei Übergang in eine Mittelschule. Im Hinblick auf die Geldentwertung erfolgt oft auch eine Anpassung an den Lebenskostenindex.

Wichtig: Diese Unterhaltsbeiträge können bei wesentlicher Veränderung der Verhältnisse des Unterstützten wie des Pflichtigen herauf- oder herabgesetzt werden. Eine Erhöhung ist also – im Gegensatz zu den Unterhaltsleistungen, die dem Ehegatten geschuldet sind – nicht ausgeschlossen.

E. Die güterrechtliche Auseinandersetzung

1. Bei der Güterverbindung

Hier gelten im Prinzip die gleichen Grundsätze wie bei der Auflösung der Ehe durch den Tod eines Ehegatten. Das von einem Ehegatten eingebrachte oder ihm während der Ehe angefallene Vermögen fällt an ihn zurück. Der Vorschlag, d. h. jener Teil des ehelichen Vermögens, der nach Ausscheidung des eigenen Gutes von Mann und Frau übrigbleibt, fällt dem Mann zu zwei Dritteln, der Frau zu einem Drittel zu. Einen Rückschlag, d. h. eine Vermögensverminderung, hat der Ehemann zu tragen, ausser wenn er von der Ehefrau verschuldet wurde.

2. Bei der Gütergemeinschaft

Bei der durch Ehevertrag vereinbarten Gütergemeinschaft werden Vermögen und Einkünfte von Mann und Frau in einem Gesamtgut zusammengefasst, das beiden Ehegatten gemeinsam gehört. Beim Tod eines Ehegatten wird das Gesamtgut geteilt, doch kann durch Ehevertrag auch eine andere Aufteilung vereinbart werden. Meist wird bestimmt, dass der überlebende Ehegatte das Gesamtgut erhalten soll.

Diese Regelung ist für den Fall der Scheidung unbrauchbar. Wenn die Ehegatten die Ehe auflösen wollen, soll nach Möglichkeit jener Zustand wiederhergestellt werden, der vor der Ehe bestanden hat. Infolgedessen wird bei Scheidung aus dem Gesamtgut, das bisher beiden Ehegatten gemeinsam gehörte, das eingebrachte Mannes- und Frauengut ausgeschieden. Ein Überschuss, also der Vorschlag, kommt jedem der Ehegatten zur Hälfte zu. Einen Rückschlag hat im Prinzip der Ehemann zu tragen, ausser wenn er von der Frau verschuldet wurde.

Grundsätze des ehelichen Güterrechtes

I. Allgemeines, Güterstände, Ehevertrag und Sondergut

A. Die güterrechtlichen Wirkungen der Ehe

Die Ehegatten sind nicht nur Individuen, die sich zu einer Lebensgemeinschaft verbinden, sondern vielfach auch Träger von Vermögen und Einkünften. Auch diese Vermögenswerte sind in die eheliche Gemeinschaft einbezogen; darum müssen die gegenseitigen Rechte und Pflichten der Ehegatten gesetzlich verankert werden. Diese Bestimmungen bilden den Gegenstand des ehelichen Güterrechtes.

B. Der Güterstand

Im Prinzip wird den Ehegatten freigestellt, wie sie die güterrechtlichen Verhältnisse regeln wollen. Nur müssen sie dort, wo sie nicht den ordentlichen Güterstand der Güterverbindung (s. S. 43) wählen, einen Ehevertrag abschliessen und einen der im Gesetz erwähnten Güterstände oder eine Verbindung derselben wählen. Es sind dies:
— die Güterverbindung (s. S. 43)
— die Gütergemeinschaft (s. S. 48)
— die Gütertrennung (s. S. 50, 57)
Diese Güterstände können untereinander verbunden werden.
Beispiel: Das von den Ehegatten in die Ehe eingebrachte Vermögen wird der Güterverbindung, das während der Ehe erworbene dagegen der Gütergemeinschaft unterstellt.

C. Vertraglicher Güterstand (Ehevertrag)

Form. — Der Ehevertrag bedarf zu seiner Gültigkeit der öffentlichen Beurkundung. Dadurch soll verhindert werden, dass Ehegatten in einer so wichtigen Angelegenheit unüberlegt handeln. Wird ein Ehevertrag erst während der Ehe abgeschlossen, so ist ausserdem die Zustimmung der Vormundschaftsbehörde erforderlich. Diese hat zu prüfen, ob die getroffene Regelung den Lebensverhältnissen der Ehegatten entspricht und nicht einfach auf eine Benachteiligung eines Ehegatten oder einzelner Erben, beispielsweise der Kinder, hinausläuft.

Wirkung. — Der Ehevertrag wirkt dort, wo er nicht in das Güterrechtsregister eingetragen wird, nur unter den Parteien und ihren Erben. Dritten gegenüber gelten dagegen die Regeln der unter dem ordentlichen Güterstand der Güterverbindung lebenden Ehegatten. Wird der Ehevertrag dagegen im Güterrechtsregister eingetragen und veröffentlicht, so ist seine Wirkung eine allgemeine.

Grundsätze des ehelichen Güterrrechtes
Allgemeines, Güterstände, Ehevertrag und Sondergut

Zahlreiche Eheverträge werden nicht im Güterrechtsregister eingetragen, weil die Ehegatten nur daran interessiert sind, dass die von ihnen gewählte güterrechtliche Regelung in der Auseinandersetzung zwischen ihnen und den Erben Gültigkeit besitzt.

D. Der ordentliche Güterstand (Güterverbindung, s. S. 43)

Die Mehrzahl aller Ehegatten (etwa 80 Prozent derselben) schliessen keinen Ehevertrag ab. Junge Menschen haben im Zeitpunkt der Heirat meist andere Sorgen als die Regelung der güterrechtlichen Verhältnisse. Es erscheint ihnen nur natürlich, dass sie in Zukunft alles teilen werden, nicht nur Freude und Schmerz, sondern auch ihr Vermögen. Fragen güterrechtlicher Art pflegen erst sehr viel später aufzutauchen. Entweder dann, wenn in einer Ehe Schwierigkeiten entstehen und mit einer Scheidung gerechnet werden muss, oder wenn bei fortgeschrittenem Alter der Ehegatten mit dem Ableben derselben zu rechnen ist. In diesem Zeitpunkt möchte auch die geschäftsunerfahrene Ehegattin wissen, was für Ansprüche ihr bei Auflösung der Ehe durch Scheidung oder Tod zustehen.

Wichtig: Haben die Ehegatten nichts anderes vereinbart, also keinen Ehevertrag abgeschlossen, gilt der ordentliche Güterstand der Güterverbindung.

E. Der ausserordentliche Güterstand

Während der ordentliche Güterstand wie auch die durch Ehevertrag vereinbarten Güterstände auf dem freien Willen der Parteien beruhen, tritt der ausserordentliche Güterstand unter gewissen Voraussetzungen kraft Gesetzes oder Richterspruches ein.

Wichtig: Der ausserordentliche Güterstand ist immer die Gütertrennung.

1. Gesetzliche Gütertrennung

Sie tritt ein, wenn die Gläubiger beim Konkurs eines Ehegatten zu Verlust kommen.

Bestehen schon beim Eheabschluss Verlustscheine gegenüber einem der Brautleute, so kann die Gütertrennung ohne Abschluss eines Ehevertrages dadurch begründet werden, dass sie auf Begehren der Verlobten vor der Trauung in das Güterrechtsregister eingetragen wird.

Grundsätze des ehelichen Güterrechtes
Allgemeines, Güterstände, Ehevertrag und Sondergut

2. **Vom Richter verfügte Gütertrennung**
   Sie wird in folgenden Fällen angeordnet:
   a. *Auf Begehren der Ehefrau.* – Wenn der Ehemann den Unterhalt der Familie vernachlässigt, überschuldet ist oder die von der Ehefrau verlangte Sicherheit für das von ihr eingebrachte Vermögen nicht leistet.
   b. *Auf Begehren des Ehemannes.* – Bei Überschuldung der Ehefrau, bei ungerechtfertigter Verweigerung ihrer Zustimmung zur Verfügung des Ehemannes über eheliches Vermögen, beim Begehren der Ehefrau um Sicherstellung des von ihr eingebrachten Frauenvermögens.
   c. *Auf Begehren der Gläubiger.* – Wenn gegen einen Ehegatten bei einer Betreibung auf Pfändung ein Gläubiger zu Verlust kommt, hat auf sein Begehren der Richter die Gütertrennung anzuordnen.
   Beispiele:
   a. *Gütertrennung auf Begehren der Ehefrau.* – Der Ehemann lebt mit einer Freundin, getrennt von seiner Ehefrau, und sorgt nicht für den Unterhalt der letzteren. Hier kann der Ehefrau nicht zugemutet werden, ihr Vermögen weiter durch den Ehemann verwalten und nutzen zu lassen, wie dies beim ordentlichen Güterstand der Güterverbindung der Fall ist. Auf ihr Begehren hat der Richter die Gütertrennung anzuordnen.
   b. *Gütertrennung auf Begehren des Ehemannes.* – Der Ehemann möchte eine Liegenschaft seiner Frau verkaufen und den Erlös in seinem Geschäft anlegen. Die Ehefrau verweigert ihre Zustimmung. Hier kann der Ehemann das Begehren um Gütertrennung stellen.
   c. *Begehren auf Gütertrennung durch Gläubiger.* – Die Ehefrau kauft auf Kredit ein Auto. Der Ehemann verweigert seine Zustimmung, und das von ihm verwaltete Frauenvermögen haftet daher nicht. Die Ehefrau wird betrieben und ein Verlustschein ausgestellt. Hier kann der Gläubiger beim Richter die Gütertrennung beantragen, damit das von der Ehefrau eingebrachte Frauengut zu ihrer Verfügung steht und von ihm gepfändet werden kann.

F. Das Sondergut

Wie auch die Ehegatten normalerweise in der Ehe nicht völlig in der Gemeinschaft aufgehen, sondern ihren ureigensten Bereich aus-

sparen, so können bestimmte Vermögensteile vom ehelichen Vermögen ausgeschlossen werden und ausschliesslich den Interessen des einzelnen Ehegatten dienen. Man nennt solches Vermögen Sondergut. Sondergut kann auf verschiedene Weise entstehen.
a. *Vertragliches Sondergut.* – Die Ehegatten können durch Ehevertrag Sondergut bestellen.
b. *Sondergut kraft Zuwendung Dritter.* – Dritte können einem der Ehegatten Vermögen unter der Bedingung zuwenden, dass es Sondergut des Bedachten sein soll und nicht in das eheliche Vermögen fallen darf.
Beispiel: Besorgte Eltern werden von dieser Möglichkeit Gebrauch machen, damit nur ihr eigenes Kind, nicht auch der Ehegatte in den Genuss ihrer Zuwendung gelangt. Indessen darf das, was ein Ehegatte als Pflichtteil zu beanspruchen hat, ihm nicht als Sondergut zugewendet werden. Die Eltern können daher nur im Rahmen ihrer Verfügungsfähigkeit Sondergut bestellen.
c. *Gesetzliches Sondergut.* – Von Gesetzes wegen Sondergut sind: Die persönlichen Effekten der Ehegatten wie Kleider, Schmuckstücke usw. Die der Ehefrau zur Ausübung eines Berufes oder Gewerbes dienenden Vermögenswerte.
Wichtig: Der Verdienst der Ehefrau aus selbständiger Arbeit ist ebenfalls Sondergut, sofern er aus einer Arbeit stammt, die nicht als Mithilfe im Betrieb des Ehemannes betrachtet werden kann.
Die Frau ist unter keinem Güterstand verpflichtet, ihren Verdienst dem Ehemann zur Nutzung und Verwaltung auszuhändigen, sondern das Sondergut steht unter den Regeln der Gütertrennung. D.h., dass die Frau über ihren Verdienst frei verfügt, aber verpflichtet ist, denselben, soweit nötig, für die Haushaltbedürfnisse zu verwenden.

II. Die Güterverbindung

A. Wesen der Güterverbindung

Der ordentliche Güterstand der Güterverbindung gilt überall dort, wo die Ehegatten nicht durch Ehevertrag eine andere güterrechtliche Regelung getroffen haben.

Sie ist dadurch gekennzeichnet, dass im Prinzip das von Mann und Frau eingebrachte oder ihnen während der Ehe unentgeltlich zufallende Vermögen dem Eigentum nach getrennt bleibt, aber während der Dauer der Ehe zum ehelichen Vermögen vereinigt ist und als solches der Nutzung und Verwaltung des Ehemannes untersteht. Das eheliche Vermögen bildet somit eine wirtschaftliche Einheit.

Wichtig: Eine Ausnahme vom Grundsatz, dass die eingebrachten Vermögen dem Eigentum nach getrennt bleiben, gilt für die von der Ehefrau eingebrachten, vertretbaren Sachen, d. h. Vermögenswerte, die sich nicht von Sachen gleicher Art unterscheiden lassen, so z. B. Bargeld oder Inhaberpapiere. Solche vertretbaren Sachen gehen in das Eigentum des Ehemannes über, und die Frau erhält an ihrer Stelle eine entsprechende Ersatzforderung gegenüber dem Ehemann.

B. Beweissicherung für das eingebrachte Frauenvermögen

Da die Ehefrau bei Geltendmachung der Frauengutsforderung für das von ihr angeblich eingebrachte Vermögen grundsätzlich beweispflichtig ist, tut sie gut daran, sich die nötigen Beweise rechtzeitig zu sichern und damit nicht zuzuwarten, bis sie dieselben in der Auseinandersetzung mit den Erben des Mannes, bei Auflösung der Ehe durch den Tod, benötigt. Werden auch keine besonders strengen Beweisanforderungen gestellt, so ist es für die Ehefrau doch wichtig und beruhigend, Belege für das von ihr eingebrachte Vermögen in Händen zu haben.

Wichtig: Es empfiehlt sich, vom Ehemann für das ihm übergebene Frauengut eine Bestätigung zu verlangen und diese nebst anderen Belegen, wie Quittungen für gekaufte Möbel und Bankauszüge usw., sorgfältig aufzubewahren. Günstig ist es auch, wenn eingebrachte Vermögenswerte der Ehefrau in einem auf ihren Namen lautenden Depot oder in einem mit ihrem Namen gekennzeichneten Kuvert aufbewahrt werden, wodurch bei Auflösung der Ehe die Feststellung und Rücknahme des eingebrachten Frauenvermögens beträchtlich erleichtert wird.

Grundsätze des ehelichen Güterrechtes
Die Güterverbindung

Öffentlich beurkundetes Inventar. – Die Ehegatten können über das von ihnen eingebrachte Vermögen jederzeit ein öffentlich beurkundetes Inventar aufnehmen lassen. Ein solches Inventar wird als richtig vermutet, wenn es binnen 6 Monaten nach Einbringung des betreffenden Vermögens errichtet wird. Mit dem Inventar kann eine Schätzung verbunden werden, in welchem Falle sich die Ersatzpflicht des Ehegatten im Prinzip nach dem Schätzungsbetrag richtet.

C. Rechte des Ehemannes

1. Nutzung und Verwaltung

Der Ehemann nutzt und verwaltet das von den Ehegatten eingebrachte, zum ehelichen Vermögen vereinigte Eigengut von Mann und Frau. Die Erträgnisse aus dem eingebrachten Frauenvermögen werden Eigentum des Mannes. Nicht darunter fällt das Sondergut der Ehefrau, namentlich ihr Verdienst, über den sie unter jedem Güterstand frei verfügt.

Dieses Recht der Nutzung und Verwaltung am eingebrachten Frauengut bildet das Gegenstück zu der Pflicht des Mannes, für den Unterhalt von Frau und Kindern aufzukommen.

Für Verfügungen, die über normale Verwaltungshandlungen hinausgehen, bedarf der Ehemann im Prinzip der Zustimmung der Ehefrau. Oft ist es aber nicht leicht, blosse Verwaltungshandlungen von Verfügungen zu unterscheiden. Der Ersatz von zurückbezahlten Wertpapieren durch andere gehört zur normalen Verwaltung, und es wird vermutet, dass solche Ersatzanschaffungen zum Frauengut gehören.

Wichtig: Die Ehefrau muss sich auch für solche Ersatzanschaffungen die nötigen Belege sichern.

Wird dagegen ein zum eingebrachten Vermögen der Ehefrau gehörendes Grundstück vom Ehemann veräussert, so geht dies über die gewöhnliche Verwaltung hinaus und verlangt die Zustimmung der Eigentümerin. Gutgläubige Dritte dürfen aber diese Zustimmung voraussetzen. D. h., dass solche Rechtsgeschäfte dann gültig sind, wenn der Vertragskontrahent nicht weiss oder wissen muss, dass es sich hier um Frauengut handelt und die Zustimmung der Ehefrau fehlt. Solche Kenntnisse mögen Leute haben, die im gleichen Dorf wohnen, sie fehlen aber in anderen Verhältnissen meistens. Dadurch entsteht die Gefahr, dass der Ehemann ohne die Zustimmung der Ehefrau Teile ihres

Grundsätze des ehelichen Güterrechtes
Die Güterverbindung

Frauenvermögens verwerten und verbrauchen kann, ohne imstande zu sein, für Ersatz aufzukommen.

D. Rechte der Ehefrau

Wegen der durch die weitgehende Nutzungs-, Verwaltungs- und Verfügungsbefugnis des Ehemannes bestehenden Gefährdung für das eingebrachte Vermögen sieht das Gesetz verschiedene Sicherungsmöglichkeiten vor. Es sind dies:
- Das Recht der Ehefrau auf Auskunft über die Verwaltung ihres Vermögens.
- Ihr Recht auf Sicherstellung desselben.
- Das Recht der Ehefrau, bei Pfändung oder Konkurs des Ehemannes das noch vorhandene Frauenvermögen herauszuverlangen und dort, wo es nicht mehr greifbar ist, eine zur Hälfte privilegierte Ersatzforderung zu stellen. D. h., sie rangiert mit der Hälfte ihrer Ersatzforderung in der 4. Gläubigerklasse und muss dafür voll befriedigt werden, bevor die Gläubiger der 5. Klasse, in der auch sie mit der nicht privilegierten Hälfte ihrer Frauengutsforderung figuriert, zum Zuge kommen.

E. Haftung der Ehegatten für Schulden

Nachdem das Eigentum am eingebrachten Vermögen von Mann und Frau im Prinzip getrennt bleibt, haften diese Vermögensmassen auch getrennt für die von ihren Eigentümern eingegangenen Verpflichtungen. Es ist also nicht so, dass die Ehefrau für Schulden ihres Mannes mit ihrem eingebrachten Vermögen haftet, wie vielfach angenommen wird.

Das Natürlichste wäre, dass das von der Frau eingebrachte Vermögen für ihre Schulden, dasjenige des Mannes für seine Schulden haften würde. Dem ist aber nicht so. Könnte das eingebrachte Frauengut ohne weiteres für Schulden der Ehefrau beansprucht werden, von denen der Mann nichts weiss, so würde seine Verwaltung und Nutzung darunter leiden. Das Ziel einer einheitlichen, den ehelichen Verhältnissen entsprechenden Finanzgestaltung würde dadurch vereitelt. Mit diesem Ziel lässt es sich nicht vereinbaren, dass die Ehefrau ohne Wissen ihres Mannes Verpflichtungen eingeht, die das eingebrachte Vermögen belasten. Infolgedessen haftet das Frauengut im Prinzip nur dort, wo der Ehemann den Verpflichtungen der Ehefrau in irgendeiner Form zugestimmt hat oder dieselben schon vor der Ehe bestanden haben. Von dieser Regel gibt es einige Ausnahmen, die später zur Sprache kommen.

1. Haftung des Ehemannes

Der Ehemann haftet für die von ihm eingegangenen Verpflichtungen mit seinem ganzen Vermögen und ausserdem im Rahmen der normalen Haushaltbedürfnisse auch für die von der Ehefrau begründeten Haushaltschulden. Nachdem er als Ehemann für den Unterhalt von Frau und Kindern aufzukommen hat, ist er in erster Linie für solche Schulden haftbar. Die Ehefrau haftet nur insofern, als der Mann nicht zahlungsfähig ist.

2. Haftung der Ehefrau

Die Ehefrau haftet nur mit ihrem Sondergut – meist wird es sich dabei um Arbeitsverdienst handeln – für Schulden, die sie ohne Zustimmung des Mannes eingeht. Im Prinzip ist also eine Genehmigung ihrer Verpflichtungen durch den Ehemann erforderlich, damit das eingebrachte Frauenvermögen verhaftet wird.

Es gibt indessen folgende Ausnahmen:

Ohne Zustimmung des Ehemannes haftet die Ehefrau nicht nur mit ihrem Sondergut, sondern mit ihrem ganzen Eigenvermögen:

a. *Für Schulden aus ihrem Beruf oder Gewerbe*
b. *Für voreheliche Schulden.* – Bei Vorliegen vorehelicher Schulden dürfen die Gläubiger nicht schlechter gestellt sein als vor der Verheiratung ihrer Schuldnerin.
c. *Für Erbschaftsschulden.* – Man wäre versucht, anzunehmen, dass eine Haftung des eingebrachten Frauenvermögens nur dann eintreten würde, wenn der Ehemann der Annahme der Erbschaft zugestimmt hätte. Dies trifft indessen nicht zu. Die Ehefrau, die aus Pietätsgründen, z. B. aus Dankbarkeit gegenüber ihren Eltern, eine überschuldete Erbschaft annehmen will, darf vom Ehemann daran nicht gehindert werden. Sie haftet bei Annahme der Erbschaft den Gläubigern mit ihrem vollen Vermögen, also mit Sondergut und eingebrachtem Vermögen, was einen starken Einbruch in die Rechte des Ehemannes bedeutet. Dagegen bedarf sie zur Ausschlagung einer Erbschaft seiner Zustimmung. Hier fallen die Pietätsgründe weg.

Grundsätze des ehelichen Güterrechtes
Die Güterverbindung

d. *Für Schulden aus unerlaubter Handlung.* – Wenn die Frau durch eine unerlaubte Handlung Schaden anrichtet, geht der Anspruch des Geschädigten auf Wiedergutmachung des Schadens den Verwaltungsinteressen der ehelichen Gemeinschaft vor.

F. Ansprüche der Ehegatten bei Auflösung der Ehe

1. Eingebrachtes und angefallenes Vermögen

   Wird die Ehe durch Tod eines Ehegatten oder Scheidung aufgelöst, so zerfällt das eheliche Vermögen in seine ursprünglichen Bestandteile, nämlich das eingebrachte und während der Ehe unentgeltlich angefallene Vermögen von Mann und Frau. Was noch in natura vorhanden ist, wird von den Eigentümern zurückgenommen, für Fehlendes besteht eine entsprechende Ersatzforderung.

2. Rückschlag

   Ist weniger vorhanden, als eingebracht wurde, so nennt man dies den Rückschlag. Der Ehemann, der für Verwaltung und Nutzung verantwortlich ist, hat einen Rückschlag allein zu tragen, ausser wenn er beweist, dass derselbe durch die Ehefrau verursacht wurde. Z. B. durch lange, kostspielige Krankheit.

3. Vorschlag

   Ist mehr vorhanden, so bezeichnet man diesen Mehrwert als Vorschlag. Davon erhalten der Ehemann oder bei seinem Tod seine Erben zwei Drittel, die Ehefrau oder bei ihrem Tod ihre Nachkommen (weitere Erben sind ausgeschlossen) einen Drittel.

   Wichtig: Durch Ehevertrag kann die Vorschlagsverteilung geändert werden, was meist in der Weise geschieht, dass eine hälftige Vorschlagsteilung vereinbart wird oder dass der Überlebende den ganzen Vorschlag erhalten soll.

III. Gütergemeinschaft und Gütertrennung

A. Die Gütergemeinschaft

1. Wesen der Gütergemeinschaft

Zum Wesen der Gütergemeinschaft gehört, dass hier die eingebrachten Vermögen von Mann und Frau, soweit es sich nicht um Sondergut handelt, zu einem Gesamtgut verschmolzen werden, das beiden Ehegatten gemeinsam gehört. Die Gütergemeinschaft ist daher die engste güterrechtliche Verbindung, bei der die Ehegatten am Gesamtgut die gleichen Rechte haben, ohne Rücksicht darauf, wer die darin enthaltenen Vermögenswerte seinerzeit eingebracht hat.

Die Gütergemeinschaft, die durch Ehevertrag vereinbart werden muss, kann auf bestimmte Vermögenswerte beschränkt werden, wobei das von der Gütergemeinschaft ausgeschlossene Vermögen nach den Bestimmungen des Ehevertrages entweder den Regeln der Güterverbindung oder der Gütertrennung untersteht.

Zulässig ist auch die ehevertragliche Vereinbarung, dass nur das während der Ehe gemeinsam erworbene Vermögen, die sogenannte Errungenschaft, Gesamtgut werden und beiden Ehegatten ungeteilt und gesamthaft gehören soll. Das von den Ehegatten eingebrachte und ihnen während der Ehe anfallende Vermögen untersteht dann dem ordentlichen Güterstand der Güterverbindung (Errungenschaftsgemeinschaft).

2. Verwaltung und Verfügung beim Güterstand der Gütergemeinschaft

Die Verwaltung des Gesamtgutes, obwohl es den Ehegatten ungeteilt gehört, steht ausschliesslich dem Ehemann zu. Verfügungen über Vermögenswerte des Gesamtgutes bedürfen aber der Zustimmung beider Ehegatten, doch darf sie von gutgläubigen Dritten vorausgesetzt werden. Es kann hier weitgehend auf das verwiesen werden, was bei der Güterverbindung über die Nutzung und Verwaltung des Ehemannes ausgeführt wurde (s. S. 44). Auch die unter Gütergemeinschaft stehende Ehefrau besitzt ein Betreibungs- und Konkursprivileg.

3. Haftung für Schulden des Ehegatten

Hier kann im Prinzip wiederum auf das Kapitel über die Güterverbindung verwiesen werden (s. S. 45), doch haftet bei der Gütergemeinschaft an Stelle der eingebrachten Vermögen das Gesamtgut.

Grundsätze des ehelichen Güterrechtes
Gütergemeinschaft und Gütertrennung

a. *Haftung der Ehefrau.* – Wie bei der Güterverbindung soll auch bei der Gütergemeinschaft im Interesse einer planmässigen Verwaltung das Gesamtgut nicht durch Verpflichtungen der Ehefrau belastet werden, die der Ehemann nicht genehmigt hat. Für solche Schulden haftet sie im Prinzip nur mit ihrem Sondergut. Bezüglich der Ausnahmen wird auf die Güterverbindung verwiesen. Das Gesamtgut haftet sowohl für Mannes- wie für Frauenschulden, soweit die Ehefrau die Schulden mit Zustimmung des Mannes begründet hat oder einer der erwähnten Ausnahmefälle vorliegt, in denen auch ohne seine Zustimmung eine Haftung des Gesamtgutes eintritt.
b. *Haftung des Ehemannes.* – Der Ehemann haftet nicht nur mit dem Gesamtgut, sondern auch persönlich für seine eigenen Schulden wie auch für alle Schulden der Ehefrau, welche das Gesamtgut belasten.

4. Ansprüche der Ehegatten bei Auflösung der Ehe

Bei der Gütergemeinschaft ist zwischen der Auflösung der Ehe durch den Tod oder durch Scheidung zu unterscheiden.

a. *Auflösung der Ehe durch Todesfall.* – Stirbt ein Ehegatte, so fällt bei der Gütergemeinschaft – wenn nichts anderes bestimmt ist – dem überlebenden Ehegatten die eine Hälfte des Gesamtgutes, den Erben des Verstorbenen dagegen die andere Hälfte zu.
Durch Ehevertrag kann aber nicht nur eine andere Teilung vereinbart, sondern auch bestimmt werden, dass der Überlebende das ganze Gesamtgut erhalten soll.
Wichtig: Nachkommen darf ein Viertel des Gesamtgutes nicht entzogen werden.
Dies ist meist der Grund, weshalb Ehegatten den Güterstand der Gütergemeinschaft wählen. Der überlebende Ehegatte soll auf Kosten der anderen Erben bevorzugt werden.
b. *Auflösung der Ehe durch Scheidung.* – Bei Scheidung der Ehe wird das Gesamtgut nicht nach den im Ehevertrag vorgesehenen Regeln geteilt, sondern es zerfällt nach den Regeln der Güterverbindung in das Eigenvermögen von Mann und Frau. Zweck der Auseinandersetzung ist in diesem Fall die Wiederherstellung des Zustandes, wie er ohne eheliche Verbindung bestanden hätte. Ein Rückschlag, d. h. eine Vermögensverminderung, ist im Prinzip vom Ehemann zu tragen, ausser wenn er beweist, dass ihn die

Ehefrau verursacht hat. Grundsätzlich ist er als Vermögensverwalter verantwortlich. Einen allfälligen Vorschlag, d. h. einen Mehrwert, erhalten die Ehegatten je zur Hälfte zugewiesen. Dies im Gegensatz zu der Güterverbindung, bei der ja der Vorschlag zu einem Drittel der Ehefrau und zu zwei Dritteln dem Ehemann zufällt.

B. Die Gütertrennung

1. Wesen der Gütertrennung

Wie schon der Name sagt, bleiben Vermögen und Einkünfte der Ehegatten hier getrennt. Es entsteht keine Vermischung durch Bildung eines ehelichen Vermögens.

2. Verwaltung und Verfügung

Jedem Ehegatten stehen Verwaltung und Verfügung über sein Vermögen allein zu. Überträgt ein Ehegatte die Verwaltung gleichwohl dem anderen Ehegatten, so hat er bei Pfändung oder Konkurs desselben keine privilegierte Forderung, sondern wird als gewöhnlicher Gläubiger betrachtet. Dies ist überall dort zu bedenken, wo bei schlechter finanzieller Situation des Mannes die Ehefrau zur Gütertrennung übergehen möchte. Wenn es ihr gelingt, das bisher vom Ehemann verwaltete Vermögen herauszubekommen, so erfüllt diese Massnahme ihren Zweck. Besteht dagegen dem Mann gegenüber nur noch eine Ersatzforderung für verschwundenes Frauenvermögen, so liegt es keineswegs im Interesse der Ehefrau, durch Übergang zur Gütertrennung die Privilegierung für die Hälfte dieser Ersatzforderung auch noch zu verlieren.

3. Haftung für Schulden der Ehegatten

Bei der Gütertrennung haftet jeder der Ehegatten ausschliesslich mit seinem Vermögen für die von ihm eingegangenen Verpflichtungen.

IV. Wie ist der Haushaltbeitrag der berufstätigen Ehefrau zu berechnen?

Es gibt kaum ein finanzielles Problem, das junge Ehegatten so beschäftigt wie die Festsetzung der Beiträge der erwerbstätigen Ehefrau an die Haushaltkosten. Häufig machen junge Ehepaare gemeinsame Kasse, d. h., sie legen alles zusammen, was sie verdienen, und jeder Teil bestreitet seine Bedürfnisse aus der gemeinsamen Kasse. So sehr eine solche Lösung dem Wesen der Ehe entspricht, bestehen doch schwere Bedenken gegen eine derartige Vermengung der Einkommen. Da sind zunächst die oft ganz verschiedenen Bedürfnisse der Ehegatten. Ist die Ehefrau sparsam, der Mann in Gelddingen dagegen grosszügig bis leichtsinnig, so wird es bestimmt Differenzen geben, wenn der Ehemann beispielsweise seine Autoliebhaberei aus der gemeinsamen Kasse befriedigt. Ein genau rechnender Ehemann kann umgekehrt seiner modebewussten Ehefrau verübeln, wenn sie aus der gemeinsamen Kasse Bedürfnisse befriedigt, die ihm nicht verständlich sind.

Wichtig: Im Hinblick auf das veraltete eheliche Güterrecht ist von einem einfachen Zusammenlegen der beidseitigen Einkommen abzuraten. Beim ordentlichen Güterstand der Güterverbindung, der überall dort gilt, wo nicht ehevertraglich etwas anderes vereinbart wurde, sind die während der Ehe gemachten Ersparnisse, die sogenannte Errungenschaft, zunächst Eigentum des Ehemannes. Die Ehefrau erhält erst bei Auflösung der Ehe Anspruch auf einen Drittel des Vorschlages. Der Vorschlag aber ist jene Vermögensvermehrung, die nach Abzug des eingebrachten Mannes- und Frauengutes vom ehelichen Reinvermögen übrigbleibt.

Die Ehefrau ist nicht verpflichtet, ihren Arbeitserwerb in das eheliche Vermögen einzuwerfen, sondern er ist Sondergut und kann von ihr selbst genutzt und verwaltet werden. Sie muss aber auf Verlangen des Ehemannes angemessene Beiträge an die Haushaltbedürfnisse leisten. Da die gesetzliche Teilung des Vorschlages für die Ehefrau ungünstig ist, liegt es in ihrem Interesse, den Arbeitsverdienst vom ehelichen Vermögen getrennt zu halten und mit dem Ehemann zu vereinbaren, welche Beiträge aus ihrem Einkommen an den Haushalt zu leisten sind. Wenn sie bei Auflösung der Ehe Sondergut beansprucht, so ist sie dafür beweispflichtig, dass es sich wirklich um Sondergut und nicht um Errungenschaft handelt. Dieser Beweis fällt dort, wo der ganze Verdienst der Ehefrau in die gemeinsame Kasse wandert, recht schwer. Normalerweise wird angenommen, dass das, was die Ehefrau von ihrem Arbeitsverdienst in die gemeinsame Haushaltkasse gibt, für die Bedürfnisse des

Grundsätze des ehelichen Güterrechtes
Wie ist der Haushaltbeitrag der berufstätigen Ehefrau zu berechnen?

Haushaltes verwendet wurde und kein Rückforderungsanspruch besteht. Der Zuschnitt des Haushaltes wird ja durch solche Beiträge wesentlich mitbestimmt, und es wäre nicht gerecht, bei Auflösung der Ehe, z. B. durch Scheidung, den Ehemann mit der Rückerstattung solcher Beiträge zu belasten.

Wichtig: Aus allen diesen Gründen sollten die Ehegatten eine klare Abmachung über die Beitragsleistungen der Ehefrau treffen, und der nicht für Haushaltbedürfnisse benötigte Teil des Verdienstes sollte von der Ehefrau getrennt verwaltet werden.

Wie sind nun aber die Beiträge der Ehefrau anzusetzen? – Dort, wo der Ehemann für den Unterhalt der Familie nicht selbst oder nur teilweise aufkommen kann, bestimmt sich ihre Beitragspflicht nach dem ungedeckten Haushaltbedürfnis. Ist der Mann aus irgendwelchen Gründen nicht arbeitsfähig, z. B. bei Vollinvalidität, so muss unter Umständen die Ehefrau ihren ganzen Verdienst für den gemeinsamen Haushalt verwenden. Genügt jedoch das Einkommen des Ehemannes für den Unterhalt der Familie, so sind die Ehegatten in der Festsetzung der Beiträge völlig frei. Da es beim Fehlen fester Regeln leicht zu Differenzen kommt, kann grundsätzlich davon ausgegangen werden, dass die Beiträge in einem angemessenen Verhältnis der beidseitigen Einkommen stehen müssen.

Beispiel: Bei einem Einkommen des Ehemannes von Fr. 24 000.– und einem solchen der Frau von Fr. 12 000.– kann bei einem Haushaltbedarf von Fr. 18 000.– davon ausgegangen werden, dass die Ehefrau einen Drittel oder Fr. 6000.–, der Ehemann zwei Drittel oder Fr. 12 000.– an die Haushaltkosten beisteuern soll. Dies jedoch nur dann, wenn der Haushalt – wie dies bei jungen Leuten häufig vorkommt – durchaus partnerschaftlich geführt wird und jeder Ehegatte seinen Teil der Hausarbeit leistet. Andernfalls ist zu berücksichtigen, dass die Ehefrau durch die von ihr zu leistende Hausarbeit bereits einen wesentlichen Beitrag leistet. Im vorliegenden Fall würde die Rechnung dann für die Ehe wie folgt aussehen: Haushaltbedürfnisse Fr. 18 000.– + Fr. 3000.– (Wert der von der Ehefrau geleisteten Hausarbeit) = total Fr. 21 000.–. Davon Beitrag der Ehefrau ein Drittel, also Fr. 7000.–, wovon Fr. 3000.– durch Hausarbeit geleistet werden und Fr. 4000.– als Beitrag aus ihrem Einkommen resultieren; Beitrag des Ehemannes: zwei Drittel bzw. Fr. 14 000.–.

Grundsätze des ehelichen Güterrechtes
Wie ist der Haushaltbeitrag der berufstätigen Ehefrau zu berechnen?

Die Ehegatten können aber auch einen ganz anderen Beitragsmodus vereinbaren, z. B. die Übernahme der Kleideranschaffungen und anderer Haushaltausgaben durch die Ehefrau. Das Problem der Festsetzung von Beiträgen der Ehefrau kann dort, wo die Ehegatten durchaus gemeinsame Kasse machen wollen, durch einen Ehevertrag in dem die Eheleute hälftige Teilung des Vorschlages vereinbaren, umgangen werden. Was die Ehegatten gemeinsam erwerben, kommt dann bei Auflösung der Ehe nach Feststellung des ehelichen Reinvermögens und Ausscheidung der von Mann und Frau eingebrachten Güter der Ehefrau zur Hälfte zu. Aber trotz dieser Regelung ist sie schlechter gestellt als der Ehemann, weil das gemeinsam Ersparte, d. h. die Errungenschaft, zunächst sein Eigentum wird und der Anspruch der Ehefrau auf den hälftigen Vorschlag erst bei Auflösung der Ehe entsteht. Daher kann der Ehemann eine Vorschlagsbildung böswillig verhindern.

Wichtig: Der Vorschlagsanspruch steht nur der Ehefrau und bei ihrem Tode den Nachkommen, nicht ihren weiteren Erben zu, während beim Tod des Ehemannes seine Erben schlechthin, nicht nur seine Nachkommen, einen Vorschlagsanspruch haben.

V. Besteht ein Lohnanspruch der Ehefrau bei Mithilfe im Betrieb des Ehemannes?

Der Erwerb der Ehefrau aus selbständiger Arbeit ist Sondergut, was bedeutet, dass sie über ihren Verdienst unter jedem Güterstand frei verfügen kann und nur verpflichtet ist, angemessene Beiträge an die Haushaltkosten zu leisten.

Da in der heutigen Gesellschaft viele Ehefrauen berufstätig sind, spielt dieses Sondergut eine grosse Rolle. Es stärkt die finanzielle und wirtschaftliche Stellung der im veralteten ehelichen Güterrecht sonst eher stiefmütterlich behandelten Frau. Dieses Sondergut, das nicht Teil des ehelichen Vermögens ist, haftet für alle von der Ehefrau eingegangenen Verpflichtungen, ohne dass eine Zustimmung des Ehemannes nötig wäre.

Wie steht es nun aber mit jenen Frauen, die nicht selbständig erwerbend sind, sondern im Betrieb des Ehemannes mithelfen? Haben auch sie für ihre Tätigkeit Anspruch auf Lohn, der als Sondergut zu betrachten ist?

Von der geltenden Praxis wurde dies bisher im Prinzip verneint, unter Hinweis auf die gegenseitige Beistandspflicht der Ehegatten, zu der, wenn erforderlich, auch die Mithilfe der Ehefrau im Betrieb des Ehemannes gehört. Voraussetzung einer andern Beurteilung wäre, dass die Leistung der Ehefrau weit über das übliche Mass an Mithilfe hinausgehen würde und dadurch eine fremde Arbeitskraft eingespart werden könnte.

Die Mitarbeit der Ehefrau im Betrieb des Ehemannes ist in der Landwirtschaft, aber auch im Ladengeschäft meist unentbehrlich. Solches Zusammenwirken gehört zum Wesen der Ehe und schliesst, ohne gegenteilige Vereinbarung der Ehegatten, eine Entschädigung aus, wo es sich um bloss gelegentliche Mithilfe handelt. Aber auch dort, wo die Mithilfe der Ehefrau weit über das in den betreffenden Verhältnissen übliche Mass hinausgeht, sind die Gerichte mit der Bejahung eines Lohnanspruches sehr zurückhaltend, indem sie auf die Vorschlagsbeteiligung der Ehefrau hinweisen. Richtig ist, dass die Ehefrau bei der Güterverbindung, die überall dort gilt, wo die Ehegatten nicht durch Ehevertrag einen andern Güterstand vereinbart haben, am gemeinsamen Erwerb partizipiert. Sie erhält aber nur einen Drittel des Vorschlags, also der bei Auflösung der Ehe nach Abzug des eingebrachten und während der Ehe unentgeltlich angefallenen Mannes- und Frauengutes verbleibenden Vermögensvermehrung. Diese Teilung erscheint in Fällen, in denen die Ehefrau im Betrieb des Mannes voll mitgearbeitet hat, ja oft die treibende Kraft war, als sehr ungerecht. Warum soll sie trotz

Grundsätze des ehelichen Güterrechtes
Besteht ein Lohnanspruch der Ehefrau bei Mithilfe im Betrieb des Ehemannes?

ihrem grossen Einsatz nur einen Drittel des gemeinsam erworbenen Vermögens erhalten, während der Ehemann oder, was noch stossender ist, seine Erben von ihrer Arbeitsleistung profitieren?

Bei der dargelegten, für die Ehefrau ungünstigen Rechtsprechung müssen die Ehegatten in solchen Fällen selbst für einen gerechten Ausgleich sorgen. Dies kann auf folgende Weise geschehen:

1. Vereinbarung, nach welcher der Ehefrau für ihre Mitarbeit ein Lohn ausgerichtet oder gutgeschrieben wird

   Der Ehemann, der die intensive Mitarbeit der Ehefrau in seinem Betrieb benötigt, wird auch bei Anerkennung eines Lohnanspruches oft nicht in der Lage sein, einen Lohn auszurichten, weil das flüssige Kapital im Betrieb investiert ist. Hier ist eine Lohngutschrift am Platz, welche die Ehefrau bei Auflösung der Ehe gegenüber dem Mann oder seinen Erben geltend machen kann. Dies hat den Vorteil, dass der Richter nicht mehr untersuchen muss, ob das Ausmass ihrer Mitarbeit einen Lohn rechtfertige und in welchem Umfang. Sie läuft sonst immer Gefahr, mit ihrer Forderung unter Hinweis auf die eheliche Beistandspflicht abgewiesen zu werden.

2. Ehevertragliche Vereinbarung einer hälftigen Vorschlagsteilung

   Es gibt auch heute noch Ehegatten, die einen Lohnanspruch der Ehefrau als mit dem Wesen der Ehe nicht vereinbar betrachten. Dann sollte aber diesem Gemeinschaftsdenken entsprechend in solchen Fällen der Ehefrau ein grösserer Anteil am Vorschlag gesichert werden. Eine von der gesetzlichen Regelung abweichende Teilung kann durch öffentlich beurkundeten Ehevertrag, der bei Abschluss während der Ehe auch noch von der Vormundschaftsbehörde zu genehmigen ist, vereinbart werden. Meist entspricht eine hälftige Teilung den Wünschen und dem Arbeitseinsatz der Ehegatten. Auf diese Weise erhält die im Betrieb des Ehemannes intensiv mitarbeitende Ehefrau einen angemessenen Anteil am gemeinsam erworbenen Vermögen, so dass sie nicht mehr auf einen Lohn angewiesen ist. Allerdings kann sie erst bei Auflösung der Ehe, nicht schon während deren Dauer aus ihrer Mitarbeit Nutzen ziehen wie jene Ehefrau, der ein Lohn ausbezahlt wird.

   Wichtig: Die im Betrieb des Ehemannes tätige Ehefrau sollte sich diese Möglichkeiten überlegen und sie mit dem Ehegatten besprechen. Sie läuft sonst Gefahr, bei Auflösung der Ehe von dem gemeinsam erworbenen Vermögen nicht mehr zu erhalten, als wenn

Besteht ein Lohnanspruch der Ehefrau bei Mithilfe im Betrieb des Ehemannes?

sie sich auf die Führung des Haushalts beschränkt hätte. Eine Verpflichtung des Ehemannes, eine entsprechende Vereinbarung zugunsten der Ehefrau zu treffen, besteht allerdings nicht, aber normalerweise wird er seiner Arbeitskameradin die Früchte ihrer Arbeit nicht vorenthalten wollen. Wo dies doch der Fall ist, z. B. bei gespannten ehelichen Beziehungen, kann die Ehefrau ihre Mitarbeit auf das in solchen Fällen übliche Mass reduzieren. Dies dürfte dem Ehemann die Augen dafür öffnen, dass ihn die Mitarbeit der Ehefrau, auch wenn er sie in geeigneter Form entschädigt, günstiger zu stehen kommt als eine fremde Arbeitskraft.

VI. Ist Gütertrennung zu empfehlen?

Moderne Ehefrauen stossen sich oft daran, dass beim ordentlichen Güterstand der Güterverbindung nicht jeder Ehegatte sein Vermögen selbst verwaltet und nutzt, sondern Nutzung und Verwaltung des ehelichen Vermögens – also des eingebrachten und des während der Ehe unentgeltlich angefallenen Mannes- und Frauengutes, nebst dem gemeinsam erworbenen Vermögen – ausschliesslich dem Ehemann zusteht. Die Ehefrau ist in der Vertretung der Gemeinschaft auf die Bedürfnisse des Haushaltes, also ihre Schlüsselgewalt beschränkt. Es läge nahe, durch Ehevertrag in solchen Fällen den Güterstand der Gütertrennung zu vereinbaren, doch befriedigt diese Regelung aus folgenden Gründen nicht:

Wichtig: Wohl steht hier das Nutzungs-, Verwaltungs- und Verfügungsrecht an dem eingebrachten oder während der Ehe erworbenen Vermögen jedem Ehegatten selbst zu, doch partizipiert der Ehegatte nicht am Erwerb des Partners.

Dies ist vor allem für die Ehefrau, deren Erwerbsmöglichkeit durch Haushaltführung und Kinderbetreuung stark beschränkt ist, ein schwerwiegender Nachteil. Beim ordentlichen Güterstand der Güterverbindung, der überall dort gilt, wo kein spezieller Ehevertrag abgeschlossen wurde, erhält sie immerhin einen Drittel des Vorschlages, also der Vermögensvermehrung, die bei Auflösung der Ehe nach Ausscheidung des Mannes- und Frauengutes aus dem ehelichen Vermögen übrigbleibt. Die Gütertrennung wird daher überall dort, wo die Erwerbsmöglichkeiten der Ehefrau beschränkt sind, ihren Wünschen und Bedürfnissen nicht entsprechen. Dazu kommt, dass sich viele Ehemänner auch heute noch der Gütertrennung gegenüber ablehnend verhalten, weil sie befürchten, die Gütertrennung beeinträchtige ihre Kreditwürdigkeit. Auch wenn solche Befürchtungen heutzutage weitgehend überholt sind, muss eine Ehefrau mit einer negativen Reaktion des Ehemannes rechnen, wenn sie eine Gütertrennung anstrebt.

Wo dagegen dem Ehemann die Selbstverwaltung des von der Ehefrau eingebrachten und erworbenen Vermögens selbstverständlich erscheint und er daher im Prinzip mit einer Gütertrennung einverstanden ist, kann der für die Ehefrau bestehende Nachteil, dass sie am Erwerb des Ehemannes nicht teilhat, durch eine Errungenschaftsgemeinschaft ausgeglichen werden. Man versteht darunter eine ehevertragliche Vereinbarung, wonach das eingebrachte und während der Ehe unentgeltlich anfallende Vermögen der Gütertrennung unterstehen soll, der gemeinsame Erwerb, also die Errungenschaft, jedoch den Regeln der Gütergemeinschaft untersteht. Das während der Ehe erworbene Vermögen, unter Ausschluss des eingebrachten und während der Ehe unentgeltlich angefallenen Mannes- und Frauengutes, das der Gütertrennung untersteht, wird gemeinsames Eigentum der Ehegatten, doch steht dem Ehemann während der Dauer der Ehe die Verwaltung zu.

Nicht zum gemeinsam erworbenen Vermögen – also zur Errungenschaft – gehört der Erwerb der Ehefrau aus selbständiger Arbeit. Gemäss Gesetzesvorschrift bildet derselbe Sondergut, ist also Eigentum der Ehefrau, das sie unter jedem Güterstand selbst verwalten und nutzen kann. Diese gesetzliche Regelung darf nicht einfach durch Ehevertrag abgeändert werden, so stossend es auch ist, wenn der Erwerb des Ehemannes Errungenschaft wird, der Verdienst der Ehefrau aber Sondergut bleibt. Um hier eine gerechte Regelung zu ermöglichen, kann die Ehefrau die von ihr aus dem Verdienst geschuldeten Beiträge an den Unterhalt der Familie so ansetzen, dass ihr persönlich nur ein kleiner Teil des Verdienstes verbleibt und Sondergut wird. Was aus ihren Beiträgen an die Haushaltkosten erspart werden kann, wird Errungenschaft und gehört beiden Ehegatten gemeinsam.

Diese Errungenschaft fällt bei Auflösung der Ehe jedem Ehegatten zur Hälfte zu, doch kann auch eine andere Verteilung, beispielsweise die Zuweisung der ganzen Errungenschaft an den überlebenden Ehegatten, vereinbart werden. Leider ist dieser Güterstand der Gütertrennung mit Errungenschaftsgemeinschaft in der deutschen Schweiz fast unbekannt und wird daher viel zu wenig empfohlen. Er könnte in manchen Fällen die richtige Lösung sein.

Wie steht es nun aber mit Gütertrennung dort, wo die Ehefrau sich durch die prekären Vermögensverhältnisse des Ehemannes gefährdet fühlt oder er nicht richtig für die Familie sorgt? Wenn sich der Ehemann in solchen Fällen mit einem Ehevertrag auf Gütertrennung nicht einverstanden erklärt, kann die Ehefrau bei Überschuldung des Ehemannes, mangelhaftem Unterhalt oder Verweigerung der von ihr geforderten Sicherheitsleistung für das eingebrachte Frauengut gerichtliche Gütertrennung verlangen. Aus ähnlichen Gründen kann auch der Ehemann gegenüber der Ehefrau die gerichtliche Gütertrennung verlangen, und das gleiche Recht steht auch Gläubigern zu, die bei der Pfändung eines Ehegatten zu Verlust gekommen sind.

Ist nun dort, wo die Ehefrau um ihr Frauengut fürchten muss, eine Gütertrennung zweckmässig? Man kann dies bejahen, soweit der Ehe-

Grundsätze des ehelichen Güterrechtes
Ist Gütertrennung zu empfehlen?

mann imstande ist, das eingebrachte Frauengut herauszugeben. Meist werden ihm aber die Mittel fehlen. Erhält dann die Ehefrau nur eine Ersatzforderung für das nicht mehr vorhandene Frauengut, so ist ihr mit Gütertrennung nicht geholfen. Beim ordentlichen Güterstand der Güterverbindung wie auch bei Gütergemeinschaft ist die Ehefrau bei Konkurs oder Pfändung des Ehemannes für die Hälfte ihres eingebrachten und nicht mehr vorhandenen Frauengutes privilegiert, muss also gedeckt werden, bevor die nicht privilegierten Gläubiger etwas erhalten. Ein solches Vorzugsrecht besteht beim Güterstand der Gütertrennung nicht, weil hier ja die Ehegatten normalerweise ihr Vermögen selbst verwalten. Auch wenn bei Gütertrennung die Ehefrau dem Ehemann ihr Vermögen gleichwohl zur Verwaltung überlässt, fehlt ihr dieses Privileg. Nur dort, wo beim Übergang von Güterverbindung oder Gütergemeinschaft zum Güterstand der Gütertrennung die Ehefrau nur eine Ersatzforderung erhalten hat und kurz darauf der Ehemann gepfändet wird oder über ihn der Konkurs eröffnet werden muss, wird dieses Vorzugsrecht der Ehefrau noch anerkannt. Mit der Zeit verliert sie es aber, wenn sie unter dem Güterstand der Gütertrennung lebt, und sie ist dann nur noch gewöhnliche Gläubigerin des Ehemannes. Daher wird durch eine Gütertrennung in vielen Fällen keine Besserstellung der Ehefrau erreicht, die Situation der Ehefrau wird noch verschlimmert.

Wichtig: Zusammenfassend ist zu sagen, dass die reine Gütertrennung normalerweise keine befriedigende Lösung darstellt, es sei denn, es handle sich um kinderlose Ehegatten, die beide berufstätig sind und annähernd gleich viel verdienen.

In allen anderen Fällen aber sollte eine Gütertrennung wohl überlegt werden, selbst wo sich die Ehegatten in prekären Vermögensverhältnissen befinden. Anders ist es dort, wo ein Ehegatte schon vor der Ehe überschuldet ist. Bestehen zur Zeit des Eheschlusses Verlustscheine gegen einen Ehegatten, so kann der andere Teil vor der Trauung durch blosse Erklärung beim Güterrechtsregister Gütertrennung eintragen lassen, ohne dass ein Ehevertrag abgeschlossen werden muss. Dies ist zweifellos zu empfehlen. Gütertrennung tritt sodann von Gesetzes wegen dort ein, wo beim Konkurs eines Ehegatten Verlustscheine ausgestellt wurden. In solchen Fällen ist eine klare Trennung der Vermögenskomplexe nicht nur im Interesse der Ehegatten, sondern auch ihrer Gläubiger geboten.

VII. Revisionsbedürftiges Eherecht

A. Allgemeines

Das 1912 in Kraft getretene Eherecht entspricht den heutigen Verhältnissen nicht mehr. Es war auf eine patriarchalische Lebensordnung zugeschnitten, in der der Familienvater als Haupt der Gemeinschaft dieselbe repräsentierte, die Hauptverantwortung trug und auch entsprechende Rechte beanspruchte. Die Durchschnittsfrau widmete sich – soweit ihr Mann nicht ausserstande war, für den Unterhalt der Familie allein aufzukommen – dem Haushalt und der Kindererziehung. In geschäftlichen Dingen unerfahren, überliess sie Entscheidungen auf diesem Gebiet, auch bezüglich der Verwaltung des eingebrachten Vermögens, gerne dem Ehemann.

Obwohl die Entwicklung des Eherechtes auch in der Schweiz von der patriarchalisch bedingten Unterordnung der Ehefrau zur gleichberechtigten Partnerschaft führt, ist leider eine gewisse Gleichgültigkeit der Frau gegenüber güterrechtlichen Fragen immer noch festzustellen. Zivilstandsbeamte und Scheidungsrichter können ein Lied davon singen, welchen Gefahren die Ehefrau infolge ihrer Interesselosigkeit an vermögensrechtlichen Fragen beim Tod des Ehemannes oder im Falle der Scheidung ausgesetzt ist. Wie will eine Frau in solchen Fällen ihre Ansprüche geltend machen, wenn sie weder weiss, was an ehelichem Vermögen vorhanden ist, noch welche Rechte ihr daran zustehen. Hier hilft auch eine Revision des veralteten Eherechtes nichts, sondern Voraussetzung einer echten Partnerschaft ist das Wissen um die finanziellen Grundlagen der ehelichen Gemeinschaft und die Übernahme eigener Verantwortung. Die Ehefrau wird daher ihre Abneigung gegenüber rechtlichen Fragen überwinden und sich mit den gesetzlichen Grundlagen der Ehe auseinandersetzen müssen. Es geht dabei nicht nur um ihre eigene Sicherung beim Tod des Mannes oder im Falle der Scheidung, sondern auch um die Durchsetzung kameradschaftlicher Gleichberechtigung im zu revidierenden Eherecht. An dieser neuen Regelung sollten die Frauen aktiv mitarbeiten und sie sich zu eigen machen. Das wäre ein grosser Schritt nach vorn.

B. Allgemeine Wirkungen der Ehe

B.1. Geltende Regelung

Die Ehe wurde vom Gesetzgeber in den Art. 159 und 161 ZGB durchaus zutreffend als eine Gemeinschaft umschrieben, in deren Rahmen die Ehegatten zusammen wirken, sich gegenseitig unterstützen und für die Kinder sorgen sollen. Besser lässt sich der Zweck der Ehe auch heute nicht umschreiben, so dass in dieser Beziehung eine Neuordnung nicht nötig ist. Die patriarchalischen Züge der bisher geltenden Ordnung kommen dagegen in folgenden Bestimmungen zum Ausdruck:

1. Alleiniges Entscheidungsrecht des Ehemanns

Ein generelles Entscheidungsrecht verleiht dem Ehemann Art. 160 Absatz 1 ZGB durch die veraltete Bestimmung, der Ehemann sei das Haupt der Gemeinschaft. Dieses generelle Entscheidungsrecht wird in folgenden Punkten präzisiert:

a. *Bestimmung der Wohnung durch den Ehemann.* – Art. 160 Absatz 2 ZGB ermächtigt den Ehemann, die eheliche Wohnung allein zu bestimmen, verpflichtet ihn aber gleichzeitig, für den Unterhalt von Weib und Kind in gebührender Weise Sorge zu tragen. Das Recht, die Wohnung ohne Mitwirkung der Frau zu bestimmen, wird offenbar als Ausfluss dieser Unterhaltsverpflichtung betrachtet, ohne dass berücksichtigt wird, dass die Ehefrau durch ihre Haushaltführung ja auch zum Wohl der Gemeinschaft beträgt.

b *Ermächtigung des Ehemannes zur Berufsausübung der Ehefrau.* – Als besonders stossend empfindet die moderne Ehefrau die Bestimmung von Art. 167 ZGB, nach welcher sie nur mit Zustimmung des Ehemannes einen Beruf oder ein Gewerbe ausüben darf. Auch wenn man der Meinung ist, eine Ehefrau übernehme mit der Heirat die Pflicht, in erster Linie für Mann und Kinder dazusein, ist es unverständlich, dass sie nicht selbst entscheiden darf, was sie neben diesen Aufgaben noch an Berufsarbeit bewältigen kann. Warum soll sie, wenn sie von den Haushaltpflichten nicht voll beansprucht wird und geistige Anregung und Kontakt braucht, unzufrieden zu Hause sitzen, nur weil der Ehemann für ihre Wünsche kein Verständnis hat? Sie kann sich zwar gegen seinen Willen durch den Richter zur Berufsausübung ermächtigen lassen, aber nur, wenn dies im Interesse der Familie geboten ist, diese also den zusätzlichen Verdienst benötigt.

2. Grundsätzliches Vertretungsrecht des Ehemannes

Der Ehemann vertritt die eheliche Gemeinschaft nach aussen und hat die Ehefrau sogar in Prozessen, die ihr eingebrachtes Gut oder bei

Gütergemeinschaft das Gesamtgut betreffen, zu vertreten. Der Ehefrau steht die Vertretung nur im Rahmen der sogenannten Schlüsselgewalt, d. h. für Verpflichtungen zu, die normale Haushaltbedürfnisse, wie Bestellung von Lebensmitteln, Kleideranschaffungen usw., betreffen. In diesem beschränkten Rahmen vermag sie die eheliche Gemeinschaft zu verpflichten, ohne dass es einer besonderen Zustimmung des Ehemannes bedarf. Für die von ihr für Haushaltbedürfnisse eingegangenen Verbindlichkeiten haftet in erster Linie der Ehemann, subsidiär, d. h. bei Zahlungsunfähigkeit des Ehemannes, aber auch die Ehefrau mit ihrem ganzen Vermögen.

Aber auch dieses beschränkte Vertretungsrecht kann der Ehefrau vom Ehemann einseitig entzogen werden, wenn er der Meinung ist, sie missbrauche dasselbe. Gegen diesen Entzug kann die Ehefrau zwar den Richter anrufen, doch liegt der erste Entscheid ausschliesslich beim Ehemann.

3. Spezielle Schutzbestimmungen zugunsten der Ehefrau

Gut gemeint, aber nur verständlich, wenn man der Ehefrau jede Geschäftserfahrung abspricht und sie als geistig unmündig betrachtet, sind die Schutzbestimmungen von Art. 177 Absatz 2 und 3 ZGB, nach welchen für bestimmte Rechtsgeschäfte unter Ehegatten und zugunsten des Ehemannes, welche eine Benachteiligung der Ehefrau mit sich bringen könnten, die Zustimmung der Vormundschaftsbehörde verlangt wird. Diese Bevormundung erwachsener Personen ist schwer erträglich und schadet dem Ansehen und dem Kredit der Ehefrau mehr, als sie ihr nützt. Wenn schon Einschränkungen am Platze sind, dann sollten die Ehegatten in gleicher Weise davon betroffen werden, wie beispielsweise im Bürgschaftsrecht, wo die Bürgschaft einer verheirateten Person der Zustimmung des Ehegatten bedarf.

B. 2. Revisionstendenzen

1. Entscheidungsrecht des Ehemannes

Es ist klar, dass ein modernes Eherecht mit der patriarchalischen Vorherrschaft des Mannes aufräumen und das Partnerschaftsprinzip verwirklichen will. Die Bestimmung, der Ehemann sei das Haupt der Gemeinschaft und es stehe ihm damit ein generelles Entscheidungsrecht zu, wird dem Prinzip der Gleichberechtigung der Ehepartner geopfert werden müssen. Der Bericht der Studienkommission für die Teilrevision des Familienrechtes vom 13. Juni 1962 sieht die Streichung dieser Bestimmung vor. Können sich die Ehegatten nicht einigen und entstehen daraus eheliche Schwierigkeiten, so steht ihnen – wie auch jetzt schon – die Anrufung des Eheschutzrichters offen. Eine solche Lösung ist dem einseitigen Entscheidungsrecht des Ehemannes vorzuziehen.

a. *Die Bestimmung der Wohnung.* – Der Entwurf vom 13. Juni 1962 sieht keine Änderung dieser Bestimmung vor, was wohl als Nachwirkung des Grundsatzes zu verstehen ist, dass der Zahlende auch befehlen soll. Meist wird ja tatsächlich der Ehemann den Mietzins bezahlen. Nun wird aber übersehen, dass die Ehefrau durch die Hausarbeit einen Beitrag leistet. Wenn man auszurechnen beginnt, was für die von der Hausfrau verrichtete Arbeit einer fremden Person bezahlt werden müsste, kommt man auf ganz erstaunliche Zahlen. Schon aus diesem Grunde sollte bei der Bestimmung der Wohnung der Frau ein Mitspracherecht eingeräumt werden. Ganz abgesehen davon, dass sie normalerweise auch viel mehr in der Wohnung lebt als der Mann.

b. *Berufsausübung der Ehefrau.* – Nach dem Entwurf soll die Ehefrau selbst entscheiden, ob sie neben der Hausarbeit noch einen Beruf ausüben kann und will. Der Ehemann darf ihr dies nicht verbieten. Bei Vernachlässigung der Familienpflichten durch die Ehefrau wird ihm aber das Recht, den Eheschutzrichter anzurufen, nicht verweigert werden dürfen.

2. Vertretungsrecht des Ehemannes

Ehemann und Ehefrau sollten in kameradschaftlichem Zusammenwirken ihre eigenen Interessen und diejenigen der Gemeinschaft selbst vertreten. Der Entwurf behält aber die bisherige Regelung, dass der Ehemann die Gemeinschaft nach aussen vertritt, bei, allerdings ohne Prozessvertretung des Ehemannes im Streit um Frauengut. Der Ehefrau soll die Schlüsselgewalt in der bisherigen Weise zustehen, wobei im Entwurf wiederum vorgesehen ist, dass in erster Linie der Ehemann für die Haushaltschulden haftet, subsidiär, d. h. bei Zahlungsunfähigkeit, auch die Ehefrau. Konsequenter wäre allerdings eine gleichmässige Haftung beider Ehegatten für solche Schulden.

Neu und sinnvoll ist die im Entwurf vorgesehene Regelung, dass bei behauptetem Missbrauch der Schlüsselgewalt durch die Ehefrau der Ehemann ihr die Vertretung nicht von sich aus entziehen, sondern diese nur beim Richter beantragen kann. Dieser hat dann als neutrale Instanz über Erhaltung oder Entzug der Schlüsselgewalt zu entscheiden.

3. Spezielle Schutzbestimmungen

Der Entwurf sieht die Beseitigung der veralteten Schutzbestimmungen von Art. 177 Absatz 2 und 3 ZGB vor. Dies nicht nur deshalb, weil sie dem partnerschaftlichen Verhältnis der Ehegatten widersprechen, sondern auch weil die vorgesehene Neuregelung des ehelichen Güterrechtes solche Schutzbestimmungen weitgehend überflüssig werden lässt.

C. Das eheliche Güterrecht

C.1. Allgemeines

Ausgegangen wird von dem ordentlichen Güterstand, der immer dann gilt, wenn nicht durch Ehevertrag ein anderer Güterstand vereinbart wurde.

C.2. Wesen des ordentlichen Güterstandes

1. Geltende Regelung

Der ordentliche Güterstand ist die Güterverbindung. Für sie kennzeichnend ist folgendes:
a. *Eigentumsverhältnisse.* – Das von den Ehegatten eingebrachte und ihnen während der Ehe unentgeltlich zufallende Vermögen bleibt ihr Eigentum mit Ausnahme der von der Ehefrau eingebrachten, vertretbaren Sachen wie Geld und Inhaberpapiere, die in das Eigentum des Mannes übergehen. Die Ehefrau erhält ihm gegenüber eine entsprechende Ersatzforderung.
b. *Nutzung und Verwaltung.* – Das Mannes- und Frauengut wird während der Ehedauer zum ehelichen Vermögen zusammengeschlossen, das der Ehemann nutzt und verwaltet. Die Ehefrau kann im Prinzip – von einigen Ausnahmen abgesehen – ihr eingebrachtes Vermögen somit nur mit seiner Zustimmung verpflichten.
c. *Verfügungsrecht.* – Der Ehemann bedarf zu Verfügungen über das von ihm zu verwaltende Frauengut im Prinzip der Zustimmung der Ehefrau. Gutgläubige Dritte dürfen diese Zustimmung jedoch vor-

aussetzen, weil ihnen Nachforschungen darüber, ob ein Vertragsobjekt zum Mannes- oder Frauengut gehört, nicht zugemutet werden können. Die Ehefrau ihrerseits kann das Vermögen des Ehemannes im Rahmen ihrer Schlüsselgewalt, d. h. der normalen Haushaltbedürfnisse, verpflichten. Für die von ihr im Rahmen der Schlüsselgewalt eingegangenen Verbindlichkeiten haftet in erster Linie der Ehemann, bei seiner Zahlungsunfähigkeit die Ehefrau mit ihrem ganzen Vermögen.
d. *Erwerb der Ehefrau.* – Was die Ehefrau aus selbständiger Arbeit erwirbt, gehört nicht zum ehelichen Vermögen, sondern ist ihr Sondergut und als solches der Nutzung und Verwaltung des Ehemannes entzogen. Auf Begehren desselben hat die Ehefrau aber angemessene Beiträge an die Haushaltkosten zu leisten.

2. Im Revisionsentwurf vorgesehene Regelung

Vorgesehen ist hier der Güterstand der Eigenverwaltung, doch würde das Wesen des ordentlichen Güterstandes durch die Bezeichnung «Eigenverwaltung mit Vorschlagbeteiligung» besser gekennzeichnet. Der Güterstand der Eigenverwaltung ist keine gewöhnliche Gütertrennung, wie sie als ausserordentlicher Güterstand jetzt schon besteht.
a. *Eigentumsverhältnisse.* – Jeder Ehegatte bleibt Eigentümer seines Vermögens und haftet für seine Schulden allein. Eine Einschränkung gilt nur bezüglich der Schlüsselgewalt.
b. *Nutzung und Verwaltung.* Ehefrau und Ehemann nutzen und verwalten ihr Vermögen und ihre Einkünfte selbst. Der Ehemann ist im Prinzip zum Unterhalt der Familie verpflichtet, kann aber von der Ehefrau die Leistung angemessener Beiträge an die Haushaltkosten verlangen. Bei diesen Beiträgen ist zu berücksichtigen, was in natura, z. B. von der Frau an Hausarbeit, geleistet wird. Dies wurde bisher viel zu wenig beachtet. Wenn man aber ausrechnet, was einer Hilfsperson für die von der Ehefrau geleistete Arbeit bezahlt werden müsste, kommt man auf ganz beträchtliche Summen. Es ist wichtig, dass die Ehefrau sich bei der Festsetzung der Beiträge dieser durch Hausarbeit geleisteten Beitragsleistung bewusst ist, denn allzuoft wird noch angenommen, die Hausarbeit bringe nichts ein und sei eine quantité négligeable.
c. *Verfügungen.* – Jeder Ehegatte verfügt allein über sein Vermögen und Einkommen und haftet für die von ihm eingegangenen Ver-

bindlichkeiten. Im Rahmen der Schlüsselgewalt, die im Prinzip gleich gestaltet ist wie im geltenden Recht, besteht jedoch eine Haftung des Ehemannes für die von der Ehefrau im Rahmen der Haushaltbedürfnisse eingegangenen Verpflichtungen. Subsidiär, d. h. bei Zahlungsunfähigkeit des Ehemanns, haftet auch die Ehefrau. Ihrer selbständigeren Stellung und dem Prinzip der Gleichberechtigung beider Ehegatten würde allerdings eine gleiche Haftung beider Ehepartner für solche Haushaltschulden besser entsprechen.

d. *Erwerb der Ehefrau.* – Da die Ehefrau nicht nur das eingebrachte Vermögen, sondern auch ihren Verdienst selbst verwaltet und nutzt – mit der Verpflichtung, Beiträge an die Haushaltkosten zu leisten –, bleibt kein Raum für ein Sondergut. Der Entwurf sieht aber vor, dass die Ehefrau, die im Betrieb des Ehemannes erheblich mitarbeitet, Anspruch auf eine angemessene Entschädigung hat. Eine solche Bestimmung fehlt im geltenden Recht. Man betrachtet die Mitwirkung der Ehefrau im Betrieb des Ehemannes immer noch als Ausfluss ihrer Beistandspflicht, die sich mit einer Entschädigung nicht verträgt. Dadurch stellt sich die im Betrieb des Ehemannes mithelfende Ehefrau wesentlich schlechter als eine in einem fremden Betrieb arbeitende Ehefrau. Diese Ungleichheit soll gemäss dem Revisionsentwurf nun dort, wo die Ehefrau in erheblichem Umfang im Betrieb des Ehemannes mitarbeitet, ausgeglichen werden.

C.3. Güterrechtliche Auseinandersetzung bei Auflösung der Ehe

1. Geltende Regelung

Bei Auflösung der Ehe zerfällt das eheliche Vermögen in das Eigengut von Mann und Frau. Dasselbe kann, soweit noch in natura oder als Ersatzanschaffung vorhanden, zurückgenommen werden. Für Fehlendes besteht eine entsprechende Ersatzforderung.

Ist bei Auflösung des ehelichen Vermögens das von Mann und Frau eingebrachte Vermögen nicht mehr voll vorhanden, so spricht man von einem Rückschlag. Als Vermögensverwalter hat der Ehemann diesen Rückschlag allein zu tragen, ausser wenn er nachweisen kann, dass die Ehefrau denselben verschuldet hat.

Ist mehr eheliches Vermögen vorhanden als dem von den Ehegatten eingebrachten und ihnen während der Ehe zugefallenen Eigen-

Grundsätze des ehelichen Güterrechtes
Revisionsbedürftiges Eherecht

vermögen entspricht, so ist das der Vorschlag. Davon erhalten der Ehemann oder seine Erben 2/3, die Ehefrau oder ihre Nachkommen – nicht die Erben, nur die Nachkommen – 1/3. Diese Vorschlagsteilung wird schon lange als ungerecht empfunden, denn der Arbeitseinsatz der Ehefrau für die Gemeinschaft ist auch dort, wo sie nicht berufstätig ist, meist nicht kleiner als derjenige des Ehemannes. Daher sollte sie auch in gleicher Weise wie der Ehemann am wirtschaftlichen Erfolg der Gemeinschaft partizipieren.

2. Im Revisionsentwurf vorgesehene Regelung

Der Entwurf sieht bei Auflösung der Ehe durch Scheidung eine andere Regelung vor als bei Auflösung durch den Tod eines Ehegatten. Dies kompliziert die Rechtslage. Eine Besserstellung des bis zum Tod des Ehepartners ausharrenden Ehegatten gegenüber einem zur Scheidung entschlossenen Eheteil ist indessen gerechtfertigt. Der Entwurf sieht daher folgende Lösung vor:

a. *Bei Auflösung der Ehe durch Scheidung.* – Der von Mann und Frau getrennt erzielte Vorschlag, also das von ihnen während der Ehe Erworbene und Ersparte, wird festgestellt, und jeder Ehegatte hat Anspruch auf die Hälfte des vom andern Eheteil erzielten Vorschlages.

Beispiel:
Vermögen des Ehemannes
bei Eingehung der Ehe   Fr. 20 000.–
Vermögen des Ehemannes
bei Auflösung der Ehe   Fr. 50 000.–
Erzielter Vorschlag   Fr. 30 000.–
Vermögen der Ehefrau
bei Eingehung der Ehe   Fr. 30 000.–
Vermögen der Ehefrau
bei Auflösungder Ehe   Fr. 40 000.–
Erzielter Vorschlag   Fr. 10 000.–
Totaler Vorschlag   Fr. 40 000.–

Davon erhält jeder Ehegatte die Hälfte, also Fr. 20 000.–. Der Entwurf sieht jedoch vor, dass die Ehefrau unter Verzicht auf die Hälfte des Vorschlages des Ehemannes ihren Erwerb mit ihrem Eigengut ganz behalten kann. Diese Sonderstellung der Ehefrau erscheint nicht als glücklich, denn sie widerspricht dem Prinzip der Gleichberechtigung.

b. *Bei Auflösung der Ehe durch Tod eines Ehegatten.* – Hier behält der überlebende Ehegatte sein ganzes eingebrachtes Vermögen nebst Vorschlag. Dagegen wird der vom verstorbenen Ehegatten erzielte Vorschlag festgestellt, und von diesem erhält der überlebende Ehegatte 2/3. Unter Zugrundelegung des vorstehenden Beispiels ergibt sich somit beim Ableben der Ehegatten folgende Situation:

aa. Beim Ableben des Ehemannes: Die Ehefrau behält ihre Fr. 40000.– und erhält vom Vorschlag des Ehemannes von Fr. 30000.– 2/3 = Fr. 20000.–.

bb. Beim Ableben der Ehefrau: Der Ehemann behält seine Fr. 50000.– und erhält vom Vorschlag der Ehefrau von Fr. 10000 2/3 = Fr. 6660.–.

Diese weitgehende Begünstigung des überlebenden Ehegatten soll seine schlechte erbrechtliche Stellung in Konkurrenz mit anderen gesetzlichen Erben verbessern.

C.4. Vor- und Nachteile des geltenden Rechtes und der vorgesehenen Neuregelung

1. Besserstellung der Ehefrau bei einer Scheidung

Die vorgesehene Regelung hat den Vorteil, dass im Falle einer Scheidung der Vorschlag gerechter verteilt wird als bisher. Bei der geltenden Regelung erhält die Ehefrau nur 1/3, der Ehemann jedoch 2/3 des Vorschlages. Nach der vorgesehenen Neuregelung hätte jeder Ehegatte Anspruch auf die Hälfte des vom anderen Eheteil erzielten Vorschlages.

2. Besserstellung des überlebenden Ehegatten bei Auflösung der Ehe durch den Tod

Der Ehegatte ist im schweizerischen Erbrecht schlecht gestellt, denn er erhält in Konkurrenz mit gesetzlichen Erben des Verstorbenen:

a. in Konkurrenz mit Nachkommen: 1/4 zu Eigentum oder 1/2 zur Nutzniessung;

b. in Konkurrenz mit Eltern, Geschwistern oder deren Nachkommen: 1/4 zu Eigentum und 3/4 zur Nutzniessung.

Diese Stellung des überlebenden Ehegatten würde nun bei der vorgesehenen Neuregelung güterrechtlich dadurch verbessert, dass ihm der grösste Teil des von dem verstorbenen Ehegatten während der Ehe erworbenen und ersparten Vermögens (Vorschlag) zugehalten würde. Anstelle des Vorschlagsdrittels für die Ehefrau und von ²/₃ des Vorschlages für den Ehemann würde folgende Regelung treten:

Der überlebende Ehegatte behält den von ihm selbst erzielten Vorschlag ganz und hat Anspruch auf ²/₃ des vom Verstorbenen erzielten Vorschlages. Dies führt zu einer ganz wesentlichen Besserstellung des überlebenden Ehegatten, wie die nachfolgenden Beispiele zeigen mögen.

Beispiel: Geltende Regelung, unter Annahme eines Vorschlages von Fr. 50000.–.

Vorschlag	Fr. 50000.–
Die Ehefrau erhält ¹/₃ desselben	Fr. 16665.–
Der Ehemann erhält ²/₃ desselben	Fr. 33335.–

Vorgesehene Neuregelung:

Vorschlag   Fr. 50000.–

Es wird angenommen, die Ehefrau habe Fr. 20000.–, der Ehemann Fr. 30000.– erzielt. Beim Tod des Ehemannes behält die Ehefrau ihren ganzen Vorschlag von Fr. 20000.– und erhält ²/₃ des vom verstorbenen Ehemann erworbenen Vorschlages von Fr. 30000.–, also Fr. 20000.–, total somit Fr. 40000.–.

3. Selbstverwaltung von Vermögen und Erwerb durch die Ehefrau

Ein grosser Nachteil des bisherigen Systems sind das dem Ehemann allein zustehende Nutzungs- und Verwaltungsrecht am ehelichen Vermögen (Mannes- und Frauengut) und die zugunsten gutgläubiger Dritter bestehende Vermutung, dass der Ehemann zu Verfügungen über das Frauengut ermächtigt ist. Einer missbräuchlichen Verwaltung durch den Ehemann ist damit Tür und Tor geöffnet, wobei allerdings gleich festgestellt sei, dass die Mehrzahl der schweizerischen Ehemänner sich als treue Verwalter des ehelichen Vermögens bewährt haben. Durch die vorgesehene Eigenverwaltung ihrer Vermögen durch Mann und Frau wird aber das Prinzip der Gleichberechtigung auch auf diesem Gebiet verwirklicht und die Ehefrau aus der diskriminierenden Unterordnung in finanziellen Dingen befreit.

4. Feststellung des Vorschlages, Verhinderung und Beeinträchtigung der Vorschlagsbildung

Die angestrebte Besserstellung der Ehegatten durch höhere Vorschlagsbeteiligung kann nur voll wirksam werden, wenn der Prozess der Vorschlagsbildung normal verläuft und keiner der Ehegatten zum

Nachteil des anderen die Vorschlagsbildung verhindert oder einen bereits bestehenden Vorschlag böswillig reduziert. Deshalb ist es notwendig, hier zugunsten der Ehegatten gewisse Sicherungen einzubauen.

C. 5. Sicherungsmittel

1. Nach geltendem Recht
a. *Inventar, Auskunftspflicht, Sicherstellung und Gütertrennung.* – Der Ehegatte, der einen Vermögenswert als eingebrachtes Gut beansprucht, ist dafür beweispflichtig. Bei Auseinandersetzungen mit dem Ehegatten oder seinen Erben fällt dieser Nachweis vor allem der Ehefrau oft schwer. Sie wird deshalb gut daran tun, sich vom Ehemann eine Bestätigung geben zu lassen, aus der ersichtlich ist, was als Frauengut ihr gehört. Das Gesetz gibt ausserdem beiden Ehegatten das Recht, ein öffentlich beurkundetes Inventar über das Eigengut von Frau und Mann zu verlangen. Wird es binnen 6 Monaten nach der Einbringung der betreffenden Vermögensobjekte erstellt, so geniesst es erhöhte Beweiskraft. Ferner ist die Ehefrau berechtigt, vom Ehemann Auskunft über den Stand ihres Eigengutes und bei Gefährdung Sicherstellung zu verlangen, doch wagt sie meist keinen Gebrauch davon zu machen. Unter gewissen Voraussetzungen können die Ehegatten auch die Gütertrennung verlangen.
Leider kommen diese Massnahmen meist zu spät, d. h., sie werden erst wirksam, wenn durch Überschuldung des Ehemannes das Frauengut schon ganz oder zum Teil verloren ist.
b. *Betreibungs- und konkursrechtliches Privileg der Ehefrau.* – Angesichts der Gefahr, dass vorbeugende Massnahmen meist zu spät kommen, räumt der Gesetzgeber der Ehefrau das Recht ein, bei einer gegen den Ehemann gerichteten Betreibung auf Pfändung oder Konkurs eine Ersatzforderung für nicht mehr vorhandenes Frauenvermögen geltend zu machen. Für die Hälfte dieser Ersatzforderung ist sie privilegiert, d. h., ihre Forderung muss in diesem Umfang gedeckt werden, bevor andere, nicht privilegierte Gläubiger etwas erhalten.
c. *Vorschlagssicherung.* – Das geltende Gesetz sieht keine Sicherung des Vorschlagsanspruches der Ehefrau vor. Das ist ein grosser Nachteil, denn durch Verfügungen zugunsten Dritter kann der

Ehemann, dem die Verwaltung des Vermögens ja allein zusteht, die Vorschlagsbildung verhindern und die Ehefrau um die Früchte ihrer Mitarbeit bringen. Diese Gefahr ist in Scheidungssituationen besonders gross.

2. Vorgesehene Neuregelung
a. *Inventar und Auskunftspflicht.* – Sie spielen auch bei der Eigenverwaltung eine grosse Rolle, denn zur Bestimmung des Vorschlages, den der einzelne Ehegatte erzielt und an dem der andere partizipiert, ist zunächst das eingebrachte und während der Ehe unentgeltliche angefallene Eigengut der Ehegatten auszuscheiden. Die Ehegatten sind deshalb nicht nur berechtigt, ein öffentlich beurkundetes Inventar zu verlangen, sondern es ist ihnen auch ein Auskunftsrecht eingeräumt. Bei Verweigerung der Auskunft durch einen Ehegatten soll der Richter die angemessenen Anordnungen treffen.
b. *Betreibungs- und konkursrechtliches Privileg.* – Ein Privileg, wie es der Ehefrau im geltenden Recht zusteht, ermangelt bei der Eigenverwaltung jeder Berechtigung, denn die Ehefrau ist ja hier einer missbräuchlichen Vermögensverwaltung durch den Ehemann nicht mehr ausgesetzt. Gleichwohl ist vorgesehen, dass ein Betreibungs- und Konkursprivileg in der bisherigen Form jedem Ehegatten dann zustehen soll, wenn er dem anderen sein Vermögen zur Verwaltung überlassen hat. Man denkt dabei wohl an den voraussichtlich häufigen Fall, da die Ehefrau sich nach wie vor nicht um die Vermögensverwaltung kümmert, sondern alles dem Ehemann überlässt. Ein gleiches Privileg soll ihr auch dann zustehen, wenn sie wegen mangelnder Erfüllung der Unterhaltspflicht durch den Ehemann aus ihrem Vermögen für die Bedürfnisse des Haushaltes aufkommen musste. Auch hier ist die Hälfte der ihr zustehenden Ersatzforderung privilegiert.
c. *Vorschlagssicherung.* – Die geplante Neuregelung sieht vor, dass ein Ehegatte dem Partner die verlangte Auskunft über seine finanziellen Verhältnisse erteilen muss, ansonst der Richter die notwendigen Massnahmen, allenfalls die vorzeitige Vorschlagsteilung, auf Begehren des Ehegatten anordnen kann. Solche Massnahmen kommen aber dort, wo ein Ehegatte den anderen benachteiligen will, meist zu spät, weil die den anderen Ehegatten benachteiligenden Verfügungen schon getroffen sind. Hier sollte eine Ergänzung

in dem Sinne Platz greifen, dass nicht zum eingebrachten Gut gehörende Vermögenswerte, deren sich ein Ehegatte böswillig entäussert, um den Vorschlagsanteil des anderen Ehegatten zu beeinträchtigen, dem tatsächlich vorhandenen Vorschlag hinzuzurechnen sind.

d. *Ersatzforderung für zuviel geleistete Beiträge an den ehelichen Unterhalt.* – Eine wesentliche Neuerung bringt der Entwurf mit der Bestimmung, dass die Ehefrau, die wegen mangelhafter Erfüllung der Unterhaltspflicht durch den Ehemann mehr an den Unterhalt geleistet hat, als ihr unter den speziellen Verhältnissen zumutbar war, bei Auflösung der Ehe eine entsprechende Ersatzforderung stellen kann. Dieses Recht sollte allerdings auch dem Ehemann eingeräumt werden für den Fall, dass die Ehefrau die von dem Ehemann verlangten angemessenen Beiträge nicht leistet. Es wird allerdings für die Beteiligten und den Richter nicht einfach sein, abzuklären, welche Leistungen ein Ehegatte normalerweise hätte erbringen müssen. Wo aber ein Ehegatte den anderen ganz bewusst ausnützt, kann diese Bestimmung eine notwendige Korrektur erlauben.

C.6. Korrektur der gesetzlich vorgesehenen Vorschlagsteilung

1. Im geltenden Recht

Die bestehende, absolut nicht mehr befriedigende Vorschlagsteilung von $1/3$ zu $2/3$ kann nur durch öffentlich beurkundeten Ehevertrag abgeändert werden, der, wenn während der Ehe abgeschlossen, ausserdem der Zustimmung der Vormundschaftsbehörde bedarf.

2. Vorgesehene Neuregelung

Auf Begehren eines Ehegatten oder der Nachkommen soll eine richterliche Korrektur der Vorschlagsteilung dann Platz greifen, wenn diese Regelung eine offensichtliche Härte darstellt. Hat z. B. die Ehefrau allein gespart, während der Ehemann alles durchbrachte, so kann es bei einer Scheidung unter Umständen stossend sein, wenn er gleichwohl die Hälfte des von der Ehefrau allein erzielten Vorschlages, bei ihrem Tod sogar $2/3$ desselben erhalten soll. Auch für Stiefkinder kann diese Teilungsart unter solchen Umständen eine unangemessene Härte bedeuten, weil sie dem begünstigten Stiefelternteil gegenüber ja nicht einmal ein Erbrecht haben.

Das Erbrecht

I. Grundsätze des Erbrechtes

Das gesetzliche Erbrecht beruht auf der Blutsverwandtschaft der Erben gegenüber dem Erblasser. Nähere Blutsverwandte schliessen entferntere aus. Es werden unter ihnen Stämme oder Parentelen gebildet.

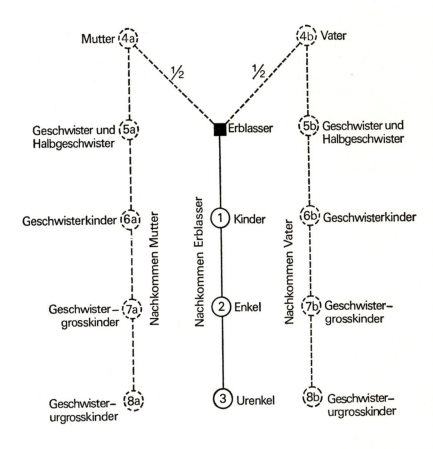

Erbrecht der Nachkommen und des elterlichen Stammes

A. Die Nachkommen

Die nächsten Erben sind die Nachkommen, die zu gleichen Teilen erben.
Beispiel: Ein Erblasser hat 2 Söhne. Sie erben seinen Nachlass je zur Hälfte.

Stirbt einer der Nachkommen, hat er aber seinerseits Nachkommen, so treten diese an Stelle des Verstorbenen. Er gilt als Haupt des Stammes.
Beispiel: Von 2 Söhnen ist einer verstorben und hat keine Nachkommen hinterlassen. Der andere Sohn erbt den ganzen Nachlass.
Beispiel: Einer der Söhne ist verstorben, hat aber 2 Töchter hinterlassen. Diese treten an die Stelle ihres verstorbenen Vaters. Es erhalten somit:
Der überlebende Sohn $1/2$ des Nachlasses
Die Nachkommen des verstorbenen Sohnes $1/2$ des Nachlasses
also jede der beiden Töchter $1/4$ des Nachlasses.

B. Die elterliche Parentel

Sind keine Nachkommen vorhanden, so fällt der Nachlass an die Eltern. Jeder Elternteil erhält die Hälfte.
Beispiel: Ein Sohn stirbt ohne Nachkommen. Sein Nachlass fällt den Eltern zu gleichen Teilen zu, $1/2$ dem Vater, $1/2$ der Mutter. Ist ein Elternteil gestorben, ohne Nachkommen zu hinterlassen, so fällt sein Anteil dem überlebenden Elternteil zu.
Beispiel: Die Mutter ist gestorben, der Vater lebt, es sind keine Nachkommen vorhanden. Der Vater erhält den ganzen Nachlass.

Sind dagegen Nachkommen da, so treten diese anstelle des verstorbenen Elternteiles.
Beispiel: Der Nachlass eines kinderlos verstorbenen Erblassers fällt an seine Eltern. $1/2$ erhält der noch lebende Vater. $1/2$ erben die an Stelle der verstorbenen Mutter tretenden Nachkommen derselben, also die Geschwister des Erblassers.

C. Die grosselterliche Parentel

Sind keine Erben der elterlichen Parentel, also Eltern oder bei

Das Erbrecht
Grundsätze des Erbrechtes

ihrem Fehlen deren Nachkommen (Geschwister, Geschwisterkinder usw.) vorhanden, so fällt der Nachlass der grosselterlichen Parentel, also den Grosseltern selbst oder wenn sie verstorben sind ihren Nachkommen zu. Es gelten hier im Prinzip die gleichen Grundsätze, wie sie im Hinblick auf die elterliche Parentel dargelegt wurden.

D. Die urgrosselterliche Parentel

Mit der grosselterlichen Parentel hört die Erbberechtigung auf. Urgrosseltern haben nur noch einen Nutzniessungsanspruch.

E. Der Ehegatte

Der Ehegatte, obwohl nicht blutsverwandt, tritt dank seiner nahen Beziehung zum verstorbenen Ehegatten neben die Erben der verschiedenen Parentelen, also die Nachkommen, bei deren Fehlen die Erben der elterlichen oder bei deren Fehlen die Erben der grosselterlichen Parentel.

Das Erbrecht des Ehegatten wird in der Folge besonders ausführlich dargestellt, weil die Frage, was der überlebende Ehegatte erhält, viele Ehefrauen beschäftigt. So ist denn auch im nächsten Kapitel ausschliesslich die Rede vom Erbrecht der Ehefrau, doch gilt die erwähnte Regelung in gleicher Weise für das Erbrecht des Ehemannes.

Wichtig: Mann und Frau sind einander erbrechtlich, nicht aber güterrechtlich gleichgestellt.

II. Das Erbrecht der Ehefrau

A. Gesetzlicher Erbanspruch der Ehefrau in Konkurrenz mit anderen Erben

1. Allgemeines

Auch heute noch denkt die Ehefrau, welche sich ihre Ansprüche beim Tod des Gatten vergegenwärtigen will, zunächst meist nur an die erbrechtliche Nachlassteilung. Dieser hat aber die güterrechtliche Auseinandersetzung voranzugehen. Wird sie unterlassen und das eheliche Vermögen dem Nachlassvermögen des Mannes gleichgestellt, so verletzt dies die Interessen der Ehefrau, wie nachstehendes Beispiel in konkreten Zahlen verdeutlichen möge. Ausgegangen wird dabei vom ordentlichen Güterstand der Güterverbindung, der ja in der Mehrzahl aller Fälle, d. h. überall dort, wo kein spezieller Ehevertrag abgeschlossen wurde, gilt.

Beispiel:

Eingebrachtes Mannesvermögen	Fr. 10 000.–
Eingebrachtes Frauenvermögen	Fr. 8 000.–
Total	Fr. 18 000.–
Eheliches Vermögen bei Auflösung der Ehe	Fr. 30 000.–
abzügl. eingebrachtes Vermögen beider Ehegatten	Fr. 18 000.–
Vorschlag	Fr. 12 000.–
Anteil der Ehefrau am Vorschlag 1/3	Fr. 4 000.–
+ eingebrachtes Frauenvermögen	Fr. 8 000.–
Güterrechtlicher Anspruch	Fr. 12 000.–
Anteil der Erben des Mannes am Vorschlag 2/3	Fr. 8 000.–
+ eingebrachtes Mannesvermögen	Fr. 10 000.–
Nachlass des Mannes	Fr. 18 000.–

wozu noch allfälliges Sondergut (s. S. 41) hinzukommt.
An diesem Nachlass kann nun die Ehefrau ihre erbrechtlichen Ansprüche geltend machen.

Wichtig: Der erbrechtlichen Nachlassteilung hat die güterrechtliche Auseinandersetzung vorauszugehen.

2. Gesetzlicher Erbanspruch der Ehefrau gegenüber Nachkommen

Auf Grund der gesetzlichen Erbfolge, die überall dort gilt, wo keine anderslautende, rechtsgültige, letztwillige Verfügung (s. S. 82, 86) vorhanden ist, erhält die Ehefrau in Konkurrenz mit Nachkommen nach

Das Erbrecht
Das Erbrecht der Ehefrau

ihrer Wahl einen Vierteil des Nachlasses zu Eigentum oder die Hälfte zu Nutzniessung.

Unter *Eigentum* versteht man das volle Verfügungsrecht über den betreffenden Vermögenswert, also das Recht, diesen zu veräussern und zu verbrauchen.

Die *Nutzniessung* umfasst nur den Gebrauch des Nutzniessungsvermögens. Dieses selbst darf nicht verbraucht werden.

Was für die Ehefrau im Einzelfall günstiger ist, der Eigentumsvierteil oder die Nutzniessung, lässt sich zum voraus nicht sagen, sondern muss von Fall zu Fall überprüft werden. Als Regel kann gelten, dass für ältere Witwen im allgemeinen der Eigentumsanteil interessanter ist, da sie frei darüber verfügen und ihn weiter vererben können.

Jüngeren Witwen ist dagegen eher die Nutzniessung an der Hälfte des Nachlasses zu empfehlen, weil sie sich dadurch ein höheres Einkommen sichern und nicht Gefahr laufen, eines Tages mittellos dazustehen, weil das Vermögen verzehrt ist. Die Nutzniessung hat hier den Charakter einer Rente und fällt auch nicht dahin, wenn die Witwe sich wieder verheiratet. Dagegen fällt das Nutzniessungsvermögen nach ihrem Tod den Erben des Ehemannes zu.

3. Gesetzlicher Erbanspruch der Ehefrau gegenüber Erben des elterlichen Stammes

Erben des elterlichen Stammes sind Vater und Mutter des Erblassers, bei ihrem Fehlen ihre Nachkommen, also die Eltern, und wenn sie schon verstorben sind, bei ihrem Fehlen die Geschwister, bei deren Fehlen die Geschwisterkinder des Erblassers usw. Der nähere Verwandtschaftsgrad schliesst den ferneren aus. An die Stelle verstorbener Erben treten ihre Nachkommen.

Im Verhältnis zu diesen Miterben erhält die Ehefrau einen Vierteil zu Eigentum und drei Vierteile zu Nutzniessung.

Beispiel:
Nachlass des Mannes Fr. 18 000.–
Anteil der Ehefrau $1/4$ zu Eigentum Fr. 4 500.–
Anteil der Eltern des Mannes $3/4$ Fr. 13 500.–

Total Fr. 18 000.–

Der Erbanteil der Eltern des Mannes von Fr. 13 500.– ist mit der Nutzniessung der Ehefrau belastet.

Wichtig: Die Ehefrau hat also zu ihren Lebzeiten den Erben der elterlichen Parentel nichts herauszugeben. Die mit der Nutzniessung belasteten ³/₄ des Nachlasses sind aber Eigentum der Erben des verstorbenen Mannes.

Diese Regelung wird in den meisten Fällen, vorab dort, wo eine sehr enge eheliche Gemeinschaft bestanden hat, als stossend empfunden. Die Ehegatten stehen einander ja normalerweise viel näher als den Erben der elterlichen Parentel. Das Gesetz geht aber von dem Grundgedanken aus, dass dort, wo keine Kinder aus einer Ehe vorhanden sind, der ehelichen Gemeinschaft also kein neuer Stamm entspross, die eingebrachten Vermögen der Ehegatten zur Hauptsache wieder an die angestammten Familien der Erblasser zurückfallen sollen. Wobei der überlebende Ehegatte durch die ihm am Erbteil der elterlichen Parentel zustehende Nutzniessung davor bewahrt wird, zu seinen Lebzeiten schon einen Teil des Nachlassvermögens herausgeben zu müssen. Indessen fehlt ihm die freie Verfügungsgewalt über dieses Nutzniessungsvermögen.

Änderung des gesetzlichen Erbanspruchs. — Es steht nun den Ehegatten frei, diese Verhältnisse durch Ehevertrag (s. S. 39) oder letztwillige Verfügung (s. S. 82, 86) zu ändern. Wählen sie den Güterstand der Gütergemeinschaft (s. S. 48), so kann das Gesamtgut der Ehefrau zugewiesen werden, unter Ausschluss aller anderen Erben des Mannes. Ausgenommen sind lediglich die Nachkommen, denen ¹/₄ des Gesamtvermögens des Verstorbenen nicht entzogen werden darf.

Durch letztwillige Verfügung kann im Rahmen des Pflichtteilsschutzes ebenfalls eine Besserstellung der Ehefrau erreicht werden (s. S. 82, 86).

4. Gesetzlicher Erbanspruch der Ehefrau gegenüber Erben der grosselterlichen Parentel

Zu ihnen zählen die Grosseltern sowie bei deren Fehlen ihre Nachkommen. Also im Prinzip alle Verwandten des Erblassers, die mit ihm durch einen Grossvater oder eine Grossmutter verwandt sind.

In Konkurrenz mit Erben dieser Parentel erhält die Ehefrau die Hälfte zu Eigentum, die andere Hälfte zu Nutzniessung.

5. Gesetzlicher Erbanspruch der Ehefrau gegenüber weiter entfernten Verwandten

Sind auch keine Erben der grosselterlichen Parentel vorhanden, so erhält die Ehefrau den ganzen Nachlass zu Eigentum; sie ist Alleinerbin.

Das Erbrecht
Das Erbrecht der Ehefrau

6. Sicherstellung des Nachlassvermögens

Wo die Ehefrau die Nutzniessung am Nachlassvermögen des verstorbenen Ehemannes besitzt, besteht für die Miterben die Gefahr einer Vermögensbeeinträchtigung. Die überlebende Ehefrau verwaltet und nutzt ja das Vermögen allein. Tritt daher eine Gefährdung des Eigentumes durch diese Nutzniessung ein, so ist die Ehefrau auf Begehren der Miterben zur Sicherstellung verpflichtet. Eine solche ist auch ohne spezielles Begehren dann zu leisten, wenn die überlebende Ehefrau sich wieder verheiratet. Durch eine Wiederverehelichung wird sie den Erben des verstorbenen Mannes entfremdet, und daher rechtfertigen sich hier besondere Sicherungsmassnahmen.

7. Rente anstelle der Nutzniessung

Anstelle der Nutzniessung kann die überlebende Ehefrau eine jährliche Rente in der Höhe der Nutzniessungserträgnisse von den Miterben verlangen. Sie verzichtet dadurch auf Besitz und Gebrauch der Sache selbst, also beispielsweise die Aufbewahrung von Wertschriften, an denen ihr die Nutzniessung zusteht, und das Einziehen von Dividenden und Zinsen derselben. Statt dessen lässt sie sich eine feste Rente ausrichten.

Da nun aber die überlebende Ehefrau in diesem Fall kein Nachlassvermögen in Händen hat, sondern ihr die Rente von den Miterben geschuldet ist, läuft sie Gefahr, dann zu Verlust zu kommen, wenn die Erben nicht zahlungsfähig sind. Deshalb wird ihr das Recht eingeräumt, von den Miterben Sicherstellung der Rente zu verlangen. Was natürlich nicht heisst, dass diese Sicherstellung dann auch wirklich unter allen Umständen geleistet werden kann. Eine Umwandlung des Nutzniessungsanspruches in eine Rente ist daher nur dort zu empfehlen, wo die Miterben bereit sind, die Nutzniessung durch einen Rentenkauf bei einer staatlich anerkannten Versicherungsgesellschaft abzulösen.

III. Begünstigung der Ehefrau durch letztwillige Verfügung Begrenzung durch den Pflichtteilschutz

1. Allgemeines

Oft besteht der Wunsch, die gesetzliche Erbfolge zu ändern und die Stellung der Ehefrau dadurch zu verbessern, dass den Miterben ihr Erbanspruch ganz oder zum Teil entzogen und der Ehefrau zugewiesen wird. Nun ist aber der Erblasser in dieser Richtung nicht frei. Das Schweizerische Zivilgesetzbuch vertritt den Sippegedanken in dem Sinne, dass engste Familienangehörige nicht völlig von der Erbschaft ausgeschlossen werden dürfen, ausser wenn Enterbungsgründe vorliegen oder sie erbunwürdig sind. Die Quote, welche der Erblasser seinen nächsten Erben nicht entziehen darf, ist der Pflichtteil.

Pflichtteil. — Er wird nach dem Verwandtschaftsgrad abgestuft, d. h., er ist um so grösser, je näher der Erbe mit dem Erblasser verwandt ist. So besteht ein Pflichtteilschutz für Nachkommen, Eltern und in beschränktem Umfange für Geschwister und Geschwisterkinder sowie für den Ehegatten.

2. Begünstigung der Ehefrau gegenüber Nachkommen

Für Nachkommen beträgt der Pflichtteil $3/4$ des gesetzlichen Erbanspruches. Da die Nachkommen in Konkurrenz mit der Ehefrau $3/4$ des Nachlasses zu Eigentum erhalten, sind also $3/4$ davon = $9/16$ pflichtteilsgeschützt. Man geht bei der Berechnung des Pflichtteiles immer vom Eigentumsanspruch des Ehegatten aus, wobei es keine Rolle spielt, ob derselbe in Wirklichkeit statt des Eigentums die Nutzung an der Hälfte des Nachlasses wählt.

Die Ehefrau ihrerseits ist auch pflichtteilsgeschützt, und zwar in ihrem vollen Eigentumsanspruch, soweit neben ihr noch andere Erben vorhanden sind. Nur wenn sie Alleinerbin ist, und somit den ganzen Nachlass zu Eigentum erhält, kann ihr die Hälfte des gesetzlichen Erbanspruches entzogen werden, ist also nur die Hälfte des gesetzlichen Erbanspruches pflichtteilsgeschützt.

Soweit Nachkommen vorhanden sind, kann somit der Erblasser nur in geringem Mass über seinen Nachlass frei verfügen.

Beispiel:

Pflichtteilsgeschützter Erbanspruch der Ehefrau $1/4$	$4/16$
Pflichtteilsgeschützter Erbanspruch der Nachkommen $3/4$ von $3/4$	$9/16$
Total	$13/16$
Frei verfügbare Quote des Nachlasses	$3/16$

Das Erbrecht
Begünstigung der Ehefrau durch letztwillige Verfügung
Begrenzung durch den Pflichtteilschutz

Bei Zuwendung dieser verfügbaren Quote erhält somit die Ehefrau statt der ihr zustehenden $4/16$ des Nachlasses $7/16$ desselben. Eine so geringe Zuwendung genügt indessen vielfach nicht, um der überlebenden Ehefrau eine auskömmliche Existenz zu sichern. Anderseits sollen aber auch die Nachkommen nicht allzu sehr in ihren Rechten verkürzt werden.

Wichtig: Als weitere Möglichkeit zur Begünstigung des überlebenden Ehegatten sieht das Gesetz vor, dass der Erblasser gegenüber gemeinsamen Nachkommen dem überlebenden Ehegatten die Nutzniessung am Erbteil der Nachkommen zuwenden kann. Diese Nutzniessung tritt anstelle des gesetzlichen Erbrechtes, d. h., der überlebende Ehegatte erhält diese Nutzniessung anstelle des ihm sonst zustehenden Eigentums-Vierteils oder der Hälfte zu Nutzniessung. Daneben kann ihm der Erblasser auch die frei verfügbare Quote von $3/16$ des Nachlasses zuweisen, so dass der überlebende Ehegatte, wir nehmen hier an, es sei dies die Ehefrau, $3/16$ des Nachlasses zu Eigentum und $13/16$ desselben zu Nutzniessung erhält. Das Eigentum an diesen $13/16$ des Nachlasses steht den Nachkommen zu.

Diese Regelung kommt, wie bereits erwähnt, nur gegenüber gemeinsamen Nachkommen in Betracht, nicht auch gegenüber Stiefkindern. Ihnen ist nicht zuzumuten, dass sie bis zum Ableben der Stiefmutter warten müssen, um in den Genuss ihres Erbes zu kommen.

Wo die Witwe die Nutzniessung am Erbteil der Nachkommen innehat, verliert sie die Hälfte derselben bei ihrer Wiederverheiratung.

3. Begünstigung der Ehefrau gegenüber den Eltern des Erblassers

Der gesetzliche Erbanspruch der Eltern gegenüber der Ehefrau des Erblassers beträgt $3/4$, d. h. $1/4$ des Nachlasses erhält die überlebende Ehefrau und $3/4$ die elterliche Parentel, wobei jedoch diese $3/4$ mit der Nutzniessung der überlebenden Ehefrau belastet sind.

Dieser gesetzliche Erbanspruch ist nur zur Hälfte pflichtteilsgeschützt, so dass ihnen also $3/8$ des Nachlasses nicht entzogen werden dürfen.

Auch diese pflichtteilsgeschützte Quote und ebenso die pflichtteilsgeschützte Quote der Geschwister untersteht der Nutzniessung durch die Ehefrau, so dass sie zu ihren Lebzeiten den Eltern und Geschwistern kein Nachlassvermögen herauszugeben hat.

Das Erbrecht
Begünstigung der Ehefrau durch letztwillige Verfügung
Begrenzung durch den Pflichtteilschutz

Beispiel:

Pflichtteilsgeschützter Erbanspruch der Eltern des Mannes ½ von ¾	³/₈
Pflichtteilsgeschützter Erbanspruch der Ehefrau ¼	²/₈
Total pflichtteilsgeschützt	⁵/₈
Frei verfügbare Quote somit	³/₈

4. Begünstigung der Ehefrau gegenüber Geschwistern und Geschwisterkindern des Erblassers

Die hier geltende Regelung ist recht kompliziert. Dies deshalb, weil in den verschiedenen Kantonen abweichende Auffassungen darüber bestanden, ob Geschwister oder Geschwisterkinder dem Erblasser noch so nahe stünden, dass sich ein Pflichtteilsschutz derselben rechtfertige. So kam man zu einer Mittellösung. Die gesetzliche Regelung des Zivilgesetzbuches sieht einen Pflichtteilsschutz für Geschwister, nicht aber für Geschwisterkinder vor.

Der gesetzliche Erbanspruch der Geschwister in Konkurrenz mit der überlebenden Ehefrau beträgt ¾ des Nachlasses zu Eigentum, wobei dieser Erbteil mit der Nutzniessung der Ehefrau belastet ist. Dieser Erbanspruch ist nur zu ¼ pflichtteilsgeschützt, so dass also der Erblasser überall dort, wo die Regelung des Schweiz. Zivilgesetzbuches gilt, den Geschwistern ³/₁₆ des Nachlasses nicht entziehen kann.

Beispiel:

Pflichtteilsgeschützter Erbanspruch der Geschwister des Mannes ¼ von ¾	³/₁₆
Pflichtteilsgeschützter Erbanspruch der Ehefrau ¼	⁴/₁₆
Total pflichtteilsgeschützt	⁷/₁₆
Frei verfügbare Quote somit	⁹/₁₆

Nun wurde aber den Kantonen das Recht eingeräumt, für ihre Angehörigen, die im Kantonsgebiet ihren letzten Wohnsitz gehabt haben, den Pflichtteilsanspruch der Geschwister aufzuheben oder ihn statt dessen auf die Nachkommen der Geschwister auszudehnen.

Nachstehende Kantone haben das Pflichtteilsrecht der Geschwister aufgehoben: Basel-Stadt, Bern, Tessin und die welschen Kantone.

Den Pflichtteilsschutz auf die Geschwisterkinder ausgedehnt haben dagegen: die Urkantone, Luzern, Zug, Glarus, Solothurn, Appenzell I. Rh., Graubünden und Wallis.

Das Erbrecht
Begünstigung der Ehefrau durch letztwillige Verfügung
Begrenzung durch den Pflichtteilschutz

Die kantonale Sonderregelung gilt nur für Bürger des betreffenden Kantons, die dort ihren letzten Wohnsitz haben. Andernfalls gilt für sie die Regelung des Schweiz. Zivilgesetzbuches, also der Pflichtteilsschutz der Geschwister von 1/4 ihres gesetzlichen Erbanspruches. Dies selbst dann, wenn der betreffende Erblasser Wohnsitz in einem Kanton hat, dessen Sonderregelung mit derjenigen des Heimatkantons übereinstimmt. Die Kantone Basel-Stadt und Bern beispielsweise schliessen übereinstimmend den Pflichtteilsschutz für Geschwister aus. Lebt ein Berner im Kanton Bern, so kann er durch letztwillige Verfügung seinen Geschwistern den gesetzlichen Erbanspruch entziehen. Wohnt er dagegen in Basel, so gilt für ihn nicht die mit der bernischen Regelung übereinstimmende Sonderregelung des Kantons Basel-Stadt, sondern diejenige des Schweiz. Zivilgesetzbuches. Er hat also in diesem Fall den Pflichtteil der Geschwister zu respektieren.

5. Unterstellung der Erbfolge unter das Recht des Heimatkantons

Die unter Ziff. 4 erwähnten Auswirkungen lassen sich dadurch korrigieren, dass der Erblasser durch letztwillige Verfügung die Erbfolge dem Recht seines Heimatkantons unterstellt. Schreibt der in Basel lebende Berner also in seinem Testament, er unterstelle seine Erbfolge dem Heimatrecht, so gilt für seinen Nachlass das Recht des Kantons Bern. Da dieser keinen Pflichtteilsschutz der Geschwister kennt, kann der Erblasser ihnen den gesetzlichen Erbanspruch durch letztwillige Verfügung entziehen und ihren Erbteil der Ehefrau oder einem beliebigen Dritten zuweisen.

IV. Letztwillige Verfügung (Testament), Erbvertrag, Erbauskauf, Enterbung

1. **Die letztwillige Verfügung (Inhalt und wichtigste Formen)**

    Erbeinsetzung. – Durch letztwillige Verfügung, auch Testament genannt, kann jedermann, der urteilsfähig ist und das 18. Altersjahr vollendet hat, die für den Fall seines Ablebens gewünschten und rechtlich zulässigen Anordnungen treffen. So z. B. die Zuwendung der frei verfügbaren, nicht pflichtteilgeschützten Nachlassquote an die Ehefrau oder andere Personen. Mit diesen Verfügungen können Weisungen und Bedingungen verbunden werden.

    Vermächtnis. – Wo keine bestimmte Nachlassquote, sondern eine Sache oder ein Recht zugewendet wird, spricht man von Vermächtnis. Beispielsweise dann, wenn der Erblasser schreibt: «Mein Siegelring soll meinem Patenkind gehören.»

    Der also Bedachte wird nicht Erbe, sondern Vermächtnisnehmer und muss sein Vermächtnis von den Erben herausverlangen. Kennzeichen der Erben – handle es sich um gesetzliche oder vom Erblasser eingesetzte Erben – ist ihr Anspruch auf einen bestimmten Bruchteil (Quote) des Nachlasses.

    a. *Das öffentlich beurkundete Testament.* – Die öffentliche, letztwillige Verfügung wird von der durch das kantonale Recht bestimmten Urkundsperson, meist dem Notar, unter Mitwirkung von zwei Zeugen errichtet. Diese Form hat den Vorteil, dass durch die Zeugen festgestellt wird, dass einerseits das Testament dem Willen des Erblassers entspricht und er anderseits gemäss ihrer Wahrnehmung verfügungsfähig ist. Eine Anfechtung der letztwilligen Verfügung wegen Urteilsunfähigkeit des Erblassers ist daher kaum zu befürchten, und meist dürfte auch der Inhalt des Testamentes zu keinen Auslegungsschwierigkeiten führen, weil eine rechtskundige Person bei seiner Abfassung mitgewirkt hat.

    Wichtig: Bei komplizierten Erbverhältnissen und misstrauischen Erben empfiehlt sich die Form der öffentlich beurkundeten letztwilligen Verfügung.

    b. *Das eigenhändige Testament.* – Viel häufiger anzutreffen ist die eigenhändige, letztwillige Verfügung. Sie hat den Vorteil, dass sie ohne grosse Vorbereitungen und Zeugen vom Erblasser selbst verfasst werden kann. Es genügt, dass er seinen Willen von Anfang bis Ende mit Einschluss der Angaben von Ort, Jahr, Monat und Tag der Errichtung von Hand niederschreibt und mit seiner Unterschrift versieht.

Das Erbrecht
Letztwillige Verfügung (Testament), Erbvertrag, Erbauskauf, Enterbung

Beispiele:
«Ich wende meiner Ehefrau die volle verfügbare Quote meines Nachlasses zu Eigentum und ausserdem die Nutzniessung am Erbteil meiner Nachkommen zu.
Zürich, den 15. März 1969 Alfred Meyer»

oder noch einfacher:
«Ich setze meine sämtlichen Erben zugunsten meiner Ehefrau auf den Pflichtteil und wende ihr so viel zu, als gesetzlich zulässig ist.
Winterthur, den 29. September 1968
Hanspeter Müller»
Wichtig: Das eigenhändige Testament ist der öffentlich beurkundeten letztwilligen Verfügung gleichgestellt.

2. Der Erbvertrag
a. *Inhalt des Erbvertrages.* – Durch den Erbvertrag werden ebenfalls Verfügungen auf den Todesfall getroffen. Da sich hier aber Vertragspartner gegenüberstehen, können gegenseitige Leistungen ausbedungen werden. So ist es z. B. möglich, dass Ehegatten sich gegenseitig als Erben einsetzen oder Vermächtnisse zuwenden, was bei der letztwilligen Verfügung ausgeschlossen ist. Wollen sich die Ehegatten in der Form der letztwilligen Verfügung gegenseitig begünstigen, so muss jeder von ihnen ein eigenes Testament aufsetzen. Eine gemeinsame Verfügung ist nur in Form des Erbvertrages gültig.
Der Erbvertrag wird daher mit Vorteil dort gewählt, wo gegenseitige Rechte und Pflichten begründet werden sollen. So z. B. bei der Erbverpfründung, bei welcher der Erblasser die Gegenpartei als Erbe oder Vermächtnisnehmer einsetzt, gegen Verpflichtung derselben, ihm zu Lebzeiten Unterhalt und Pflege zu gewähren. Auch der Erbverzicht und der Erbauskauf bedürfen der Form des Erbvertrages. Auf sie wird noch näher eingegangen (s. S. 88).
b. *Form des Erbvertrages.* – Der Erbvertrag bedarf der Form der öffentlichen, letztwilligen Verfügung, also der öffentlichen Beurkundung unter Mitwirkung von 2 Zeugen.

3. Unterschiede zwischen letztwilliger Verfügung und Erbvertrag
Während die letztwillige Verfügung als einseitiges Rechtsgeschäft vom Erblasser jederzeit geändert und aufgehoben werden kann, sei es

durch Nachtrag, Vernichtung oder einfach dadurch, dass ein späteres, mit der ersten Verfügung nicht vereinbares Testament verfasst wird, sind beim Erbvertrag die Kontrahenten dauernd an ihn gebunden.
Wichtig: Die Aufhebung des Erbvertrags ist nur durch gemeinsamen, schriftlichen Aufhebungsvertrag möglich. Infolgedessen ist die Bindung der Beteiligten hier wesentlich stärker als diejenige des Erblassers bei Errichtung einer letztwilligen Verfügung.

4. Erbverzicht und Erbauskauf

Erbverzicht. – Durch Erbvertrag kann ein Erbe gültig auf seine Erbschaft verzichten. Dadurch wird dann der Erbanspruch des betreffenden Erben, auch der pflichtteilsgeschützte, aufgehoben. Dies ist besonders dort von Bedeutung, wo verhindert werden soll, dass die Erbanwartschaften der Kinder aus einer ersten Ehe durch Erbansprüche eines zweiten Ehegatten tangiert werden. Es besteht hier die Möglichkeit, den zweiten Ehegatten einen Erbverzichtsvertrag unterzeichnen zu lassen.

Ein Erbe wird aber meist zu einem Erbverzicht nur dann bereit sein, wenn er für das ihm entgehende Erbe schon zu Lebzeiten eine Abfindung erhält. Damit wird der Erbverzicht zum Erbauskauf.

Erbauskauf. – Eine Vertragspartei verpflichtet sich zur Leistung einer gewissen Abfindung, während die andere auf ihren Erbanspruch verzichtet. Ein solcher Erbauskauf kommt namentlich dort in Betracht, wo der Erblasser mit seiner Ehefrau zusammen ein Geschäft betreibt und verhindern will, dass nach seinem Tod einer oder mehrere seiner Erben, die von der Sache nichts verstehen, sich ebenfalls an der Geschäftsführung beteiligen wollen. Voraussetzung ist aber natürlich, dass die nötigen Mittel für die Abfindung der betreffenden Erben vorhanden und diese gewillt sind, einem Erbauskauf zuzustimmen. Selbstverständlich können sie nicht dazu gezwungen werden.

5. Die Enterbung

a. *Vollständige Enterbung.* – Der Erbanspruch sämtlicher Erben, auch der pflichtteilsgeschützten, kann vom Erblasser durch letztwillige Verfügung aufgehoben werden, wenn Enterbungsgründe vorliegen. Solche sind:
«Dass der Erbe gegen den Erblasser oder gegen eine diesem nahe verbundene Person ein schweres Verbrechen begangen hat.
Dass er gegenüber dem Erblasser oder einem von dessen Ange-

Das Erbrecht
Letztwillige Verfügung (Testament), Erbvertrag, Erbauskauf, Enterbung

hörigen die ihm obliegenden familienrechtlichen Pflichten (z. B. die Unterstützungspflicht) schwer verletzt hat.»
Bezüglich der Enterbung ist grosse Zurückhaltung geboten, denn ein pflichtteilsgeschützter Erbanspruch soll nur aus wirklich schwerwiegenden Gründen entzogen werden können. Der Erblasser muss daher den Enterbungsgrund in der Verfügung genau angeben, und dem Enterbten steht das Recht zu, die Verfügung mit der Begründung anzufechten, es liege kein oder kein genügender Grund für eine Enterbung vor.

b. *Beschränkte Enterbung von zahlungsunfähigen Nachkommen.* – Wenn gegen einen Nachkommen des Erblassers Verlustscheine bestehen, so kann letzterer diesem Nachkommen durch letztwillige Verfügung die Hälfte seines Pflichtteils entziehen, wenn derselbe seinen Nachkommen zugewendet wird. Dadurch wird erreicht, dass Grosseltern ihre Enkel auf Kosten ihrer finanziell gefährdeten Kinder begünstigen können. Eine solche Verfügung kann indessen dann vom Enterbten angefochten werden, wenn er sich bis zum Erbgang finanziell wieder so weit erholt hat, dass keine Verlustscheine mehr bestehen oder der Gesamtbetrag einen Viertel seines Erbes nicht übersteigt.

Wichtig: Vorsichtige Grosseltern werden daher bei der partiellen Enterbung zahlungsunfähiger Nachkommen zugunsten von Enkeln damit immer auch die Bestimmung verbinden, dass die nicht pflichtteilsgeschützte Quote auf jeden Fall den Enkeln zukommen und von der Nutzung und Verwaltung ihrer Eltern ausgeschlossen sein soll. Dadurch wird die Gefahr missbräuchlicher Verwendung des den Enkeln zugewendeten Vermögens gebannt.

V. Die Ausgleichung

Oft macht der Erblasser einzelnen Erben schon zu seinen Lebzeiten Zuwendungen, um sie auf diese Weise zu begünstigen. Vor allem werden es Nachkommen sein, denen er in irgendeiner Weise Starthilfe leistet, sei es durch Finanzierung eines Geschäftes, eines Hauses oder einer Wohnungseinrichtung. Wie sind nun solche Zuwendungen im Todesfall des Erblassers zu behandeln? Müssen sie ausgeglichen werden?

1. Gelegenheitsgeschenke

Gelegenheitsgeschenke sind nicht ausgleichungspflichtig. Wenn also ein Erblasser seinen drei Töchtern regelmässig ein grösseres Weihnachtsgeschenk zukommen lässt, den beiden Söhnen, die sich weniger um ihn kümmern, dagegen nichts schenkt, so sind diese Gelegenheitsgeschenke bei seinem Tod nicht auszugleichen.

2. Zuwendungen an Nachkommen

Hier gilt im Prinzip der Grundsatz, dass alle Nachkommen gleich behandelt werden sollten. Ausbildungskosten sind allerdings nur ausgleichungspflichtig, wenn sie das übliche Mass übersteigen.

Beispiel: Zwei Kinder machen eine Lehre, ein Sohn studiert. Die Kosten des Studiums sind ausgleichungspflichtig, d. h., der Erbe muss sie sich auf seinen Erbteil anrechnen lassen.

Was der Erblasser seinen Nachkommen an Heiratsgut, Ausstattung, Vermögensabtretung, Schulderlass oder dergleichen zu seinen Lebzeiten zuwendet, ist ausgleichungspflichtig. D. h., der Nachkomme muss sich diese Zuwendungen auf seinen Erbteil anrechnen lassen. Der Erblasser kann ihn aber durch ausdrückliche Erklärung von dieser Ausgleichungspflicht entbinden.

Beispiel: Der Erblasser gibt seinem Sohn Erich einen Betrag von Fr. 50000.– zur Eröffnung eines eigenen Geschäftes und bestimmt in der Schenkungsurkunde, dass dieser Betrag nicht ausgleichungspflichtig sein soll.

Nun darf aber der Pflichtteilsschutz der Erben nicht dadurch umgangen werden, dass einzelne Erben mehr erhalten als die dem Erblasser zur freien Verfügung stehende, nicht pflichtteilsgeschützte Quote.

Beispiel: Ein Erblasser hinterlässt ein Nachlassvermögen von Fr. 110000.–. Er hat 4 Kinder. Dem Sohn Erich schenkte er zu Leb-

zeiten Fr. 50 000.– zur Gründung eines eigenen Geschäftes und entband ihn von der Ausgleichungspflicht. Unter Hinzurechnung der zu Lebzeiten diesem Sohn gemachten Zuwendung von Fr. 50 000.– ergibt sich ein Nachlassvermögen von Fr. 160 000.–, von dem die pflichtteilsgeschützte Quote für die Nachkommen 3/4, also Fr. 120 000.– beträgt. Der Erblasser konnte seinem Sohn also nur Fr. 40 000.– unter Befreiung von der Ausgleichungspflicht zuwenden. Die restlichen Fr. 10 000.– muss sich dieser Erbe auf seinem Erbteil anrechnen lassen.
Die Teilung geht wie folgt vor sich.

Nachlass Fr. 110 000.– plus Zuwendung		
von Fr. 50 000.–		Fr. 160 000.–
Pflichtteilsgeschützte Quote für Nachkommen 3/4		Fr. 120 000.–
Von der Zuwendung von Fr. 50 000.– an den Sohn Erich muss sich derselbe auf seinen Erbteil Fr. 10 000.– anrechnen lassen, d. h.,		
es erhalten: Sohn Erich	Fr. 30 000.–	
abzüglich Fr. 10 000.–	Fr. 10 000.–	Fr. 20 000.–
Sohn Beat		Fr. 30 000.–
Tochter Ruth		Fr. 30 000.–
Tochter Lea		Fr. 30 000.–
Total entsprechend dem vorhandenen Nachlassvermögen		Fr. 110 000.–

Die dem Erblasser zur freien Verfügung zustehende Quote von Fr. 40 000.– hat der Sohn durch Zuwendung unter Lebenden bereits erhalten, und die den Pflichtteil der Miterben verletzenden Fr. 10 000.– wurden von seinem Erbteil abgezogen.

3. Zuwendungen an andere Erben

Hier wird eine Ausgleichungspflicht nicht vorausgesetzt, sondern die Ausgleichung greift nur Platz, wenn der Erblasser sie ausdrücklich verfügt hat. Jedoch kann bei Verletzung des Pflichtteils der Miterben eine entsprechende Herabsetzung verlangt werden.

Beispiel: Ein Sohn wendet seiner geschiedenen Mutter zu seinen Lebzeiten Fr. 20 000.– zu. Bei seinem Tod ist ein Nachlassvermögen von Fr. 8 000.– vorhanden. Einzige Erben sind die geschiedenen Eltern.

Die Zuwendung an die Mutter ist nur so weit ausgleichungspflichtig, als der Pflichtteil des Vaters verletzt wird.

Das Erbrecht
Die Ausgleichung

Nachlass	Fr. 8 000.–
Zuwendung unter Lebenden an die Mutter	Fr. 20 000.–
	Fr. 28 000.–
Erbteil des Vaters = $1/2$ von Fr. 28 000.–	Fr. 14 000.–
davon pflichtteilsgeschützt $1/2$	Fr. 7 000.–
Es erhalten:	
die Mutter als Zuwendung unter Lebenden	Fr. 20 000.–
aus Nachlass	Fr. 1 000.–
der Vater	Fr. 7 000.–
total	Fr. 28 000.–

4. Verkauf einer Liegenschaft zu einem unverhältnismässig niedrigen Preis an einen Nachkommen

Oft möchten Eltern ein Kind dadurch begünstigen, dass sie ihm eine Liegenschaft oder ein anderes Vermögensobjekt zu ihren Lebzeiten unter dem tatsächlichen Verkehrswert verkaufen. So soll z. B. der Sohn eine Liegenschaft, die Fr. 200 000.– wert ist, zum Preis von Fr. 100 000.– erhalten.

Würde dem Sohn die Liegenschaft zum normalen Preis verkauft, so läge keine unentgeltliche, ausgleichungspflichtige Zuwendung vor, da ja der Gegenwert dem Erblasser zugekommen ist. Hätte der Erblasser die Liegenschaft seinem Sohn geschenkt, dann wäre der volle Wert der Liegenschaft im Zeitpunkt des Todes des Erblassers ausgleichungspflichtig bzw. der Herabsetzung unterworfen, wenn der Erblasser den Erwerber von der Ausgleichungspflicht befreit hat.

Wie aber verhält es sich, wenn der vom Erblasser verlangte Kaufpreis in einem offenbaren Missverhältnis zum tatsächlichen Wert der Liegenschaft steht?

Nach feststehender Praxis wird angenommen, dass in einem solchen Fall die Differenz zwischen dem bezahlten Preis und dem tatsächlichen Wert des Kaufgegenstandes als Schenkung zu betrachten und ausgleichungspflichtig ist. D. h. also, dass der Sohn, der von seinem Vater eine Liegenschaft im Wert von Fr. 200 000.– für nur Fr. 100 000.– gekauft hat, eine Schenkung von Fr. 100 000.– erhalten hat, die er sich auf seinen Erbteil anrechnen lassen muss oder die dort, wo der Erblasser die Ausgleichungspflicht wegbedungen hat, so weit der Herabsetzung unterliegt, als durch sie der Pflichtteil anderer Erben verletzt ist.

Das Erbrecht
Die Ausgleichung

Nun kommt es aber bei den stark gestiegenen Grundstückpreisen häufig vor, dass ein zu Lebzeiten des Erblassers an einen Erben verkauftes Grundstück beim Tod des Erblassers einen viel höheren Wert aufweist als bei dem Abschluss des Kaufvertrages. Wem kommt nun dieser Wertzuwachs zu?
Hier sind drei Möglichkeiten zu unterscheiden:

a. Der Erblasser verkauft einem Erben die Liegenschaft zum normalen Preis, der Fr. 200000.– betragen hat. Da keine unentgeltliche Zuwendung erfolgt ist, sondern der Erbe wie ein beliebiger anderer Käufer behandelt wurde, besteht keine Ausgleichungspflicht, auch wenn die Liegenschaft beim Tod des Erblassers einen Wert von Fr. 400000.– hat. Dem Erben, der den normalen Kaufpreis bezahlt hat, kommt der Wertzuwachs voll zu, wie er ja auch eine Entwertung allein hätte tragen müssen.

b. Der Erblasser schenkt seinem Erben die Liegenschaft, die im Zeitpunkt der Schenkung einen Wert von Fr. 200000.–, beim Tod des Erblassers jedoch von Fr. 400000.– hat. Hier besteht eine volle Ausgleichungspflicht, d. h., der Erbe muss die Liegenschaft entweder in den Nachlass einwerfen oder sich den vollen Wert derselben auf seinem Erbteil anrechnen lassen. Schlägt er die Erbschaft aus oder wurde die Ausgleichungspflicht wegbedungen, so können die Miterben die Herabsetzung der unentgeltlichen Zuwendung in dem Umfang verlangen, als ihr Pflichtteil verletzt ist.

c. Der Erblasser verkauft dem Erben die Liegenschaft statt zum Normalpreis von Fr. 200000.– zu Fr. 100000.–. Beim Tod des Erblassers hat sie einen Wert von Fr. 400000.–.
Die Differenz zwischen dem normalen und dem tatsächlich bezahlten Kaufpreis, also zwischen Fr. 100000.– und Fr. 200000.–, untersteht als unentgeltliche Zuwendung der Ausgleichung bzw. Herabsetzung.
Wie aber ist der Wertzuwachs der Liegenschaft in der Zeit zwischen dem Verkauf und dem Tod des Erblassers zu behandeln? (Wert der Liegenschaft bei der Übertragung Fr. 200000.–, beim Tod des Erblassers Fr. 400000.–). Nach neuester Praxis des Bundesgerichtes ist dieser Wertzuwachs in dem Verhältnis ausgleichungspflichtig bzw. der Herabsetzung unterstellt, in dem der Kaufpreis zur unentgeltlichen Zuwendung steht.
Im vorliegenden Fall ergäbe sich also folgende Situation:
Wert der Liegenschaft beim Kauf   Fr. 200000.–

Das Erbrecht
Die Ausgleichung

¹/₂ Kaufpreis	Fr. 100 000.–
¹/₂ Schenkung	Fr. 100 000.–
(ausgleichungspflichtig bzw. der Herabsetzung unterworfen)	
Wert der Liegenschaft beim Tod des Erblassers	Fr. 400 000.–

Wertzuwachs somit Fr. 200 000.–.
Dieser Wertzuwachs fällt zur Hälfte dem Erben als Käufer zu, der ja für die Hälfte des Wertes der Liegenschaft einen Kaufpreis bezahlt hat. Die andere Hälfte des Wertzuwachses ist ausgleichungs- bzw. herabsetzungspflichtig, weil der Erbe die Liegenschaft zur Hälfte geschekt erhalten hat.

Wichtig: Dies zeigt, wie gefährlich es ist, einem Erben, um ihn zu begünstigen, ein Objekt zu einem völlig unangemessenen Preis, der in einem offensichtlichen Missverhältnis zum tatsächlichen Wert steht, zu verkaufen. Voraussetzung ist allerdings ein den Parteien erkennbares Missverhältnis zwischen Leistung und Gegenleistung, damit von einer unentgeltlichen Zuwendung auszugehen ist. Hätte der Erblasser dem Sohn beispielsweise die Liegenschaft statt für Fr. 200 000.– für Fr. 180 000.– verkauft, ihm also einen günstigen Preis gemacht, so könnte von einem Missverhältnis und einer entsprechenden unentgeltlichen Zuwendung nicht die Rede sein. Wo ein Erblasser seinen Erben aber auffallend begünstigt, muss er damit rechnen, dass die Miterben bei seinem Tode die Ausgleichung oder Herabsetzung verlangen werden. Daher sollten andere Mittel und Wege gesucht werden, um einem Erben, den man begünstigen möchte, die Übernahme der Liegenschaft zu annehmbaren Bedingungen zu ermöglichen. Dies z. B. in der Weise, dass der Erblasser seinem Erben die Liegenschaft zum effektiven Wert verkauft, sich aber für seine Kaufpreisforderung einen Schuldbrief auf die Liegenschaft errichten lässt, für den ein günstiger Zinssatz vereinbart werden kann. Sollte es dem Käufer schwerfallen, den Zins aufzubringen, so kann weiter vereinbart werden, dass derselbe ganz oder zum Teil beim Tod des Erblassers fällig werden soll. Der Erbe ist hier als normaler Käufer zu betrachten, weil er die Liegenschaft zum effektiven Wert erwirbt. Ein allfälliger Wertzuwachs derselben kommt ausschliesslich ihm zu.

Die Miterben haben bei einem solchen Verkauf zu Lebzeiten des Erblassers kein Mitspracherecht, wie vielfach angenommen wird,

Das Erbrecht
Die Ausgleichung

ausser bei landwirtschaftlichen Grundstücken, für die besondere Bestimmungen gelten. Indessen ist es im Hinblick auf den Familienfrieden ratsam, einen solchen Verkauf gleichwohl mit den übrigen Erben zu besprechen, damit sie sich persönlich davon überzeugen können, dass ein normaler Kaufpreis verlangt wird und der Erbe keine versteckte Schenkung erhält.

5. Der Lidlohn

Manchmal nehmen Kinder ihre Eltern bei sich auf, um für sie zu sorgen, oder sie leben ihrerseits bei den Eltern, helfen ihnen bei der Arbeit oder geben ihren Verdienst zu Hause ab. Es ist in solchen Fällen nicht mehr als recht und billig, dass derartige Leistungen einzelner Nachkommen bei der Erbteilung berücksichtig werden.

Mündige Kinder, die den im gemeinsamen Haushalt lebenden Eltern Arbeit oder Einkünfte zugewendet haben, können bei deren Tod eine billige Ausgleichung beanspruchen, die als Lidlohn bezeichnet wird.

a. *Voraussetzungen.* – Nur was die Nachkommen nach Erreichung der Mündigkeit den Eltern zugewendet haben, vermag einen Lidlohnanspruch zu begründen.
Beispiel: Hat eine Tochter vom 18. bis 25. Altersjahr ihren Lohn zu Hause abgegeben, so besteht ein Lidlohnanspruch lediglich für die Leistung vom 20. bis 25. Altersjahr.

b. *Gemeinsamer Haushalt.* – Nicht jede Zuwendung eines Nachkommen begründet einen Lidlohnanspruch. Voraussetzung ist, dass der Nachkomme mit den Eltern zusammenwohnt, also ein Dauerverhältnis in Form einer Lebensgemeinschaft besteht.
Hat die Tochter auswärts gearbeitet und gelebt, jedoch ihren Eltern einen Teil ihres Lohnes zukommen lassen, so besteht grundsätzlich kein Lidlohnanspruch. Die Erben können aber solche Zuwendungen gleichwohl berücksichtigen, da sich sonst vielfach Härten ergeben. Das Gesetz aber geht von der Voraussetzung aus, die in Gemeinschaft mit den Eltern lebenden Nachkommen seien intensiver mit ihnen verbunden als die auswärts lebenden Kinder.

c. *Fehlender Verzicht auf Lidlohn.* – Ein Nachkomme, der für seine Leistungen ausdrücklich auf ein Entgelt verzichtet, verliert dadurch seinen Anspruch auf Lidlohn.
Beispiel: Zwei Söhne offerieren den Eltern, sie bei sich aufzunehmen. Der eine verlangt ein Kostgeld, der andere erklärt, auf jede

Entschädigung verzichten zu wollen. Wohnen die Eltern nun bei dem Sohn, der auf Entschädigung verzichtet hat, so kann er nicht nachträglich einen Lidlohn beanspruchen.

d. *Die Berechnung des Lidlohnes.* – Hier ergeben sich oft Schwierigkeiten. Der Lidlohn soll eine billige Ausgleichung, nicht eine volle Entschädigung für das Geleistete sein.

Beispiel: Die den Haushalt der Eltern führende Tochter kann als Lidlohn nicht einfach verlangen, was sie an einem anderen Ort als Haushälterin verdient hätte. Sie muss berücksichtigen, dass sie als Haustochter viele Vorteile und Freiheiten genoss, die sie an einem fremden Ort nicht gehabt hätte. Die billige Ausgleichung muss sich einerseits nach den dem Nachkommen gemachten Zuwendungen, anderseits aber nach der Erbmasse richten. Feste Regeln für diese Berechnung sind im Gesetz nicht vorgesehen.

VI. Erbschaftsschulden und Teilung

1. Haftung für Erbschaftsschulden

   Ein Nachlass setzt sich normalerweise aus Aktiven und Passiven zusammen, d. h. aus Vermögenswerten und Schuldverpflichtungen.

   Beispiel: Nachlassaktiven: 3 Sparhefte
   Nachlasspassiven: Todesfallkosten, Mietschulden usw.

   a. *Erbenhaftung und Erbausschlagung.* – Oft weiss der Erbe zum voraus nicht, ob bei einem Nachlass die Aktiven oder die Passiven überwiegen.

   Wichtig: Nimmt er die Erbschaft an, so haftet er für die gesamten Erbschaftsschulden nicht nur mit dem, was er aus dem Nachlass erhält, sondern mit seinem ganzen Vermögen. Aus diesem Grunde ist beim Antritt einer Erbschaft Vorsicht geboten.

   Der Erbe ist berechtigt, die Erbschaft während 3 Monaten nach der Eröffnung des Erbganges auszuschlagen. Gibt er keine solche Erklärung ab, so wird er Erbe, ausser dort, wo die Erbschaft offensichtlich überschuldet ist. In diesem Fall wird die Ausschlagung vermutet.

   Beispiel: Gegen den Erblasser laufen verschiedene Betreibungen, und es wurden bereits Verlustscheine ausgestellt.

   Im Zweifelsfall sollte jedoch eine eindeutige Erklärung abgegeben werden. Nicht mehr ausschlagen kann ein Erbe, der bereits eigenmächtig über Nachlassgegenstände verfügt hat, indem er sich z. B. Nachlassobjekte angeeignet oder solche verkauft hat.

   b. *Das öffentliche Inventar.* – Ein Erbe, der über den Stand eines Nachlassvermögens nicht im klaren ist, kann binnen Monatsfrist seit Eröffnung des Erbganges ein öffentliches Inventar verlangen. Die im betreffenden Kanton zuständige Behörde erstellt dann ein Inventar und erlässt einen öffentlichen Rechnungsruf, durch welchen alle Gläubiger und Schuldner des Erblassers aufgefordert werden, ihre Ansprüche und Schulden zu melden. Nach Abschluss des Inventars hat der Erbe eine Frist von 1 Monat zur Erklärung, ob er die Erbschaft annehmen, ausschlagen, unter öffentlichem Inventar annehmen oder die amtliche Lipuidation verlangen will. Erfolgt keine Erklärung, so wird die Annahme unter öffentlichem Inventar vermutet. Das bedeutet, dass der Erbe im Prinzip nur für die im Inventar ausgeführten Schulden haftet.

   c. *Die amtliche Liquidation.* – Sie kann binnen 3 Monaten seit Eröffnung des Erbganges von den Erben und bei Gefährdung der Erbschaftsgläubiger auch von diesen verlangt werden. Sie bewirkt,

dass das Nachlassvermögen von der zuständigen Behörde liquidiert wird. Ist die Erbschaft überschuldet, so hat die Liquidation durch das Konkursamt zu erfolgen. Ein allfälliger Überschuss wird den Erben zugewiesen, ohne dass sie aber in irgendeiner Weise für Erbschaftsschulden haften müssten.

Wichtig: Dem Begehren eines Erben um amtliche Liquidation kann jedoch nur entsprochen werden, wenn kein anderer Erbe sich zur Annahme der Erbschaft bereit erklärt.

2. Die Teilung der Erbschaft

Die Erben bilden zunächst eine Gemeinschaft, der das Nachlassvermögen gesamthaft und ungeteilt gehört. Jeder Erbe ist aber berechtigt, die Teilung der Erbschaft zu verlangen. Diese erfolgt in der Weise, dass die Erben den Nachlass in Lose aufteilen und diese entgegennehmen, oder aber durch Aufstellung und Unterzeichnung eines schriftlichen Teilungsvertrages, nach welchem den Erben ihr Erbanteil zugewiesen wird. Vermögensobjekte, die nicht geteilt werden können, wie z. B. eine Liegenschaft, sind zu veräussern, und zwar auf Verlangen eines Erben auf dem Wege der Versteigerung.

Soweit die Schulden nicht vor der Teilung aus dem Nachlassvermögen gedeckt werden, haften sämtliche Erben den Gläubigern auch weiterhin während 5 Jahren, selbst wenn nach Teilungsvertrag die Schuld einem bestimmten Erben überbunden wurde. Die Stellung der Gläubiger soll durch die Teilung nicht in der Weise verschlechtert werden, dass ihnen ein Erbe als Schuldner zugewiesen wird, der keine genügende Sicherheit bietet. Doch können die Gläubiger der Übernahme der Schulden durch einen einzelnen Erben zustimmen und ihn als alleinigen Schuldner akzeptieren, womit dann die Gesamthaftung der Erben entfällt.

Das Eltern- und Kindesrecht

I. Grundlagen des Eltern- und Kindesrechtes

Das Verhältnis zwischen Eltern und Kindern ist in unserer Zeit vielen Belastungen ausgesetzt. Zwar hat der Generationenkonflikt schon immer bestanden, aber frühere Elterngenerationen unterdrückten rebellische Reaktionen der Kinder mit starker Hand.

Die heutigen Eltern bringen zum Glück mehr Verständnis auf, lassen es aber vielfach an einer sicheren Führung fehlen, die der junge Mensch im Kindesalter braucht, um sich geborgen zu fühlen. Es ist daher nicht verwunderlich, dass beim Zusammenleben von junger und alter Generation in der gleichen Familie Konfliktstoff entsteht. Die Jungen bedürfen der Fürsorge der Eltern, entwickeln aber gleichzeitig einen unbändigen Freiheitsdrang, der sich gegen elterliche Gewalt im herkömmlichen Sinn empört. Die Eltern ihrerseits glauben als Gegenleistung für ihre Fürsorge eine Anerkennung ihres Führungsanspruches durch die Jungen verlangen zu dürfen und sind meist ratlos, wenn er – wie es heute meistens der Fall ist – von den Jungen bestritten wird.

Bei dieser Situation kann es wohl nur von Vorteil sein, wenn Eltern und Kinder sich über die ihnen gesetzlich zustehenden Rechte und Pflichten im klaren sind. Nicht dass man durch Pochen auf solche gesetzliche Bestimmungen einen akuten menschlichen Konflikt aus der Welt schaffen kann. Aber es ist doch wertvoll, über die gegenseitigen Rechte und Pflichten Bescheid zu wissen, die eine vernünftige Grenzziehung ermöglichen. Die gesetzliche Regelung gilt ja nur als Rahmen, der im einzelnen von den Beteiligten auszufüllen ist, denn ähnlich wie im Eherecht ist eine solche Regelung – soweit es sich um ein Verhalten der Beteiligten handelt – nur in bescheidenem Masse durchsetzbar. Wohl aber lassen sich Schutzmassnahmen treffen, die den Kindern wie auch den Eltern zugute kommen können.

Bevor Rechte und Pflichten im Verhältnis von Eltern und Kindern gegeneinander abgegrenzt werden, sind einige Ausführungen über die Entstehung dieses Verhältnisses am Platz.

A. Die eheliche Abstammung

1. Vermutung der Ehelichkeit

Das während einer Ehe oder innerhalb von 300 Tagen nach deren Auflösung geborene Kind gilt als ehelich und untersteht den gesetzlichen Bestimmungen über das Eltern- und Kindesverhältnis. Dies selbst dann, wenn es sehr rasch nach der Trauung der Eltern zur Welt kommt und die Zeugung daher nicht in die Ehe fallen konnte. Aber auch das nach Auflösung der Ehe (sei diese durch Tod oder Scheidung erfolgt) innerhalb 300 Tagen geborene Kind gilt als ehelich.

2. Anfechtung der Ehelichkeit

Diese gesetzliche Vermutung kann unter Umständen durch Anfechtung der Ehelichkeit beseitigt werden. Voraussetzung ist normalerweise, dass eine Unmöglichkeit der Vaterschaft nachgewiesen wird, wenn nicht mit absoluter Sicherheit, wie dies früher verlangt wurde, so doch mit grösster Wahrscheinlichkeit. Dort jedoch, wo das Kind innert der ersten 180 Tage nach Eheschluss geboren wird, die Zeugung also eindeutig ausserhalb der Ehe liegt, muss die Anfechtung nicht näher begründet werden. Desgleichen, wenn die Ehegatten zur Zeit der Zeugung gerichtlich getrennt lebten.

3. Anfechtungsberechtigte

a. *Der Ehemann.* — (Unter gewissen Voraussetzungen die erbberechtigten Verwandten und die Heimatgemeinde.) Die Anfechtung liegt vorab im Interesse des Ehemannes, der für ein eheliches Kind nach den gesetzlichen Bestimmungen zu sorgen hat und dem gegenüber es erbberechtigt wird. Man kann ihm daher nicht zumuten, ein zwar in der Ehe geborenes, aber nicht von ihm abstammendes Kind als ehelich anzuerkennen. Unterlässt er dagegen eine Anfechtung, auch wo das Kind unmöglich von ihm abstammen kann, z. B. bei Rassenverschiedenheit, so können seine erbberechtigten Verwandten im Prinzip nicht einschreiten. Anders ist es dort, wo der Ehemann von der Geburt des Kindes nicht in Kenntnis gesetzt werden kann, weil er z. B. unbekannten Aufenthaltes ist. Dann steht seinen erbberechtigten Verwandten ein Anfechtungsrecht zu, doch haben sie den strikten Beweis für die Unmöglichkeit der Ehelichkeit zu leisten.

Ein gleiches Anfechtungsrecht besitzt auch die Heimatgemeinde des Ehemannes, wenn das Kind vor der Ehe gezeugt wurde. Dies selbst dann, wenn der Ehemann das Kind anerkennt. Diese Bestimmung soll verhindern, dass eine Gemeinde sich einer ausserehelichen Mutter und ihres Kindes dadurch zu entledigen trachtet, dass sie gegen gewisse Vergünstigungen einen billigen Ehemann aus einer anderen Gemeinde sucht.

b. *Das Kind.* — Im Gesetz ist kein Anfechtungsrecht des Kindes vorgesehen, und das Bundesgericht hat denn auch lange Zeit das Bestehen eines solchen verneint. Die kantonalen Gerichte wurden in der Anerkennung eines eigenen Anfechtungsrechtes des Kindes wegweisend. Normalerweise hat das Kind kein Interesse an der Anfechtung seiner Ehelichkeit. Es lassen sich aber Fälle von grosser Tragweite denken, in denen ihm ein Anfechtungsrecht zustehen muss. So z. B. wenn eine mit einem Ausländer verheiratete Schweizerin, die von ihm getrennt lebt, mit einem Schweizer ein Kind zeugt und ihn später heiratet. Hat der ausländische Vater die Ehelichkeit des Kindes nicht angefochten, sei es auch aus blosser Nachlässigkeit, so wird das Kind durch die nachfolgende Heirat seiner natürlichen Eltern nicht ehelich. Es behält die Staatsangehörigkeit des Registervaters, obwohl es in diesem Fall keinen Tropfen seines Blutes in sich hat. Welche Folgen daraus für das Kind in Kriegszeiten entstehen können, lässt sich leicht ausrechnen. Daher wird dem Kind heute ein eigenes Klagerecht zugebilligt, nicht aber der Mutter, die aus ihrem Ehebruch keinen Vorteil ziehen soll.

c. *Die Anfechtungsfrist.* – Die Anfechtungsfrist beträgt normalerweise 3 Monate von Kenntnis der Geburt an, kann aber unter gewissen Voraussetzungen erstreckt werden.

B. Die Ehelicherklärung

a. Wenn sich die Eltern eines ausserehelichen Kindes heiraten, so wird dasselbe durch die Heirat ehelich. Selbstverständlich muss das Kind aber ausserehelich sein, denn ein während einer früheren Ehe der Mutter gezeugtes Kind gilt – sofern keine Anfechtung erfolgt – als ehelich und wird daher von einer nachfolgenden Heirat seiner natürlichen Eltern nicht betroffen.

b. Haben sich die Eltern eines Kindes die Ehe versprochen, kann die Ehe aber nicht vollzogen werden, weil einer der Verlobten stirbt oder eheunfähig wird, so kann der andere Teil verlangen, dass der Richter das Kind als ehelich erklärt. Auch dem Kind selbst steht dieses Recht zu. Durch die Ehelicherklärung wird das Kind einem in der Ehe geborenen Kind gleichgestellt, doch können die erbberechtigten Verwandten der Eltern seine Ehelicherklärung anfechten. Ein gleiches Recht steht auch der zuständigen Behörde des Heimatkantons des Vaters zu.

II. Die Adoption

A. Grundsätzliches

Viele Ehegatten, denen ein eigenes Kind versagt geblieben ist, sehnen sich darnach, ein Kind zu adoptieren. Manchmal besteht dieser Wunsch sogar dort, wo eigene Kinder vorhanden sind, aber aus gewissen Gründen eine besonders enge Beziehung zu einem fremden Kind entsteht. So vor allem bei verwandtschaftlichen Banden, aber auch bei langdauernden Pflegeverhältnissen.

B. Begriff der Adoption

Durch die Adoption soll ein fremdes Kind die Stelle eines ehelichen Kindes des Adoptierenden erhalten. Dass dadurch die Lebensverhältnisse des Adoptierenden und des Adoptierten wesentlich verändert werden, versteht sich von selbst. Aus diesem Grunde ist die Adoption nur zulässig, wenn zahlreiche Voraussetzungen erfüllt sind.

C. Voraussetzungen

Wichtig: Ein Kind darf erst dann adoptiert werden, wenn ihm der Adoptierende während wenigstens 2 Jahren Pflege und Erziehung erwiesen hat. Es soll 16 Jahre jünger sein als die Adoptierenden, und die Adoption muss seinem Wohl dienen. Ehegatten dürfen im Prinzip ein Kind nur gemeinsam adoptieren. Der Adoptierende muss das 35. Altersjahr zurückgelegt haben oder – wo es sich bei den Adoptierenden um ein Ehepaar handelt – müssen sie wenigstens 5 Jahre verheiratet sein.
Haben die Adoptierenden eigene Kinder, so sollen dieselben durch die Adoption nicht unbillig zurückgesetzt werden. D. h., Eheleute, die eigene Kinder haben, können zwar im Prinzip gleichwohl adoptieren, aber die Interessen der leiblichen Kinder dürfen nicht ausser acht gelassen werden.

Haben z. B. Eltern nur ein Kind und besteht das Bedürfnis, es mit Geschwistern aufwachsen zu lassen, ohne dass eine weitere Schwangerschaft der Ehefrau erwartet werden darf, so ist eine Adoption durchaus möglich. Haben dagegen Eltern mit ihren leiblichen Kindern Differenzen und möchten sie zu deren Benachteiligung ein Kind adoptieren, so wird ihnen die Adoption verweigert werden müssen.

Das Eltern- und Kindesrecht
Die Adoption

Die leiblichen Eltern des zu adoptierenden Kindes müssen der Adoption zustimmen. Eine entsprechende Erklärung ist bei der Vormundschaftsbehörde am Wohnsitz oder Aufenthaltsort von Eltern oder Kind mündlich oder schriftlich abzugeben. Die Zustimmung zur Adoption kann erteilt werden, auch wenn die Adoptiveltern noch nicht bestimmt sind. Viele Adoptiveltern legen Wert darauf, dass keine Beziehung zwischen ihnen und den leiblichen Eltern besteht, damit das adoptierte Kind sie ganz und gar als natürliche Eltern empfindet. Daher wird hier die Adoption erst dann in die Wege geleitet, wenn die leiblichen Eltern ihr Kind zur Adoption freigegeben haben. Aus dem gleichen Grunde dürfen die Adoptiveltern ohne deren Zustimmung den leiblichen Eltern des Kindes nicht bekanntgegeben werden.

Wichtig: Um zu verhindern, dass Mütter unbedacht einer Adoption zustimmen und ihren Entschluss später bereuen, ist vorgesehen, dass die Zustimmung nicht vor Ablauf von 6 Wochen seit der Geburt des Kindes erteilt und innert 6 Wochen nach ihrer Abgabe widerrufen werden darf.

Von der Zustimmung eines Elternteiles kann unter gewissen Voraussetzungen Umgang genommen werden, z. B. wenn sich derselbe nicht ernsthaft um das Kind gekümmert hat, wie dies bei ausserehelichen Vätern häufig zutrifft.

D. Das Adoptionsverfahren

Die Adoptierenden haben bei der vom Kanton als zuständig bezeichneten Behörde (z. B. im Kanton Zürich der Bezirksrat) ein Adoptionsgesuch einzureichen, über das dieselbe dann entscheidet. Sie prüft, ob die Adoption dem Wohl des Kindes dient, wobei vor allem die Persönlichkeit, die Gesundheit, das Familienleben und die wirtschaftlichen Verhältnisse der Adoptierenden zu berücksichtigen sind. Wo dieselben Nachkommen haben, soll auch deren Einstellung zur Adoption geprüft werden.

Überaus wichtig ist ferner die persönliche Beziehung zwischen den Adoptiveltern und dem Adoptivkind, das sie ja während mindestens 2 Jahren betreut haben müssen, wenn ein Gesuch um Adoption Erfolg haben soll. Gelangt die zuständige Behörde zur Auffassung, die Adoption diene dem Wohl des Kindes und verletze keine speziellen Interessen, so verfügt sie die Adoption.

F. Wirkungen

Durch die Adoption erwirbt der Adoptierte die Rechtstellung eines ehelichen Kindes, und das familien- und erbrechtliche Verhältnis zu seinen leiblichen Eltern geht durch die Adoption unter. Das Adoptivkind erhält Namen, Bürgerrecht und Erbrecht eines ehelichen Kindes auch gegenüber den Verwandten des Adoptierenden. Bei der Adoption kann dem Kind ein neuer Vorname gegeben werden.

G. Unterstellung früherer Adoptionsverhältnisse unter das neue Recht

Da das hier dargestellte Adoptionsrecht erst seit dem 1.4.1973 in Kraft getreten ist, können auf gemeinsames Begehren der Adoptiveltern und des Adoptivkindes binnen 5 Jahren nach Inkrafttreten der neuen Adoptivbestimmungen, die nach früherem Recht gestalteten Adoptionsverhältnisse dem neuen Recht unterstellt werden. Dies wird vor allem dort erwünscht sein, wo das Erbrecht der leiblichen Eltern des Adoptivkindes, das früher bestanden hat, aufgehoben oder dem Adoptivkind das Bürgerrecht des Adoptierenden verschafft werden soll, das es nach früherem Adoptionsrecht nicht erhalten hat. Auch die früher als zulässig betrachtete Beschränkung des Erbrechtes gegenüber dem Adoptivkind kann heute als stossend empfunden werden, so dass die Aufhebung einer solchen Bestimmung Anlass zu einem Begehren um Unterstellung des Adoptivverhältnisses unter das neue Recht geben kann.

III. Rechte und Pflichten der Eltern und Kinder

Die folgenden Erläuterungen behandeln die Rechte und Pflichten der Eltern und Kinder unter Ausschluss der Schutzmassnahmen und des gegenseitigen Erbrechts.

A. Rechte der Eltern

1. Die elterliche Gewalt

Man versteht darunter das Recht der Eltern, über die Lebensweise, Erziehung und Ausbildung ihrer unmündigen Kinder zu entscheiden und das von ihnen angestrebte Erziehungsziel mit den ihnen passend erscheinenden Mitteln zu verwirklichen. Ein durch und durch unmoderner Begriff, der durch einen passenderen Ausdruck ersetzt werden sollte. Aber diese sogenannte elterliche Gewalt ist ja nur ein Rahmen, in dem ein kameradschaftliches Verhältnis durchaus Platz hat. Der Ausdruck bedeutet lediglich, dass den Eltern unmündiger Kinder ein weitgehendes Bestimmungsrecht hinsichtlich der Lebensweise dieser Kinder zukommt, die ihrerseits wiederum auf Unterhalt durch die Eltern und deren Fürsorge angewiesen sind.

Die Eltern üben die elterliche Gewalt theoretisch gemeinsam aus, doch entscheidet bei Differenzen der Wille des Vaters. Die elterliche Gewalt der Mutter wird sich daher zur Hauptsache auf die ihr direkt obliegende Pflege und Betreuung des Kindes beschränken. Nur für gewisse Fälle, wie Verlobung, Verheiratung und Adoption eines unmündigen Kindes, ist die Zustimmung beider Elternteile erforderlich.

Stirbt ein Elternteil, so fällt die elterliche Gewalt dem überlebenden Ehegatten zu. Dagegen wird sie beim Tod beider Eltern nicht etwa auf die Grosseltern oder andere nahe Blutsverwandte übertragen.

Die wichtigsten Auswirkungen dieser elterlichen Gewalt sind:

2. Das Recht auf Bestimmung von Vornamen, Religion und Aufenthaltsort der Kinder

In der Wahl des Vornamens sind die Eltern frei. Doch kann der Zivilstandsbeamte die Eintragung lächerlicher oder abstossender Namen verweigern.

Über die religiöse Erziehung der Kinder bestimmen die Eltern gleichfalls frei, doch nur bis zum 16. Altersjahr des Kindes. Von diesem Zeitpunkt an besitzt es ein eigenes Entscheidungsrecht.

Normalerweise werden unmündige Kinder bei ihren Eltern wohnen, doch kann aus gesundheitlichen oder anderen Gründen ein vom

Wohnsitz der Eltern abweichender Aufenthaltsort angezeigt sein. Die Eltern entscheiden nach freiem Ermessen. Gegenüber Dritten, welche dem Inhaber der elterlichen Gewalt die Kinder vorenthalten, besteht ein Anspruch auf Herausgabe. Sei es nun, dass die Kinder selbst nicht nach Hause zurückkehren – die Fälle mehren sich –, sei es, dass Dritte sie gewaltsam zurückhalten, wie beispielsweise ein Elternteil, dem den Kindern gegenüber nur ein Besuchsrecht zusteht.

3. Das Züchtigungsrecht

Ein ebenso veralteter Begriff, wie die elterliche Gewalt. Er umfasst das Recht der Eltern, die ihnen für die Erziehung der Kinder notwendig erscheinenden Strafen anzuwenden. Diese können seelischer oder körperlicher Art sein, wie Liebes- oder Nahrungsentzug, Tadel oder Schläge. Wo Eltern ihre Strafbefugnis missbrauchen, sind die gesetzlich vorgesehenen Schutzmassnahmen zugunsten des Kindes zu treffen (s. S. 112).

4. Vertretungsrecht

Die Kinder werden, solange sie nicht urteilsfähig sind, im Rechtsverkehr durch die Eltern vertreten. Eine einseitige Erklärung des Vaters genügt normalerweise, da ihm ja bei Differenzen zwischen den Ehegatten ohnehin das Entscheidungsrecht zusteht. Aber auch die Mutter ist in ihrem Kompetenzbereich, also im Rahmen der ihr zustehenden Pflege und Erziehung, zur Vertretung des Kindes berechtigt. Bei darüber hinausgehenden Verpflichtungen ist dagegen die Zustimmung des Vaters zur Gültigkeit des Rechtsgeschäftes erforderlich.

Urteilsfähige Kinder können selbständig Geschäfte abschliessen, doch bedürfen dieselben grundsätzlich der Zustimmung des gesetzlichen Vertreters, um Gültigkeit zu erlangen. Ohne die Zustimmung des gesetzlichen Vertreters können sie selbständig Geschäfte abschliessen, sofern sie unentgeltlich sind oder dem Schutz ihrer Persönlichkeit dienen.

5. Verwaltung und Nutzung des Kindesvermögens

Normalerweise werden Kinder kein eigenes Vermögen besitzen. Es kann ihnen aber durch Dritte, beispielsweise die Eltern oder Grosseltern, Vermögen zufallen. Dieses Kindesvermögen untersteht bis zur Volljährigkeit des Kindes der Verwaltung und Nutzung durch die Eltern, wenn dieselbe nicht durch den Zuwendenden ausgeschlossen ist. Die

Das Eltern- und Kindesrecht
Rechte und Pflichten der Eltern und Kinder

Erträgnisse des Kindesvermögens sollen indessen im Interesse des Kindes vorab für seine Ausbildung verwendet werden.

6. Anspruch der Eltern auf den Arbeitserwerb des unmündigen Kindes

Das unmündige, in häuslicher Gemeinschaft mit den Eltern lebende Kind hat ihnen nach den immer noch geltenden gesetzlichen Bestimmungen seinen Arbeitsverdienst abzugeben. Eine Regelung, die so stark von der Wirklichkeit abweicht, dass sie beinahe in Vergessenheit geraten ist. Heutzutage begnügen sich die Eltern meist damit, dass ihnen das Kind aus seinem Arbeitsverdienst ein angemessenes Pensionsgeld zahlt und auf diese Weise einen Beitrag an die Gemeinschaft leistet. Eine solche Forderung ist durchaus berechtigt, weil die grundsätzliche Unterhaltspflicht der Eltern Beiträge des Kindes an die Gemeinschaft nicht ausschliesst, soweit es imstande ist, solche zu leisten.

Wichtig: Leben und arbeiten die Kinder dagegen mit Zustimmung der Eltern auswärts, so können sie frei über ihren Verdienst verfügen, auch wenn sie noch nicht mündig sind. Immerhin mit der Einschränkung, die ihnen die Unterstützungspflicht gegenüber den Eltern auferlegt.

7. Anspruch auf Unterstützung

Die Kinder, auch wenn sie mündig sind und nicht mehr in häuslicher Gemeinschaft mit den Eltern leben, haben dieselben zu unterstützen, soweit die Eltern auf ihre Unterstützung angewiesen sind.

B. Pflichten der Eltern

1. Unterhalt, Erziehung und Ausbildung

Die Eltern sind verpflichtet, für den Unterhalt ihrer Kinder zu sorgen, sie ihren Verhältnissen entsprechend zu erziehen und ihnen eine Ausbildung zuteil werden zu lassen, die den Fähigkeiten und Wünschen des Kindes entspricht. Die Unterhaltspflicht endet also nicht ohne weiteres mit der Mündigkeit des Kindes, sofern die Eltern einem Studium zugestimmt haben und dieses bei Erreichung der Volljährigkeit noch nicht abgeschlossen ist. Massgebend ist vielmehr die Erreichung der wirtschaftlichen Selbständigkeit des Kindes, wobei aber von einer normalen Ausbildungsdauer auszugehen ist. Die Eltern können nicht verpflichtet werden, einen «ewigen Studenten» dauernd zu unterstützen, doch sollten sie für Schwierigkeiten Verständnis haben.

2. Rechenschaftsablegung

Die Eltern sind verpflichtet, dem mündig werdenden Kind Rechenschaft über sein Vermögen abzulegen und dasselbe herauszugeben.

3. Haftung der Eltern für Schaden, den die Kinder Dritten verursachen

Die Eltern haften nicht automatisch für jeden Schaden, den minderjährige, in ihrer Obhut lebende Kinder Dritten zufügen, wie vielfach angenommen wird. Das Gesetz beschränkt die Haftung auf das Familienhaupt – normalerweise wird dies der Vater sein – für Schaden, den die Kinder infolge ungenügender Überwachung und Betreuung verursachen.

Beispiel: Wird einem Kleinkind ein Messer in die Hände gegeben, so haftet das Familienhaupt, in dessen Obhut es sich befindet, wenn durch dieses Messer ein anderes Lebewesen verletzt wird. Das Familienhaupt hat dafür zu sorgen, dass dem Kind keine für Dritte gefährliche Gegenstände in die Hände kommen. Versetzt dagegen ein Schulkind in der Pause einem anderen Schüler einen Schlag auf den Kopf, so besteht im Prinzip keine Haftung des Familienhauptes für allfällig daraus erwachsenden Schaden.

Eine Überwachung des Kindes während der Schulzeit und auf dem Schulweg durch das Familienhaupt ist schlechterdings ausgeschlossen. Eine Haftung könnte daher nur bestehen, wenn es sich um einen bösartigen Schläger handeln würde und die Eltern diesen Charakterfehler des Kindes verheimlicht oder keine angemessenen Erziehungsmassnahmen getroffen hätten. Im allgemeinen sind die Gerichte bei der Annahme einer Haftung des Familienhauptes sehr zurückhaltend, weil man den Eltern keine allzu schweren Lasten aufbürden will. Trotzdem empfiehlt es sich, eine Haftpflichtversicherung für solche Fälle abzuschliessen, die bei Auseinandersetzungen mit dem Geschädigten einspringen kann.

C. Rechte der Kinder

Die Rechte der Kinder entsprechen den Pflichten der Eltern und umgekehrt.

Die Kinder erhalten den Namen und das Bürgerrecht ihres Vaters. Vom 16. Altersjahr an haben die Kinder über ihre Religionszugehörigkeit selbst zu entscheiden. Sie besitzen Anspruch auf Unterhalt,

Erziehung und Ausbildung, welche den Verhältnissen der Eltern und den Fähigkeiten und Neigungen der Kinder zu entsprechen haben. Dagegen besteht kein Anspruch des Kindes auf eine von den Eltern zu leistende Aussteuer bei seiner Verheiratung. Ist Kindesvermögen vorhanden, so steht dem Kind das Recht zu, bei Erreichung des Mündigkeitsalters dasselbe herauszuverlangen und Rechnungsablage zu fordern.

Wichtig: Auch nach erreichter Volljährigkeit haben die Kinder in Notfällen Anspruch auf Unterstützung durch die Eltern.

D. Pflichten der Kinder

Das Kind ist nach Gesetz dazu verpflichtet, den Eltern Gehorsam und Ehrerbietung zu erweisen. Im Hinblick auf die heutigen Formen des Generationenkonfliktes kann man sich bei dieser Formulierung eines Lächelns nicht erwehren. Erzwingbar ist die Bestimmung natürlich nicht, doch gibt es Schutzmassnahmen zugunsten von Eltern, denen die Kinder den Gehorsam verweigern, wie auch für Kinder gegenüber Eltern, die sich eines Missbrauches der elterlichen Gewalt schuldig machen. Darauf wird später zurückzukommen sein (s. S. 112). Bezüglich des Arbeitsverdienstes kann auf das früher Gesagte verwiesen werden (s. S. 109).

Das Kind hat seine Eltern auch nach erreichter Mündigkeit zu unterstützen, soweit dieselben ohne seinen Beistand in Not geraten würden. Diese Unterstützungspflicht findet ihre Begrenzung an der eigenen Leistungsfähigkeit des Unterstützenden und beschränkt sich auf die Blutsverwandten.

Wichtig: Schwiegertöchter und -söhne können ihren Schwiegereltern gegenüber ebensowenig zur Unterstützung verpflichtet werden wie die Schwiegereltern ihnen gegenüber.

IV. Schutzmassnahmen zugunsten von Eltern und Kindern

A. Schutzmassnahmen zugunsten der Eltern

Für die Eltern sind nur eng begrenzte Schutzmassnahmen vorgesehen, weil ihnen Machtmittel zur Verfügung stehen, die normalerweise genügen sollten, um ihnen die heute so umstrittene Autorität über die Kinder zu sichern. Wo von diesen Mitteln aber nicht recht Gebrauch gemacht wird oder die Kinder besonders schwierig veranlagt sind, kann es vorkommen – und kommt heute tatsächlich immer häufiger vor –, dass die Eltern sich ihrer Erziehungsaufgabe nicht mehr gewachsen fühlen und das Kind in seiner Entwicklung gefährdet ist. Die meisten Eltern werden in solchen Fällen zunächst den Rat eines erfahrenen Erziehers, Arztes oder Psychologen einholen und seinen Weisungen entsprechend handeln. Wo aber keine geeigneten Ratgeber vorhanden sind oder diese versagen, können die Eltern bei böswilligem und hartnäckigem Widerstand des Kindes bei der Vormundschaftsbehörde seine Wegnahme und Unterbringung in einer Familie oder Anstalt beantragen. Immerhin mit der Einschränkung, dass das Kind gefährdet sein muss und nach den Umständen nicht anders geholfen werden kann. Die Vormundschaftsbehörde und ihre Hilfskräfte, z. B. die Jugendsekretariate, haben zunächst zu prüfen, ob diese Voraussetzungen erfüllt sind und sich eine Unterbringung des Kindes in einem anderen Milieu aufdrängt oder ob weniger weit reichende erzieherische Massnahmen auch genügen. Die Eltern haben zwar das Recht, einen solchen Antrag zu stellen, nicht aber ein Recht auf Wegnahme des Kindes. Der Entscheid liegt bei der Vormundschaftsbehörde, die bei allen Massnahmen zu prüfen hat, ob sie das Wohl des Kindes fördern. Mit der Unterbringung des Kindes in einer Familie oder einem Heim entfällt die Unterhaltspflicht der Eltern nicht. Das mag mit ein Grund sein, weshalb Eltern nicht leicht geneigt sind, solche Schutzmassnahmen selbst zu beantragen. Trotz dem sich ständig verschärfenden Generationenkonflikt.

B. Schutzmassnahmen zugunsten der Kinder

Kinder, welche der elterlichen Gewalt unterstehen, sind – vor allem im Kindesalter – Gefahren ausgesetzt, wenn die Eltern die ihnen zustehenden Machtmittel, vor allem das Züchtigungsrecht, missbrauchen. Aber auch aus der Vernachlässigung der Unterhalts- und Erziehungspflicht durch die Eltern oder dem Missbrauch der elterlichen Vermögensrechte, vor allem wenn sich die Eltern selbst in finanziellen Schwie-

Das Eltern und Kindesrecht
Schutzmassnahmen zugunsten von Eltern und Kindern

rigkeiten befinden, können dem Kind Gefahren erwachsen. Auch ist der Fall denkbar, dass Eltern und Kinder bei einem Rechtsgeschäft entgegengesetzte Interessen haben.

1. Beistandschaft bei Rechtsgeschäften zwischen Eltern und Kindern oder zugunsten der Eltern

    Wenn ein Kind durch ein Rechtsgeschäft mit Vater, Mutter oder beiden Elternteilen sowie zu ihren Gunsten gegenüber einem Dritten verpflichtet werden soll, muss ein von der Vormundschaftsbehörde zu ernennender Beistand mitwirken. Dieser hat dafür zu sorgen, dass die Interessen des Kindes gewahrt sind. So z. B. wenn der Vater eine Liegenschaft, die zum Kindesvermögen gehört (sie kann dem Kind von den Grosseltern geschenkt worden sein), erwerben will. Je nach der Art des Geschäftes hat nicht nur die Vormundschaftsbehörde, sondern auch noch die Aufsichtsbehörde mitzuwirken.

2. Allgemeine Schutzmassnahmen der Vormundschaftsbehörde

    Wenn die Vormundschaftsbehörde davon Kenntnis erhält, dass die Eltern ihre Pflichten gegenüber den Kindern vernachlässigen und diese dadurch gefährdet sind, so müssen sie die ihnen geeignet erscheinenden Massnahmen zum Schutze der Kinder treffen. Dabei kann es sich um Ermahnungen der Eltern, Beratung, Weisungen, Hilfeleistungen oder Aufsicht handeln, nicht aber um eine Bestrafung der fehlbaren Eltern. Eine solche steht dem Strafrichter zu, wenn die Eltern ihr Kind so vernachlässigen, misshandeln oder überanstrengen, dass es in seiner körperlichen oder geistigen Entwicklung geschädigt wird. Je nach der Schwere des Falles kann der Täter mit Gefängnis oder Zuchthaus bestraft werden. Als Schutzmassnahme können die Eltern z. B. von der Vormundschaftsbehörde angewiesen werden, ihr Kind tagsüber in eine Krippe zu bringen, wenn die Mutter es nicht genügend beaufsichtigen kann, oder es wird den Eltern verboten, die Kinder zu bestimmten Arbeiten heranzuziehen, die ihre Kräfte übersteigen.

3. Wegnahme der Kinder

    Bei schwerer Gefährdung oder Verwahrlosung der Kinder können dieselben den Eltern weggenommen und auch gegen ihren Willen in einer Familie oder einem Heim untergebracht werden. Eine solche Massnahme darf indessen nur erfolgen, wenn das Kind nicht auf andere Weise genügend geschützt werden kann. So bei offensichtlichem Missbrauch des Züchtigungsrechtes, Gefährdung des Kindes durch ansteckende Krankheiten im Elternhaus usw. Eine solche Massnahme wird natürlich nicht bei blossen Erziehungsfehlern, sondern nur bei ausgesprochener Gefährdung des Kindes im elterlichen Heim verfügt. Auch wenn die Eltern keine idealen Erzieher sind, geben sie den Kindern normalerweise doch jene Nestwärme und das Gefühl von Zusammengehörigkeit und Schicksalsgemeinschaft, die zu einer guten Entwicklung beitragen und an einem fremden Ort fehlen. Ein Eingriff ist aber dort geboten, wo bei ernstlicher Gefährdung des Kindes durch die vorstehend erwähnten Massnahmen nicht geholfen werden kann.

Wichtig: Die Wegnahme der Kinder hat nicht auch ohne weiteres den Entzug der elterlichen Gewalt zur Folge. Auch bleiben die Eltern weiterhin Nutzniesser des Kindesvermögens, haben aber auch ihre Unterhaltspflicht zu erfüllen, selbst wenn das Kind gegen ihren Willen weggenommen und bei Dritten untergebracht wurde.

4. Entzug der elterlichen Gewalt

Die elterliche Gewalt kann den Eltern entzogen werden, wenn sich dieselben eines schweren Missbrauches derselben schuldig machen oder infolge besonderer Umstände, z. B. Krankheit, Abwesenheit oder eigene Bevormundung, nicht imstande sind, sie richtig auszuüben. Wird nur ein Elternteil bevormundet, so steht die elterliche Gewalt dem anderen Teil zu, wie auch in allen anderen Fällen, in denen nur einem Elternteil die elterliche Gewalt entzogen wird. Wo beide Eltern ausfallen, muss ein Vormund bestellt werden.

Mit dem Entzug der elterlichen Gewalt ist nicht automatisch ein Entzug der elterlichen Vermögensrechte verbunden. Ein solcher Entzug erfolgt nur bei schwerer Missachtung der finanziellen Interessen des Kindes und ist nur in Verbindung mit dem Entzug der elterlichen Gewalt und nur bei Verschulden der Eltern möglich.

Wichtig: Selbstverständlich bleibt auch beim Entzug der elterlichen Gewalt die Unterhaltspflicht der Eltern bestehen, wobei aber auch dort, wo ihnen die Nutzung am Kindesvermögen entzogen ist, die Erträgnisse desselben für Unterhalt und Ausbildung des Kindes zu verwenden sind.

5. Vermögensrechtliche Schutzmassnahmen

Durch das Nutzungs- und Verwaltungsrecht der Eltern am Kindesvermögen kann das Kind in seiner wirtschaftlichen Existenz ernstlich

Das Eltern- und Kindesrecht
Schutzmassnahmen zugunsten von Eltern und Kindern

gefährdet werden, sobald die Eltern ihre Befugnisse überschreiten oder in finanziell zerrütteten Verhältnissen leben.

Dem Schutz des Kindesvermögens dient die gesetzliche Vorschrift, dass derjenige Elternteil, der nach Auflösung der Ehe die elterliche Gewalt erhält, der Vormundschaftsbehörde ein Inventar einzureichen hat und ihr über Veränderungen des Kindesvermögens Auskunft geben muss. Dadurch wird die Grundlage für eine Überwachung des Kindesvermögens durch die Vormundschaftsbehörde geschaffen, sofern sich eine solche als nötig erweist.

Kommt es in einer Betreibung gegen die Eltern oder einen Elternteil zur Pfändung, so können sich die Kinder ohne vorgängige Betreibung für ihre Forderungen aus dem Eltern- und Kindesverhältnis innert 40 Tagen dieser Betreibung anschliessen. Das gleiche Recht hat das Mündel bei der Betreibung gegen den Vormund.

Ferner sind die Forderungen der Kinder bei Pfändung oder Konkurs der Eltern gegenüber den Forderungen anderer Gläubiger privilegiert. Das gilt auch wiederum für das Mündel im Verhältnis zum Vormund.

Schliesslich hat auch die Vormundschaftsbehörde dort, wo ihr ein Missbrauch der elterlichen Vermögensrechte bekannt wird, geeignete Massnahmen zu treffen. So z. B. Anordnung einer Beistandschaft, vormundschaftliche Aufsicht oder bei schwerem Verschulden der Eltern Entzug der elterlichen Vermögensrechte, immer in Verbindung mit dem Entzug der elterlichen Gewalt.

C. Voraussetzungen für die Anordnung geeigneter Schutzmassnahmen

Ein wirksamer Schutz gefährdeter Kinder ist nur möglich, wenn die Vormundschaftsbehörde rechtzeitig von Missständen erfährt. Die Kinder selber sind meist nicht in der Lage, etwas vorzukehren, weshalb Dritte, die Einblick in die Verhältnisse haben, wie Lehrer, andere Erzieher, Nachbarn und Eltern von Spielkameraden, bei der Vormundschaftsbehörde Meldung erstatten sollten. Natürlich ist es nicht angenehm, den Anzeiger spielen zu müssen. Aber wir alle tragen der Jugend gegenüber eine Verantwortung, die, würde sie wirklich ernst genommen, viele Missstände verhüten könnte.

V. Das aussereheliche Kindesverhältnis

Das aussereheliche Kind war lange Zeit rechtlich schlecht gestellt. Heute nun tendiert der moderne Gesetzgeber darnach, ihm die gleichen Rechte wie dem ehelichen zu geben, weil er sich sagt, es dürften einem unschuldigen Kind keine Nachteile erwachsen, die sich nur aus dem Verhältnis zwischen seinen Eltern begründen lassen. Die Revision des schweizerischen Familienrechtes ist eingeleitet, aber noch weiss man nicht, ob und in welchem Umfang die angestrebte Gleichstellung des ausserehelichen mit dem ehelichen Kind verwirklicht wird. Darum ist hier von der geltenden Regelung auszugehen.

A. Verhältnis des ausserehelichen Kindes zu seiner Mutter

Das aussereheliche Kind ist hier dem ehelichen völlig gleichgestellt. Sofern keine familienrechtliche Beziehung zum ausserehelichen Vater hergestellt wird, erhält es Namen und Bürgerrecht der Mutter und ist ihr und der mütterlichen Verwandtschaft gegenüber voll erbberechtigt. Die Mutter erhält jedoch die elterliche Gewalt nicht ohne weiteres, sondern nur dann, wenn sie Gewähr dafür bietet, das Kind richtig zu betreuen und zu erziehen. Auch wird dem Kind von der Vormundschaftsbehörde ein Beistand bestellt, sobald sie von der ausserehelichen Geburt Kenntnis erhält. Der Beistand hat die Interessen des Kindes gegenüber dem ausserehelichen Vater zu vertreten.

B. Verhältnis des ausserehelichen Kindes zum Vater

Während die Abstammung des Kindes von der Mutter ohne weiteres feststellbar ist, bestehen häufig Zweifel hinsichtlich der Vaterschaft. Bevor das aussereheliche Kind gegenüber seinem Erzeuger irgendwelche Rechte erhält, muss dessen Vaterschaft festgestellt sein. Dies kann auf verschiedene Weise geschehen.

1. Anerkennung des ausserehelichen Kindes durch den Vater

Der aussereheliche Vater kann zugeben, dass er der Vater des Kindes ist und sich zu Unterhaltsleistungen ihm gegenüber verpflichten. Dann liegt keine Anerkennung im Rechtssinne vor, und es entsteht keine familienrechtliche Bindung zwischen Vater und Kind, sondern nur eine sogenannte Zahlvaterschaft.

a. *Rechtliche Anerkennung im engeren Sinn.* – Will der Vater eine familienrechtliche Bindung zu dem ausserehelichen Kind herstel-

Das Eltern- und Kindesrecht
Das ausserehelische Kindesverhältnis

len, so erreicht er dies durch gesetzlich beurkundete oder in einer letztwilligen Verfügung (Testament) enthaltene Anerkennung. Diese ist dem Zivilstandsbeamten am Heimatort des Anerkennenden mitzuteilen.

b. *Wirkung.* – Das Kind erhält zufolge einer solchen Anerkennung den Namen des Vaters, sein Bürgerrecht und das Erbrecht gegenüber ihm und seiner Verwandtschaft. Dieses Erbrecht ist nur insofern eingeschränkt, als das anerkannte aussereheliche Kind in Konkurrenz mit ehelichen Nachkommen nur halb soviel erbt wie letztere.
Beispiel: Hat ein Vater ein von ihm anerkanntes aussereheliches Kind und aus einer später abgeschlossenen Ehe weitere 4 Kinder, so erhält das aussereheliche Kind bei einem mit Fr. 90 000.– angenommenen Nachlassvermögen Fr. 10 000.–, die vier ehelichen Nachkommen je Fr. 20 000.–.
Kann der Vater das aussereheliche Kind nicht selbst anerkennen, weil er vor der Geburt desselben gestorben oder urteilsunfähig geworden ist, so kann an seiner Stelle der Grossvater in der gleichen Form, d. h. durch öffentliche Beurkundung oder letztwillige Verfügung, die Anerkennung vornehmen.
Beispiel: Verunfallt ein einziger Sohn tödlich, bevor er das Mädchen, das er heiraten wollte und das von ihm ein Kind erwartet, hat heiraten können, liegt eine Anerkennung durch den Grossvater nahe.

c. *Ausschluss der Anerkennung.* – Die Anerkennung eines ausserehelichen Kindes ist dann unmöglich, wenn der Vater verheiratet ist. Diese heute sehr umstrittene Bestimmung wurde zum Schutz der Familie des ausserehelichen Vaters aufgenommen. Seine Ehefrau soll kein Eindringen ausserehelicher Kinder in den Familienverband befürchten müssen. Die Beziehung soll sich daher in Vermögensleistungen des Vaters (Unterhaltsbeiträgen) erschöpfen. Obwohl eine solche Überlegung durchaus verständlich ist, muss man sich doch fragen, was denn schützenswerter sei, das Interesse der Ehefrau und der Familie oder das Interesse des ausserehelichen Kindes an einer normalen Beziehung zu seinem Vater.

d. *Anfechtung.* – Die Herstellung einer familienrechtlichen Bindung durch formgerechte Anerkennung eines ausserehelichen Kindes mit ihren weitreichenden Folgen kann für das Kind nachteilig sein.

Man denke nur an den Fall, da eine Schweizerin von einem Ausländer ein Kind erwartet und ihn gerade deshalb nicht heiratet, weil sie die Lebensverhältnisse in seinem Land nicht akzeptieren kann. Hier wirkt sich die Anerkennung möglicherweise negativ für das Kind aus. Daher haben das Kind und seine Mutter das Recht, innert 3 Monaten, nachdem sie Kenntnis von der Anerkennung erhalten haben, beim Zivilstandsbeamten Einsprache dagegen zu erheben, indem sie geltend machen, der Anerkennende sei nicht der Vater des Kindes oder die Anerkennung wirke sich für das Kind nachteilig aus. Der Anerkennende muss dann binnen 3 Monaten auf Abweisung der Einsprache klagen.

Auch die Heimatbehörde des Vaters kann an einer Anfechtung interessiert sein, weil das ausserehelich Kind durch die Anerkennung alle Rechte und Pflichten eines Gemeindebürgers am Heimatort des Vaters erhält. Aber auch Einzelpersonen können durch die Anerkennung eines ausserehelichen Kindes in ihren Interessen verletzt werden, vor allem die Erben des Anerkennenden. Eltern oder Geschwister, die den ausserehelichen Vater ohne diese Anerkennung hätten beerben können, treten nun in der Erbfolge hinter das anerkannte Kind zurück.

Aus diesem Grunde steht der Heimatbehörde des Annehmenden und allen Personen, die an einer Anfechtung interessiert sind, das Recht zu, die Anerkennung durch Klage beim Richter anzufechten und den Nachweis zu leisten, dass der Anerkennende nicht der Vater oder – bei Anerkennung durch den Grossvater – der Grossvater des Kindes sei.

e. *Verpflichtung zu Vermögensleistungen.* – Eine Anerkennung durch öffentliche Urkunde oder letztwillige Verfügung ist relativ selten. Häufig gibt jedoch der ausserehelich Vater zu, dass er der Vater des Kindes ist oder mindestens sein kann und verpflichtet sich zu Unterhaltsbeiträgen gegenüber dem Kind und Schadenersatzleistung gegenüber der Mutter.

Wichtig: Solche Verpflichtungen beschränken sich ausschliesslich auf finanzielle Leistungen und begründen keine familienrechtliche Bindung. Der Beistand des Kindes ist verpflichtet, dort, wo keine familienrechtliche Beziehung hergestellt werden kann, sich um eine solche Vereinbarung zu bemühen, die von der Vormundschaftsbehörde zu genehmigen ist. Meist kann auf diese Weise ein Vaterschaftsprozess vermieden werden.

Das Eltern- und Kindesrecht
Das ausserehelige Kindesverhältnis

2. Gerichtliche Feststellung der Vaterschaft
a. *Die Vaterschaftsklage.* — Wenn der von der Mutter als Vater des Kindes bezeichnete Mann seine Vaterschaft bestreitet, steht Mutter und Kind ein Klagerecht auf Feststellung der Vaterschaft und entsprechende Leistungen zu. Die Interessen von Mutter und Kind werden im Vaterschaftsprozess normalerweise vom Beistand des Kindes vertreten, der ja zum Zweck bestellt ist, der bedrängten Mutter beizustehen. Die Vaterschaftsklage muss innert 1 Jahr seit der Geburt des Kindes eingereicht werden, kann aber schon vor der Geburt angebracht werden. Sie ist am Wohnsitz der Mutter zurzeit der Geburt oder am Wohnsitz des Beklagten einzureichen. Ist der Beklagte Schweizer, haben aber weder er noch die Mutter Wohnsitz in der Schweiz, so kann die Vaterschaftsklage beim Gericht seines Heimatortes eingereicht werden.
aa. *Die Vermutung der Vaterschaft.* — Hat nachweisbar der Beklagte in der Zeit vom 300. bis 180. Tag vor der Geburt mit der Mutter des Kindes intim verkehrt, so gilt der Beklagte als Vater des Kindes.
bb. *Umstossung der Vermutung.* — Der Beklagte kann die Vermutung dadurch entkräften, dass er Tatsachen nachweist, die erhebliche Zweifel an seiner Vaterschaft rechtfertigen. So z. B., die Mutter habe während der Empfängniszeit auch noch mit anderen Männern intim verkehrt. Der geltend gemachte Mehrverkehr muss jedoch zur Zeit der Empfängnis stattgefunden haben, um erhebliche Zweifel an der Vaterschaft zu begründen. Solche können sich auch mit dem Reifegrade des Kindes, einer allfälligen vorübergehenden Zeugungsunfähigkeit des Vaters oder als Resultat einer Blutprobe aufdrängen.
In diesem Fall haben Mutter und Kind den Beweis zu leisten, dass der Beklagte gleichwohl der Vater des Kindes ist oder ein Dritter, der in der Empfängniszeit mit der Mutter intim verkehrt hat, als Erzeuger ausgeschlossen ist. Derartige Beweise lassen sich dank der verbesserten wissenschaftlichen Untersuchungsmethoden, so der differenzierten Blutprobe, der anthropologisch-erbbiologischen Gutachten und der wissenschaftlichen Auswertung des Reifegrades heute oft auch dort leisten, wo früher eine Vaterschaftsklage wegen erheblichen Zweifeln hätte abgewiesen werden müssen.
Diese Untersuchungen können oft erst vorgenommen werden, wenn das Kind ein gewisses Alter erreicht hat. Um zu verhindern,

dass es in der Zwischenzeit ohne Unterstützung des ausserehelichen Vaters auskommen muss, bestimmen die revidierten Artikel 324 und 321a ZGB, dass dort, wo die Vermutung der Vaterschaft nicht sofort entkräftet werden kann, der Beklagte auf Begehren von Mutter und Kind schon vor dem Urteil im Vaterschaftsprozess angemessene Unterhaltsbeiträge zu leisten hat. Fehlt es an einer solchen Vermutung oder wird sie zerstört, so kann – wenn die Vaterschaft wenigstens glaubhaft gemacht und der Vaterschaftsprozess eingeleitet ist – die gerichtliche Hinterlegung angemessener Beiträge verlangt werden.

b. *Inhalt der Vaterschaftsklage.* – Unter gewissen Voraussetzungen kann die Zusprechung des Kindes mit Standesfolge nebst Schadloshaltung der Mutter und evtl. Genugtuungsleistung verlangt werden, oder aber sie beschränkt sich auf blosse Vermögensleistungen an Mutter und Kind.

aa. *Gerichtliche Zusprechung des Kindes mit Standesfolge.* – Wo ein ausserehelicher Vater das Vertrauen oder die Unerfahrenheit der ausserehelichen Mutter missbraucht oder sich an ihr vergangen hat, soll er sich nicht durch Vermögensleistungen loskaufen können, sondern auf Begehren von Mutter und Kind eine familienrechtliche Bindung herstellen. Zu denken ist hier vor allem an den Fall, da ein Mann dem Mädchen vor der Beiwohnung die Ehe verspricht und sein Versprechen dann nicht hält. Hier kann – wenn das Eheversprechen für die Hingabe mitbestimmend war – das Kind dem ausserehelichen Vater vom Richter mit Standesfolge zugesprochen werden. Die Wirkungen sind die gleichen wie bei der Anerkennung des Kindes durch öffentliche Urkunde oder letztwillige Verfügung. Ebenfalls mit Standesfolge kann ein Kind dem Vater zugesprochen werden, wenn er sich eines Verbrechens, z. B. einer Vergewaltigung, schuldig gemacht oder die ihm über die Mutter zustehende Gewalt missbraucht hat. Man denke an das Verhältnis zwischen Lehrer und Schülerin, Arbeitgeber und Arbeitnehmerin oder Vormund und Mündel. Wird die Abhängigkeit des weiblichen Teils zur ausserehelichen Beziehung missbraucht und das Mädchen schwanger, so kann der Richter auf Begehren von Mutter und Kind die Zusprechung mit Standesfolge verfügen.

bb. *Wirkungen.* – Die Zusprechung mit Standesfolge verschafft dem Kind Namen und Bürgerrecht des Vaters und das Erbrecht ihm und seiner Verwandtschaft gegenüber. Das Kind hat hier Anspruch auf

Das Eltern- und Kindesrecht
Das ausserehliche Kindesverhältnis

Unterhalt wie ein eheliches Kind. Wohnt es aber nicht beim Vater, so wird, wie in Scheidungsfällen, der vom Vater zu leistende Unterhaltsbeitrag festgesetzt. Der Vater hat ausserdem die Mutter für Entbindungskosten und den Unterhalt während 4 Wochen vor und nach der Geburt zu entschädigen und ihr ausserdem Genugtuung zu leisten, wenn sie durch sein Verhalten seelisch schwer verletzt wurde und daher Genutuung verlangt.

Ist der aussereheliche Vater verheiratet, so kann keine Zusprechung des Kindes mit Standesfolge Platz greifen. Es gelten hier die gleichen Überlegungen wie beim Ausschluss der Anerkennung.

cc. *Vermögensleistungen an Mutter und Kind.* – Wo der aussereheliche Vater das Kind nicht formgerecht anerkennt oder die Voraussetzungen für die Zusprechung des Kindes mit Standesfolge nicht erfüllt sind, können vom ausserehelichen Vater nur Vermögensleistungen in folgendem Umfang verlangt werden:

Für das Kind: Unterhaltsbeiträge, die bis zu dessen zurückgelegtem 18. Altersjahr zu entrichten sind und der Lebensstellung von Vater und Mutter entsprechen sollen. Diese Renten können der Bedürftigkeit des Kindes entsprechend abgestuft werden, z. B. in der Weise, dass bis zum 6. Altersjahr des Kindes ein Unterhaltsbeitrag von Fr. 250.–, bis zum 12. Altersjahr ein solcher von Fr. 300.– und vom 12.–18. Altersjahr ein solcher von Fr. 400.– zu entrichten ist.

Für die Mutter: Der aussereheliche Vater ist verpflichtet, der Mutter die Entbindungskosten und den Unterhalt während 4 Wochen vor und nach der Geburt zu vergüten. Diese Leistungen hat er auch zu erbringen, wenn er das Kind anerkennt oder es ihm mit Standesfolge zugesprochen wird.

Zu weiteren Leistungen kann dagegen der aussereheliche Vater in solchen Fällen nicht verpflichtet werden, was bedeutet, dass dem Kind wegen seiner ausserehelichen Geburt der Zugang zum Lebenskreis des natürlichen Vaters versperrt ist und es sich mit einem Zahlvater begnügen muss. Gegen diese Benachteiligung des Kindes richten sich die laufenden Revisionsbestrebungen, die dem ausserehelichen Kind die volle Stellung eines ehelichen Kindes verschaffen möchten, auch wenn es nicht beim Vater, sondern, wie auch die meisten Kinder aus geschiedenen Ehen, bei der Mutter aufwächst.

VI. Die Revision des Kindesrechtes

Die Revision des Kindesrechtes ist im Gang. Botschaft und Entwurf des Bundesrates an die Bundesversammlung vom 5.6.1974 sehen folgende wesentliche Änderungen und Neuerungen vor, wobei auf Einzelheiten nicht eingegangen werden kann:

1. Gleichstellung des ausserehelichen mit dem ehelichen Kind

Die Unterscheidung zwischen ehelichem und ausserehelichem Kindesverhältnis, wie sie bisher im Gesetz verankert war, soll verschwinden. Es ist wichtig und erfreulich, dass die Diskriminierung des ausserehelichen Kindes, die sich vorab im Fehlen einer verwandtschaftlichen Beziehung zum Vater und damit auch dem Fehlen des Erbrechts ausdrückte, endlich verschwindet. Das unschuldige Kind kann für die Umstände, die zu seiner Zeugung und Geburt führten, nicht verantwortlich gemacht werden. Es verdient den gleichen Schutz wie das in einer Ehe geborene Kind.

Unter der Voraussetzung, dass der Vater das Kind anerkennt oder es ihm vom Richter zugesprochen wird, soll es nach dem Entwurf auch ihm und seiner Verwandtschaft gegenüber, nicht nur gegenüber der Mutter, die gleichen Rechte und Pflichten haben wie ein in der Ehe geborenes Kind. Die blosse Zahlvaterschaft wird damit beseitigt. Das gilt auch für das im Ehebruch gezeugte, bisher nicht legitimierbare Kind. Auch ihm kann der Makel seiner Geburt nicht angelastet werden.

2. Weiter bestehende Unterschiede

Während das Kindesverhältnis bei dem in der Ehe geborenen Kind automatisch eintritt, muss es bei dem ausserhalb einer Ehe geborenen Kind gegenüber dem Vater erst durch einen Rechtsakt, Anerkennung oder richterliches Urteil, geschaffen werden. Dies gilt nicht für die Mutter–Kind-Beziehung, die automatisch mit der Geburt entsteht und dem Kind ihr und ihrer Verwandtschaft gegenüber volle Kindesrechte verleiht.

3. Feststellung der Vaterschaft

a. *Anerkennung.* – Der Vater eines ausserhalb der Ehe geborenen Kindes kann dasselbe anerkennen, auch wenn es im Ehebruch gezeugt wurde.

Die Anerkennung hat nicht mehr wie bisher durch öffentliche Urkunde oder Testament zu erfolgen, sondern es genügt eine einfache Erklärung vor dem Zivilstandsbeamten.

b. *Vaterschaftsklage.* – Sie geht auf Feststellung des Kindesverhältnisses, das dem Kind die vollen Rechte eines in der Ehe geborenen Kindes verleihen soll. Ist der Vater vor der Geburt gestorben, so richtet sich die Klage gegen seine nächsten Erben. Dem Kind ist von der Vormundschaftsbehörde ein Beistand zu bestellen, der seine Interessen vertritt.
Wie im geltenden Recht besteht eine Vaterschafts-Vermutung, wenn der Beklagte in der Zeit vom 300. bis 180. Tag vor der Geburt der Mutter beigewohnt hat. Diese Vermutung kann nur durch den Nachweis des Beklagten, dass seine Vaterschaft ausgeschlossen oder weniger wahrscheinlich ist als die eines Dritten, zerstört werden.
Wichtig: Die Parteien sind gesetzlich verpflichtet, an allen zumutbaren Untersuchungen mitzuwirken, die der Aufklärung des Tatbestandes dienen.
c. *Klagefrist und Klagedomizil.* – Die Klagefrist beträgt wie bisher 1 Jahr seit der Geburt, doch steht sie dem Kind bis spätestens 1 Jahr nach Erreichung der Mündigkeit offen. Es soll dadurch verhindert werden, dass das Kind für ein allfälliges Versäumnis von Mutter und Beistand büssen muss. Es soll mit Erreichung der Mündigkeit seine Rechte selbst wahren können. Die Klage kann dort eingereicht werden, wo eine der Parteien zur Zeit der Geburt ihren Wohnsitz hatte.
d. *Die Rechte der Mutter gegenüber dem Vater des Kindes.* – Die Rechte der Mutter bleiben grundsätzlich unverändert, doch hat sie Anspruch auf Ersatz des Unterhalts während 4 Wochen vor und 8 Wochen nach der Geburt. Eine Genugtuung entfällt.

4. Die elterliche Gewalt

Die elterliche Gewalt, als Verfügungsrecht über das Kind, kann nicht gleich geregelt werden, wenn das Kind in der Ehe seiner Eltern aufwächst oder ausserhalb derselben.
a. *Regelung für verheiratete Eltern.* – Mutter und Vater üben die elterliche Gewalt gemeinsam aus, und dem Vater steht bei Uneinigkeit kein Stichentscheid zu. Sollten sich die Eltern nicht einigen können, so müssten sie den Richter anrufen. Stirbt ein Elternteil, so erhält der andere automatisch die elterliche Gewalt. Bei Scheidung der Eltern entscheidet der Richter, wem die elterliche Gewalt zustehen soll.

b. *Regelung für unverheiratete Eltern.* – Da das Kind in solchen Fällen normalerweise bei der Mutter wohnt, hat sie im Prinzip Anspruch auf die elterliche Gewalt. Ist sie nicht imstande, dieselbe auszuüben, weil sie z. B. noch nicht mündig ist, so wird dem Kind ein Vormund bestellt. Eine Übertragung der elterlichen Gewalt auf den Vater soll nur erfolgen, wenn sie dem Wohl des Kindes dient.

5. Name und Bürgerrecht des Kindes

a. *Bei verheirateten Eltern.* – Das Kind erhält hier Name und Bürgerrecht des Vaters.

b. *Bei unverheirateten Eltern.* – Wohnt das Kind bei der Mutter, so ist ihm mit dem Namen und dem Bürgerrecht des Vaters nicht gedient. Daher erhält es in solchen Fällen ihren Namen und ihr Bürgerrecht. Aus wichtigen Gründen, so z. B. wenn das Kind beim Vater und nicht bei der Mutter wohnt, kann eine Namensänderung verlangt werden. Zuständig hiefür ist der Regierungsrat am Wohnsitz des Gesuchstellers.

Wichtig: Erhält das Kind auf Grund eines Gesuchs den Namen des Vaters, so erwirbt es gleichzeitig auch sein Bürgerrecht.

6. Unterhalt

a. *Unterhaltspflicht der verheirateten Eltern.* – Hier erhält das Kind den Unterhalt, einschliesslich Erziehung und Ausbildung, im Rahmen der ehelichen Gemeinschaft. Wird dieselbe durch Trennung oder Scheidung der Eltern gesprengt, so setzt der Richter die Unterhaltsleistungen fest.

b. *Unterhaltspflicht der unverheirateten Eltern.* – Der Elternteil, in dessen Obhut sich das Kind befindet, hat die gleichen Pflichten wie die verheirateten Eltern. Der Elternteil dagegen, der keine elterliche Gewalt besitzt, muss seine Unterhaltspflicht durch Geldleistung erfüllen, deren Höhe durch Vereinbarung oder Richterspruch festzusetzen ist. Vereinbarungen über Unterhaltsleistungen sind indessen nur gültig, wenn sie von der Vormundschaftsbehörde genehmigt wurden.

c. *Dauer der Unterhaltspflicht.* – Die Unterhaltspflicht der Eltern besteht bis zur Mündigkeit des Kindes, doch können sie davon befreit werden, wenn dem Kind zugemutet werden darf, seinen Unterhalt aus dem Arbeitserwerb oder andern Mitteln selbst zu bestreiten. Viele Jugendliche verdienen heutzutage schon vor dem

Das Eltern- und Kindesrecht
Die Revision des Kindesrechtes

20. Altersjahr so viel, dass sie nicht mehr auf die Hilfe der Eltern angewiesen sind.
Wichtig: Befindet sich das Kind dagegen bei Erreichung der Mündigkeit noch in der Ausbildung, was überall dort der Fall sein wird, wo es ein Studium ergriffen hat, sollen die Eltern, soweit zumutbar, weiterhin für seinen Unterhalt aufkommen, jedoch nicht länger als bis zum vollendeten 25. Altersjahr.

d. *Sicherstellung, Inkasso und Bevorschussung von Unterhaltsbeiträgen.* – Oft versucht der zu Geldleistungen verpflichtete Elternteil, sich dieser Pflicht zu entziehen. Trifft er Anstalten zur Flucht, verschleudert er sein Vermögen oder vernachlässigt er in anderer Weise seine Unterstützungspflicht dauernd, so kann der Richter die Sicherstellung künftiger Unterhaltsleistungen anordnen. Auch besteht die Möglichkeit, in solchen Fällen seinen Arbeitgeber oder andere Schuldner zu direkten Zahlungen an den Inhaber der elterlichen Gewalt oder den Vormund zu verpflichten.
Wichtig: Die Vormundschaftsbehörde hat der oft geschäftsunerfahrenen Mutter bei der Eintreibung der geschuldeten Unterhaltsleistungen behilflich zu sein. Gehen sie nicht ein, sollen die Fürsorgebehörden ausreichende Vorschüsse leisten.
Beispiel: Der Vater leistet die ihm auferlegten Unterhaltsbeiträge von monatlich Fr. 300.– nicht. Die Fürsorgebehörden gewähren einen Vorschuss von Fr. 1800.– und erhalten dafür das Recht, diesen Betrag vom Vater direkt zu verlangen.

7. Persönliche Beziehungen zwischen Eltern und Kind

Eltern und Kinder schulden einander Rücksicht und Beistand. Die Eltern sollen im Hinblick auf die Erziehung und Ausbildung des Kindes mit den Lehrern und andern Erziehungsstellen zusammenarbeiten. Der nicht mit der Obhut des Kindes betraute Elternteil hat Anspruch auf angemessenen persönlichen Verkehr mit dem Kind. Da aber das Besuchsrecht dem Wohl des Kindes oft abträglich ist, kann es von der Vormundschaftsbehörde beschnitten werden. Auch darf es vom 16. Altersjahr des Kindes an nur noch mit seiner Zustimmung ausgeübt werden.

8. Schutzmassnahmen

Zum Schutz der Kinder (auch der Pflegekinder) soll die Vormundschaftsbehörde geeignete Massnahmen treffen, sofern eine Gefährdung besteht. Es sind dies:

a. *Erziehungshilfe.* – Sie erfolgt durch Ermahnung, Erteilung von Weisungen, evtl. Erziehungsberatung durch einen von ihr zu ernennenden Beistand, der den Eltern Weisungen erteilen darf.
b. *Aufhebung der Obhut.* – Die Vormundschaftsbehörde kann ein gefährdetes Kind den Eltern wegnehmen und es anderweitig unterbringen, sofern andere Massnahmen ihren Zweck nicht erfüllen. Die Aufhebung der Wohngemeinschaft kann auch auf Antrag der Eltern oder des Kindes durch die Vormundschaftsbehörde erfolgen, wenn das Eltern–Kind-Verhältnis so schwer gestört ist, dass ein weiteres Verbleiben des Kindes im gemeinsamen Haushalt unzumutbar wäre.
c. *Entzug der elterlichen Gewalt.* – Sie kann durch die vormundschaftliche Aufsichtsbehörde jenen Eltern entzogen werden, die entweder nicht imstande sind, sie richtig auszuüben, z. B. infolge Krankheit, oder die sich nicht ernstlich um ihre Kinder kümmern oder ihre Pflichten gröblich verletzen.

Ein Entzug kann durch die Vormundschaftsbehörde auch dort erfolgen, wo Eltern aus wichtigen Gründen um Aufhebung der elterlichen Gewalt nachsuchen.

Beispiel: Die Mutter als Inhaberin der elterlichen Gewalt fühlt sich der Erziehung ihres schwierigen Sohnes nicht gewachsen und betrachtet die ihr vom Beistand erteilten Weisungen als erzieherisch falsch. Hier liegt es nahe, dass sie die Verantwortung los sein möchte und um Entzug der elterlichen Gewalt und Bestellung eines Vormundes nachsucht, der dann verantwortlich ist.

Wichtig: Keine elterliche Gewalt können Eltern beanspruchen, die der Adoption ihres Kindes durch einen ihnen unbekannten Dritten zustimmen. Hier soll an Stelle der Kindesbeziehung zu den leiblichen Eltern die Beziehung zu den Adoptiveltern treten.

9. Das Kindesvermögen

Den Eltern stehen wie im geltenden Recht die Nutzung und Verwaltung am Kindesvermögen zu. Die Erträgnisse sollen für Unterhalt, Erziehung und Ausbildung des Kindes verwendet werden. Ein Überschuss fällt jedoch nicht wie im geltenden Recht den Eltern zu, sondern wird Kindesvermögen.

Wichtig: Der Erwerb des unmündigen Kindes, der bisher den Eltern zukam, wenn das Kind in Hausgemeinschaft mit ihnen lebte, soll nun dem Kind zur freien Verwaltung und Nutzung zustehen.

Das Eltern- und Kindesrecht
Die Revision des Kindesrechtes

Bei Wohngemeinschaft können die Eltern jedoch angemessene Beiträge an die Haushaltkosten verlangen. Vorbehalten bleiben auch die Ansprüche der Eltern auf Unterstützungsleistungen, wenn sie derselben bedürfen. Zum Schutz des Kindes kann die Vormundschaftsbehörde dort, wo Gefahr besteht, eine periodische Berichterstattung und Rechnungstellung über das Kindesvermögen anordnen. Steht nur einem Elternteil die elterliche Gewalt zu, so hat er der Vormundschaftsbehörde ein Inventar einzureichen und sie über alle wesentlichen Änderungen des Kindesvermögens zu orientieren.

Bei Unfähigkeit der Eltern zu richtiger Vermögensverwaltung kann ein Beistand bestellt werden, der die Vermögensverwaltung besorgt. Ein solcher Entzug der elterlichen Vermögensrechte ist im Gegensatz zum geltenden Recht ohne gleichzeitigen Entzug der elterlichen Gewalt möglich.

Das Jugendstrafrecht

I. Grundsätze des Jugendstrafrechtes

1. Jugendkriminalität

Der Autoritätsverlust der Erwachsenen, insbesondere der Eltern, ist eine der zahlreichen Ursachen der steigenden Jugendkriminalität. Bürgerliche Eltern, die ihre Kinder nach den Erziehungsgrundsätzen früherer Zeiten zu führen versuchen, erleben häufig, dass ihnen die Autorität über die Jugendlichen entgleitet. Andere, moderne Eltern haben sie nie beansprucht und nie besessen.

Kinder und Jugendliche, die entweder frei aufwachsen oder die elterlichen Zügel allzufrüh abstreifen, respektieren in ihrem überbordenden Lebensdrang viele Grenzen nicht mehr, die frühere Generationen nicht zu überschreiten wagten. Abenteuerlustig war die Jugend zwar immer, aber die Abenteuer sind gefährlicher geworden. Wurden früher Obstbäume von den Jungen heimgesucht, so sind es heute die Selbstbedienungsläden, in denen man auslesen kann, was einen gelüstet.

Es kommt immer wieder vor, dass Eltern, deren Redlichkeit ausser Frage steht, von kriminellen Handlungen ihrer Kinder und Jugendlichen erfahren. Von in grösseren oder kleineren Banden oder von Einzelnen ausgeführten Diebstählen, Einbrüchen, Sittlichkeitsdelikten usw. Lauter Dinge, vor denen sie sich und ihre Familienangehörigen gefeit glaubten und die nun plötzlich in ihren Erlebniskreis eindringen. Ratlos stehen sie der aussergewöhnlichen Situation gegenüber. Darum mag es am Platze sein, die Eltern mit den Grundsätzen des Jugendstrafrechts vertraut zu machen.

2. Wichtigste Unterschiede zwischen allgemeinem Strafrecht und Jugendstrafrecht

Das Jugendstrafrecht unterscheidet sich vor allem dadurch vom Strafrecht für Erwachsene, dass der Hauptakzent nicht auf der Bestrafung des jugendlichen Rechtsbrechers liegt, sondern seine Besserung, d. h. eine grundlegende Änderung seines Verhaltens angestrebt wird.

Der Gedanke der Besserung ist zwar auch dem allgemeinen Strafrecht nicht fremd, aber die Strafe wird doch in erster Linie als Vergeltung betrachtet. Der Rechtsbrecher soll für das Übel, das er der Gesellschaft zugefügt hat, seinerseits ein Übel erleiden, eben die Strafe. Sie ist ein Akt ausgleichender Gerechtigkeit. An ihre Stelle tritt im Jugendstrafrecht meist die Massnahme, die nicht als Vergeltung gedacht, vorab Erziehungshilfe sein soll. Daher ist hier eine viel intensivere Abklärung der Familienverhältnisse des Täters notwendig als im allgemeinen Strafrecht.

Das Jugendstrafrecht
Grundsätze des Jugendstrafrechtes

Voraussetzung der Strafbarkeit ist im allgemeinen wie im Jugendstrafrecht, dass der Täter rechtswidrig eine mit Strafe bedrohte Handlung begangen hat. Das allein genügt indessen nicht, sondern der Täter muss auch schuldhaft gehandelt haben. Schuldhaft handelt, wer zur Zeit der Tat fähig war, das Unrecht seiner Tat einzusehen und sich seiner Erkenntnis entsprechend zu verhalten. Ein Geisteskranker oder Geistesschwacher, der diese Voraussetzungen nicht erfüllt, kann, auch wenn er eine mit Strafe bedrohte Tat begeht, nicht schuldhaft handeln und daher auch nicht bestraft werden. Eine nur teilweise Unzurechnungsfähigkeit vermindert das Verschulden. Es ist klar, dass Kinder und Jugendliche, deren seelisch-geistige Entwicklung noch nicht abgeschlossen ist, das Verwerfliche einer Tat nicht im gleichen Mass erkennen können wie ein Erwachsener. Die Sanktionen sind daher ihrer Entwicklungsstufe und ihrem Verhalten anzupassen. Eine Bestrafung kommt auch im Jugendstrafrecht nur in Betracht, wo eine Schuld des Täters nachgewiesen ist, er also das Verwerfliche seines Tuns erkennen und sich entsprechend verhalten konnte.

3. Sanktionen entsprechend den Altersstufen

Man unterscheidet im Jugendstrafrecht 4 Altersstufen, die für sich gesondert zu betrachten sind.

a. *Kinder unter 7 Jahren.* – Ein Kind unter 7 Jahren wird vom Strafrecht nicht erfasst. Wenn also ein vierjähriges Kind mit Zündhölzchen spielt und einen Brand verursacht, wird es nicht zur Rechenschaft gezogen. Wohl aber ist abzuklären, ob und in welchem Umfang die Eltern haftbar sind.

b. *Kinder im Alter von 7 bis 15 Jahren.* – Bei ihnen kann bereits eine gewisse beschränkte Einsicht in das Fehlbare ihres Handelns bestehen, so dass sich nicht nur erzieherische, sondern unter Umständen auch disziplinarische Massnahmen aufdrängen. Diese Massnahmen sollen aber der Entwicklung des Kindes dienen und keinen Vergeltungscharakter haben.

c. *Jugendliche im Alter von 15 bis 18 Jahren.* – Auch hier sind der Entwicklungsstufe angemessene Massnahmen vorgesehen, doch kennt das Jugendstrafrecht auf dieser Stufe auch Strafen, die aber natürlich nicht mit den im allgemeinen Strafrecht vorgesehenen Sanktionen identisch sind. Ob eine Strafe zu verhängen ist oder gewisse Massnahmen am Platze sind, hat der Jugendrichter nach Zustand und Verhalten des Jugendlichen zu entscheiden.

Das Jugendstrafrecht
Grundsätze des Jugendstrafrechtes

d. *Junge Erwachsene von 18 bis 25 Jahren.* – Im Prinzip wird hier die Strafbarkeit bejaht, denn in diesem Alter sollte auch der junge Mensch imstande sein, Unrecht zu erkennen und sich entsprechend zu verhalten. Weil aber im Hinblick auf seine Jugend Schonung geboten ist, sind entweder mildere Strafen vorgesehen, oder der Richter kann die im allgemeinen Strafrecht vorgesehenen Strafen von sich aus herabsetzen.

Wichtig: Auf allen Stufen ist für die Beurteilung das Alter zur Zeit der Tat, nicht im Zeitpunkt der Strafverfolgung massgebend.

4. Das Strafverfahren

Während das Strafrecht, das die strafbaren Tatbestände festlegt, eidgenössisch ist, ist dagegen das Strafverfahren, das Untersuchungs- und Gerichtsverfahren regelt, kantonal. Die ersten Erhebungen werden auch im Jugendstrafrecht meist von den regulären Polizeiorganen gemacht. Es wäre aber wünschenswert, dass speziell dafür ausgebildete Polizeibeamte die Abklärung solcher Fälle übernehmen könnten, wie dies in grösseren Städten teilweise schon der Fall ist. Durch richtiges Verhalten der Polizei könnte manches Trauma vermieden werden, vor allem wenn auch die Eltern sofort beigezogen würden. Im Prinzip wird der Minderjährige durch Eltern oder Vormund vertreten.

Wichtig: Die Eltern sind von polizeilichen Einvernahmen der durch sie vertretenen Minderjährigen sofort zu benachrichtigen, und es soll ihnen auch Gelegenheit geboten werden, an den Einvernahmen teilzunehmen. Es kann allerdings vorkommen, dass Minderjährige freier aussagen, wenn die Eltern nicht zugegen sind. Das ist aber kein Grund, die Inhaber der elterlichen oder vormundschaftlichen Gewalt gegen ihren Willen fernzuhalten. Sie sollen begrüsst und allenfalls darauf hingewiesen werden, dass der Abklärung des Tatbestandes und unter Umständen auch dem Jugendlichen besser gedient ist, wenn Eltern oder Vormund nicht zugegen sind.

II. Das Strafrecht für Kinder

1. Kinder unter 7 Jahren

Kinder, die das 7. Altersjahr noch nicht zurückgelegt haben, werden vom Strafrecht nicht erfasst. Es ist möglich, dass Kleinkinder eine strafbare Handlung begehen, z. B. beim Spiel mit Streichhölzern ein Haus in Brand stecken oder mit einem spitzen Gegenstand einen Kameraden verletzen. Sie sind aber für ihr Tun nicht verantwortlich, weil sie in diesem Stadium weder durch Erziehung noch durch eigene Erkenntnis gegen solche Handlungen gefeit sind. Es ist Sache der Eltern und Erzieher, die Kinder so zu überwachen, dass sie keine strafbaren Handlungen begehen können. Wo sie dieser Pflicht nicht genügen, haben sie für die Folgen einzustehen und werden schadenersatzpflichtig.

2. Kinder von 7 bis 15 Jahren

Mit 6–7 Jahren wird das Kind normalerweise schulreif, d. h., es sollte dann fähig sein, fremde Gedanken aufzunehmen und zu verarbeiten, sich Wissen anzueignen und davon Gebrauch zu machen. Die Entwicklung des Kindes ist natürlich nach Altersstufe und intellektuellen Fähigkeiten verschieden. Begeht aber ein Kind auf dieser Stufe eine strafbare Handlung, so ist immerhin zu prüfen, ob sein fehlerhaftes Verhalten ungenügender Erziehung und negativen Umwelteinflüssen zuzuschreiben ist oder ihm selbst zur Last fällt. Je nachdem sind die Folgen verschieden.

3. Disziplinarische Massnahmen

Das Strafgesetz stellt im Strafrecht für Kinder nicht diese disziplinarischen, sondern die erzieherischen Massnahmen in den Vordergrund. Wenn hier umgekehrt vorgegangen wird, so hat dies folgenden Grund: Die disziplinarischen Massnahmen sind gegenüber normal entwickelten und erzogenen Kindern anwendbar, wenn sie strafbare Handlungen begehen, betreffen also den Normalfall. Die erzieherischen Massnahmen gelten dagegen dem gefährdeten und verwahrlosten Kind.

Hat das Kind eine strafbare Handlung begangen, ohne dass es sittlich gefährdet oder verwahrlost ist, so wird es für sein fehlerhaftes Verhalten bestraft. Natürlich nicht mit den im Strafrecht für Erwachsene vorgesehenen Strafen. Die Sanktionen müssen dem Zustand des Kindes angemessen sein und ihm verständlich machen, dass es sich in Zukunft vor solchen Handlungen zu hüten hat. Der Vergeltungsgedanke

Das Jugendstrafrecht
Das Strafrecht für Kinder

fehlt vollständig. Ziel der disziplinarischen Massnahmen ist allein, das Kind von weiteren strafbaren Handlungen abzuhalten. Auch normal entwickelte und in guten Familienverhältnissen lebende Kinder entwickeln manchmal einen Hang zum Stehlen, besonders wenn sie Kameraden bei ähnlichem Tun beobachten. Bäckereien und Selbstbedienungsläden haben in diesem Sinn eine seltsame Anziehungskraft auf Kinder. Sie möchten sich die gewünschten Sachen aneignen und empfinden das Gefährliche ihres Tuns als Anreiz.

In allen diesen Fällen muss ihnen das Verwerfliche ihres Verhaltens durch eine angemessene Strafe vor Augen gestellt werden. Solche Strafen sind Verweis oder Schularrest oder Verpflichtung zu einer Arbeitsleistung. Besonders sinnvoll wird sich das letztere dort auswirken, wo das Kind durch seine Arbeit den von ihm angerichteten Schaden beheben, z. B. ein beschädigtes Gartentor eines Nachbarn wieder instand stellen kann und muss.

Handelt es sich um einen ausgesprochenen Bagatellfall, so kann die Bestrafung den Eltern überlassen und dort, wo sie selbst das Kind schon bestraft haben, von einer Bestrafung ganz Umgang genommen werden.

Wichtig: Wer ein Kind bei einer strafbaren Handlung ertappt, sollte sich zunächst mit den Eltern und nicht gleich mit der Polizei in Verbindung setzen. Sie wissen normalerweise am besten, welche Sanktionen dem Kind gegenüber am Platze sind. Versagen sie, so bleibt immer noch der Weg zur Polizei.

4. Erzieherische Massnahmen

Kinder, die zu Hause nicht richtig erzogen und betreut werden und allzusehr sich selber überlassen sind, neigen zu kriminellen Handlungen. Wo die Nestwärme fehlt, sucht das Kind auf merkwürdigen Wegen Ersatz. Indem es sich z. B. die Kameradschaft der Mitschüler und ihre Aufmerksamkeit durch Geschenke zu erkaufen versucht. Von hier bis zum Stehlen ist es nicht weit. Es wäre unbillig, sittlich verwahrloste Kinder wegen eines Verhaltens, das vorab den Erziehern zur Last fällt, zu bestrafen. Dadurch würde die Grundsituation nicht verändert. Was in solchen Fällen nottut, ist eine Änderung der Erziehung.

Selbstverständlich rechtfertigt nicht jeder Erziehungsfehler, der als Teilursache einer strafbaren Handlung des Kindes zu betrachten ist, solche Massnahmen. Voraussetzung ist vielmehr, dass das Kind schwer erziehbar, verwahrlost oder erheblich gefährdet ist, d. h. eine eigent-

liche Fehlentwicklung vorliegt. Hier muss im Interesse des Kindes eine gründliche Änderung des bisherigen Erziehungssystems Platz greifen. Dies geschieht durch folgende Massnahmen:
a. *Erziehung in der eigenen Familie, jedoch unter Überwachung durch die zuständige Behörde.* – Diese Massnahme wird nur Aussicht auf Erfolg versprechen, wenn die Eltern bereit sind, Erziehungshilfe anzunehmen und sich den erzieherischen Notwendigkeiten anzupassen. So kann sich z. B. ein solcher Versuch dort rechtfertigen, wo die bisher berufstätige Mutter in Zukunft zu Hause bleibt und sich vermehrt des Kindes annehmen kann. Immer vorausgesetzt, dass sie die nötigen erzieherischen Fähigkeiten besitzt und sich beraten lässt.
b. *Unterbringen in einer geeigneten Familie.* – Oft ist die eigene Familie des Kindes für die nötige Nacherziehung nicht geeignet. In solchen Fällen kann das Kind einer fremden Familie anvertraut werden, soweit dieselbe die nötigen Voraussetzungen für einwandfreie Betreuung und Erziehung bietet. Selbstverständlich ist auch in diesem Fall die Erziehung durch die zuständige Behörde zu überwachen und die erforderliche Erziehungshilfe zu leisten.
Leider gibt es nicht allzu viele Familien, die die nötigen Voraussetzungen für eine richtige Erziehung eines sittlich gefährdeten oder verwahrlosten Kindes besitzen. Dazu gehören eine überdurchschnittliche Erzieherbegabung und sehr viel Geduld.
c. *Einweisung in ein Erziehungsheim.* – In schweren Fällen, in denen sittlich verwahrloste, gefährdete oder verdorbene Kinder weder in der eigenen noch in einer fremden Familie richtig erzogen werden können, müssen sie in einer Erziehungsanstalt untergebracht werden. Eine Massnahme, die nur dort ergriffen werden soll, wo es keine andere, bessere Lösung gibt. Die Erfahrung hat leider gezeigt, dass Erziehungsanstalten, bei allem guten Willen der verantwortlichen Personen, oft nicht das zu leisten vermögen, was man von ihnen erwartet. Das gefährdete oder verdorbene Kind lebt dort nicht mit normal entwickelten Altersgenossen zusammen, sondern befindet sich in einer Ausnahmesituation. Es wird oft das Gefühl des Ausgestossenseins nie mehr ganz los. Natürlich kommt es aber wesentlich darauf an, wieviel Verständnis und Liebe die Heimleiter ihren Zöglingen entgegenbringen.
d. *Kurative Massnahmen.* – Unter Umständen kann eine geeignete ärztliche oder erzieherische Behandlung das Kind festigen und

seine Entwicklung beschleunigen. Wo Aussicht auf Erfolg besteht, kann daher von der zuständigen Behörde eine solche Behandlung angeordnet werden, sei es für sich allein oder in Verbindung mit einer anderen Massnahme. Oft wird es dank einer solchen Behandlung möglich sein, das Kind in seiner eigenen Familie zu belassen, sofern sie das nötige Verständnis für die Behandlung und ihre eigenen Pflichten aufbringt. Eine solche Behandlung ist namentlich dort angezeigt, wo es sich um geisteskranke, schwachsinnige, blinde oder taubstumme Kinder handelt.

e. *Dauer der Massnahmen.* – Sie dauern, bis das Ziel, die Nacherziehung des Kindes, erreicht ist, längstens aber bis zum 20. Altersjahr. Die Massnahmen können den Bedürfnissen des Kindes entsprechend abgeändert werden. So kann z. B. ein der eigenen oder einer fremden Familie zur Erziehung überlassenes Kind in einem Erziehungsheim untergebracht werden, wenn sich die Erziehung in der Familie nicht bewährt.

5. Untersuchung der persönlichen Verhältnisse und Verzicht auf Massnahmen

Die nach den Umständen gebotene Massnahme kann nur anordnen, wer die Lebensverhältnisse des Kindes kennt. Daher sollen im Jugendstrafrecht Berichte über die häuslichen Verhältnisse und den körperlichen und geistigen Zustand des Kindes eingeholt und dasselbe wenn nötig auch einige Zeit beobachtet werden. Alle Massnahmen haben dem Wohl des Kindes zu dienen. Das können sie aber nur, wenn sie den Verhältnissen angepasst sind.

Von Massnahmen aller Art kann dort abgesehen werden, wo Eltern von sich aus das Nötige veranlassen, z. B. das Kind zu einer Heilbehandlung oder in einem Erziehungsheim anmelden. Desgleichen, wenn seit der Tat mehr als 3 Monate verstrichen sind oder das Kind tätige Reue bezeigt, z. B. den Schaden von sich aus gutmacht.

III. Das Strafrecht für Jugendliche

1. Einleitung

Da vieles, was im Zusammenhang mit dem Strafrecht für Kinder dargelegt wurde, auch hier gilt, ist vor allem das Andersartige speziell hervorzuheben. Aus den gleichen Überlegungen wie beim Strafrecht der Kinder sind auch hier die Strafen den Erziehungsmassnahmen vorangestellt, weil die Strafen gegenüber normal entwickelten und erzogenen Jugendlichen angewendet werden, die eine strafbare Handlung begangen haben. Die Erziehungsmassnahmen dagegen setzen voraus, dass die Jugendlichen schwererziehbar, verwahrlost oder erheblich gefährdet sind, also Fehlentwicklungen aufweisen. Das darf aber nicht darüber hinwegtäuschen, dass den erzieherischen Massnahmen weit grössere Bedeutung zukommt als den Strafen, weil straffällige Jugendliche oft der Nacherziehung bedürfen.

2. Jugendliche

Unter Jugendlichen versteht man im Strafrecht junge Menschen, die das 15., aber noch nicht das 18. Altersjahr zurückgelegt haben.

3. Strafen

An die Stelle der im Strafrecht für Kinder vorgesehenen disziplinarischen Massnahmen treten hier eigentliche Strafen, die sich aber nicht mit den Strafen für Erwachsene decken, sondern der Jugend des Täters Rechnung tragen sollen. Solche Strafen sind:

a. *Verweis.* – Der Verweis soll dem Jugendlichen klarmachen, dass er gegen die Gesetze verstossen hat.

b. *Verpflichtung zu einer Arbeitsleistung.* – Einem phantasievollen Richter ist hier die Möglichkeit geboten, den Jugendlichen in geeigneter Weise zur Schadengutmachung anzuhalten.
Beispiel: Ein Schmierer, der das Eigentum Dritter böswillig beschädigt hat, kann zur Reinigung und Instandstellung des Gebäudes verpflichtet werden. Das macht oft mehr Eindruck als eine blosse Verwarnung.

c. *Busse.* – Jugendliche, im Alter von 15 bis 18 Jahren, sind heutzutage schon oft im Besitz eigener Geldmittel. In diesem Falle steht der Verhängung einer Busse nichts entgegen. Ein finanzieller Aderlass ist auch bei der jungen Generation geeignet, ihr das Verwerfliche einer strafbaren Handlung bewusst zu machen. Der Schweizer ist ja im Geldpunkt besonders empfindlich. Wie C.F. Meyer es in seinem Gedicht «Alte Schweizer» ausdrückt: «Doch

Das Jugendstrafrecht
Das Strafrecht für Jugendliche

werden wir an den Moneten gekürzt, wir kommen wie brüllende Löwen gestürzt.»
Natürlich muss die Busse dem Verschulden und der finanziellen Leistungsfähigkeit des Jugendlichen angepasst sein.

d. *Einschliessung.* – Die Einschliessung entspricht ungefähr dem, was man im Erwachsenenstrafrecht als Haft bezeichnet, und dauert von 1 Tag bis zu 1 Jahr. Sie darf nicht in einer Straf- oder Verwaltungsanstalt für Erwachsene vollzogen werden. Ferner ist für angemessene Beschäftigung und erzieherische Betreuung des Jugendlichen zu sorgen. Bei Einschliessung für mehr als 1 Monat ist Einweisung in eine Erziehungsanstalt vorgeschrieben.

4. Bedingter Strafvollzug

Einschliessung und Busse können aufgeschoben werden, wenn nach dem Verhalten und dem Charakter des Jugendlichen zu erwarten ist, dass er sich in Zukunft vor strafbaren Handlungen hüten wird, vor allem wenn er nicht bereits bestraft wurde oder sich nur etwas Geringfügiges hat zuschulden kommen lassen.

Bei Aufschub des Strafvollzuges wird der Jugendliche in der Regel unter Schutzaufsicht gestellt und ihm eine Probezeit von 6 Monaten bis zu 3 Jahren angesetzt. Es können ihm auch bestimmte Weisungen erteilt werden, so z. B. einen bestimmten Beruf zu erlernen oder sich des Alkohols zu enthalten.

Bewährt sich der Jugendliche, so fällt nach Ablauf der Probezeit die Strafe dahin und wird im Strafregister gelöscht. Bewährt er sich nicht, so ist die Strafe zu vollziehen, doch können bei leichten Zuwiderhandlungen neue Weisungen erteilt werden, und die Probezeit darf verlängert werden.

5. Erzieherische Massnahmen

a. *Leichtere Fälle.* – Es gelten die gleichen Voraussetzungen wie beim Strafrecht für Kinder, d. h., erzieherische Massnahmen sind dort vorgesehen, wo der Jugendliche einer besonderen erzieherischen Betreuung bedarf, namentlich wenn er schwererziehbar, verwahrlost oder gefährdet ist.

Da die Erziehungshilfe im Vordergrund steht, soll der Jugendliche beraten, betreut und überwacht werden. Es ist dafür zu sorgen, dass er richtig gepflegt, unterrichtet und ausgebildet wird. Zu diesem Zweck können ihm Weisungen verschiedenster Art erteilt werden. Mit der Erziehung kann eine Strafe verbunden sein, so Einschliessung bis zu 14 Tagen oder Busse. Diese Verbindung wird dort richtig sein, wo der Jugendliche zwar eine Fehlentwicklung aufweist, aber dieselbe eigenes Verschulden nicht ausschliesst.

Wichtig: Erst dort, wo diese Erziehungshilfe versagt, ist die Unterbringung des Jugendlichen in einer geeigneten Familie oder einem angemessenen Erziehungsheim vorgesehen.

b. *Schwere Fälle.* – Ist ein Jugendlicher besonders schwer verdorben oder sehr gefährlich, so wird er für mindestens 2 Jahre in ein Erziehungsheim eingewiesen.

6. Bedingte Entlassung

Hat der Jugendliche in leichten Fällen 1 Jahr, in schweren Fällen 2 Jahre in einem Erziehungsheim verbracht, so kann er, wenn der Zweck der Massnahmen einigermassen erreicht ist, «bedingt» entlassen werden. Er wird dann unter Schutzaufsicht gestellt, und es wird ihm eine Probezeit von 6 Monaten bis zu 3 Jahren angesetzt. Bewährt er sich, so ist er endgültig entlassen, andernfalls wird er in die Anstalt zurückversetzt oder – in leichteren Fällen – verwarnt, neuen Weisungen unterstellt, oder evtl. wird die Probezeit verlängert. Die Entlassung muss aber auf jeden Fall erfolgen, wenn der Täter in leichteren Fällen das 22., in schweren Fällen das 25. Altersjahr zurückgelegt hat.

7. Spezielle Behandlung

Bedarf der Jugendliche einer besonderen Behandlung, z. B. wegen eines Gebrechens, so ist dieselbe anzuordnen, evtl. in Verbindung mit anderen Massnahmen. Es kann hier auf die Ausführungen beim Strafrecht für Kinder verwiesen werden (s. S. 136).

8. Aufschub des Entscheides

Steht nicht fest, ob eine Strafe oder eine erzieherische Massnahme am Platze ist, so kann der Entscheid aufgeschoben und dem Jugendlichen eine Probezeit von 6 Monaten bis zu 3 Jahren angesetzt werden. Es können ihm auch Weisungen erteilt werden, und er ist der Schutzaufsicht unterstellt. Bewährt er sich, so wird er frei, andernfalls ist die angemessene Strafe oder die geeignete Massnahme anzuordnen. Diese Möglichkeit sollte vermehrt benutzt werden. Sie gibt dem Jugendlichen eine Chance und dem Richter ein besseres Bild.

Das Jugendstrafrecht
Das Strafrecht für Jugendliche

9. Verzicht auf Strafe und Massnahmen

Die zuständige Behörde kann von einer Strafe oder Massnahme gegenüber dem jugendlichen Täter absehen, wenn von anderer Seite eine Bestrafung erfolgte oder geeignete Massnahmen getroffen wurden oder der Jugendliche aufrichtige Reue zeigt, sowie auch dann, wenn seit der Tat 1 Jahr verstrichen ist.

10. Prüfung der persönlichen Verhältnisse

Beim jugendlichen Rechtsbrecher ist es besonders wichtig, dass die Strafe oder Massnahme seinen speziellen Verhältnissen entspricht. Seine Tat darf daher nicht losgelöst von der Umgebung und Gesamtentwicklung des Jugendlichen betrachtet werden, sondern es sind Erhebungen über Verhalten, Erziehung und Lebensverhältnisse einzuziehen und wenn nötig auch Gutachten über den körperlichen und geistigen Zustand. Ferner kann die Beobachtung des Jugendlichen angeordnet werden.

Wichtig: Wie schon beim Strafrecht für Kinder erwähnt wurde, ist der Entscheid unter Berücksichtigung aller Umstände zu treffen.

11. Strafregister und Löschung des Eintrages

Strafen und erzieherische Massnahmen, aber auch der Aufschub des Entscheides, werden im Strafregister eingetragen, doch kann unter speziellen Voraussetzungen auf diese Eintragung verzichtet werden.

Der Strafregisterführer muss den Eintrag von Amtes wegen löschen, wenn seit dem Urteil 5 Jahre verstrichen sind. Eine Ausnahme gilt für Erziehungsmassnahmen in schweren Fällen im Sinne von Ziff. 5b. Hier müssen seit dem Urteil 10 statt nur 5 Jahre verstrichen sein.

Auf spezielles Gesuch kann die Löschung schon nach 2 Jahren seit Vollzug des Urteils verfügt werden, wenn das Verhalten des Gesuchstellers dies rechtfertigt und er den Schaden, soweit zumutbar, ersetzt hat.

IV. Das Strafrecht für junge Erwachsene

1. Altersgrenzen

Zu den jungen Erwachsenen zählen im Sinne des Strafrechts Personen, die das 18., aber noch nicht das 25. Altersjahr zurückgelegt haben.

2. Strafen

Bei einem normal entwickelten Delinquenten dieser Altersstufe darf man annehmen, dass er imstande sei, das Unrecht seiner Tat einzusehen und sich seiner Einsicht entsprechend zu verhalten. Der Richter hat daher vorab zu prüfen, ob dieser Normalfall vorliegt, indem er Erhebungen über die Lebensverhältnisse, Erziehung, Ausbildung und seine körperliche und geistige Entwicklung einzieht.

Ist der Täter normal veranlagt und entwickelt, so gelten für ihn die im Strafgesetzbuch vorgesehenen Strafandrohungen, jedoch mit der Einschränkung, dass der Richter für 18- bis 20jährige die Strafe mildern kann, wenn sie noch keine volle Einsicht in das Unrecht ihrer Tat hatten.

3. Erzieherische Massnahmen

a. *Einweisung in eine Arbeitserziehungsanstalt.* – Liegt bei einem jungen Menschen im Alter von 18 bis 25 Jahren eine Fehlentwicklung vor, mit welcher die strafbare Handlung in Zusammenhang steht, so kann an die Stelle der Strafe die Einweisung in eine Arbeitserziehungsanstalt treten. Voraussetzung ist jedoch, dass der Täter durch eine solche Massnahme voraussichtlich von weiteren Verfehlungen abgehalten wird.

In der Arbeitserziehungsanstalt (die Kantone haben geeignete Anstalten zu schaffen) ist der Täter zur Arbeit anzuhalten und seiner Begabung entsprechend auszubilden, damit er später seinen Lebensunterhalt verdienen kann. Gleichzeitig ist auch seine körperliche Entwicklung zu fördern.

Die Arbeitserziehungsanstalten sind von allen übrigen Anstalten getrennt zu führen, damit junge Leute, bei denen eine Nacherziehung noch möglich ist, nicht mit Elementen in Berührung kommen, welche auf die Jungen demoralisierend wirken.

b. *Versetzung in die Strafanstalt.* – Bewährt sich der junge Erwachsene in der Arbeitserziehungsanstalt nicht, so kann er zum Vollzug der Massnahme in eine Strafanstalt versetzt werden. Fällt der Grund der Versetzung weg, so kann er wieder in die Arbeitserziehungsanstalt zurückgebracht werden.

Das Jugendstrafrecht
Das Strafrecht für junge Erwachsene

c. *Einweisung in besondere Heilanstalten.* – Steht die strafbare Tat in Zusammenhang mit Rauschgiftkonsum oder Trunksucht, so kann der Täter, falls eine ambulante Behandlung nicht genügt, in eine geeignete Heilanstalt eingewiesen werden.
d. *Bedingte Entlassung.* – Nach mindestens 1 Jahr seit Einweisung in eine Arbeitserziehungsanstalt kann der Eingewiesene bedingt entlassen werden, wenn Aussicht besteht, dass er sich in der Freiheit bewährt. Es wird ihm dann eine Probezeit angesetzt, er steht unter Schutzaufsicht, und es können ihm Weisungen erteilt werden. Bewährt er sich während der Probezeit, so ist er endgültig entlassen, andernfalls kann er für höchstens 2 Jahre in die Anstalt zurückversetzt werden.
e. *Dauer der erzieherischen Massnahmen.* – Sind mehr als 3 Jahre seit der Einweisung in die Arbeitserziehungsanstalt verflossen, ohne dass das Erziehungsziel erreicht wurde und die Vorausetzung für die bedingte Entlassung erfüllt ist, so kann die Massnahme um 1 Jahr verlängert werden. Spätestens mit Erreichung des 30. Altersjahrs muss der junge Erwachsene aus der Arbeitserziehungsanstalt entlassen werden.

4. Schlussbemerkungen zum Jugendstrafrecht

Dem ganzen Jugendstrafrecht gemeinsam ist der Wunsch des Gesetzgebers, den jungen Menschen durch Nacherziehung von weiteren Straftaten abzuhalten. Durch verständnisvolle Führung und Anleitung soll mindestens teilweise gutgemacht werden, was von Eltern und Erziehern bis dahin versäumt wurde. Ob sich dieses Ziel erreichen lässt, hängt wesentlich davon ab, wie fähig die mit dieser Aufgabe betrauten Erzieher sind und ob geeignete Anstalten zur Verfügung stehen, wenn eine Erziehung in der Familie nicht möglich ist. Man musste leider einsehen, dass die früher in die Anstaltserziehung gesetzten Erwartungen sich nur zu einem kleinen Teil erfüllt haben. Bessere Resultate sind nur zu erwarten, wenn dem einzelnen Fall angepasste Unterbringungsmöglichkeiten bestehen. Das Jugendstrafrecht sieht jetzt Erziehungsheime, Therapieheime, Anstalten für Nacherziehung, Heilanstalten und Arbeitserziehungsanstalten vor. Ob sich aber wirklich alle diese differenzierten Anstaltsformen verwirklichen lassen, ist fraglich. Indessen darf im Hinblick auf die sehr gefährdete junge Generation keine Anstrengung unterlassen werden, damit die nötige Nacherziehungsarbeit in sinnvoller Weise geleistet werden kann.

Das Nachbarrecht

I. Grundsätze des Nachbarrechtes

A. Allgemeines

«Es kann der Frömmste nicht in Frieden leben, wenn es dem bösen Nachbar nicht gefällt», lässt Schiller seinen Tell feststellen. Das ist sicher richtig, wobei sich aber in Nachbarstreiten jeder der Beteiligten in der Rolle des «Frommen» sieht, auch wenn sie ihm nicht auf den Leib geschrieben ist.

Nachbarn, also Personen, deren Grundstücke aneinandergrenzen, haben viele gemeinsame, aber oft noch mehr widerstreitende Interessen. Wer einen meditativen Lebensstil pflegt, wird den einem geselligen Leben huldigenden Nachbar leicht als Störenfried empfinden. Daher müssen die gegenseitigen Rechte und Pflichten der Nachbarn gesetzlich geregelt werden. Die Kenntnis dieser Bestimmungen erleichtert den nachbarlichen Verkehr und trägt zur Vermeidung von Streit bei.

B. Öffentlich-rechtliche Bestimmungen

Es gibt öffentlich-rechtliche Bestimmungen, die zwar dem Allgemeinwohl dienen, sich aber im Nachbarverhältnis ebenfalls auswirken. So die in den Baugesetzen festgelegten Bauabstände und sonstigen Vorschriften. Sie bezwecken nicht die Regelung des nachbarlichen Verhältnisses, sondern basieren auf feuer- und gesundheitspolizeilichen Überlegungen, haben also das Allgemeinwohl zum Gegenstand, wirken sich aber im Nachbarverhältnis besonders stark aus. Solche öffentlich-rechtlichen Bestimmungen können, soweit sie dem Allgemeinwohl dienen, nicht durch private Abmachungen unter Nachbarn verändert werden.

Das gilt beispielsweise auch für die polizeilichen Lärmverbote. In den meisten Polizeiordnungen der Gemeinwesen sind Ruhezeiten vorgesehen, während deren gewisse lärmende Verrichtungen eingeschränkt oder verboten sind. Besonderen Schutz geniesst die Nachtruhe. Für die Einhaltung dieser Vorschriften hat das betreffende Gemeinwesen zu sorgen, und Verstösse sind der Polizei zu melden. Diese Schutzbestimmungen wirken sich natürlich auch im Nachbarverhältnis aus, ohne jedoch auf dasselbe besonders zugeschnitten zu sein.

C. Privatrechtliche Bestimmungen

Sie umfassen das eigentliche Nachbarrecht, d. h. die gegenseitigen Beziehungen der Nachbarn untereinander. Innerhalb dieses Rahmens können sie davon abweichende Vereinbarungen treffen, so z. B. dem Nachbar ein Näherbaurecht einräumen. Es verhält sich hier ähnlich wie im Familienrecht, das auch als Rahmen für die persönliche Gestaltung der ehelichen Beziehungen gedacht ist. Dort aber, wo sich die Parteien nicht einigen können, gilt die gesetzliche Regelung.

D. Allgemeine Beschränkung des Eigentums

Grundsätzlich kann der Eigentümer eines Grundstückes frei über dasselbe verfügen. Dieses Recht findet aber seine Begrenzung einerseits an den zum allgemeinen Wohl aufgestellten öffentlich-rechtlichen Bestimmungen und anderseits am Lebensraum des Nachbars.

Wichtig: Ein Grundstückeigentümer darf seinen Nachbar nicht durch missbräuchliche Benutzung seines Grundstückes belästigen. Er hat vielmehr auf die Interessen und Bedürfnisse des Nachbars Rücksicht zu nehmen, immer vorausgesetzt, dass es sich um normale, vertretbare Bedürfnisse handelt. Hypochondrischen Empfindlichkeiten ist nicht Rechnung zu tragen, sondern es muss davon ausgegangen werden, was einem normal entwickelten, in einem bestimmten Rahmen lebenden Menschen zugemutet werden darf.

E. Inhalt der generellen Beschränkung

Art. 684 des Schweizerischen Zivilgesetzbuches (ZGB) bestimmt: Jedermann ist verpflichtet, bei der Ausübung seines Eigentums, wie namentlich bei dem Betrieb eines Gewerbes auf seinem Grundstück, sich aller übermässigen Einwirkung auf das Eigentum der Nachbarn zu enthalten. Verboten sind insbesondere alle schädlichen und nach Lage und Beschaffenheit der Grundstücke oder nach Ortsgebrauch nicht gerechtfertigten Einwirkungen durch Rauch und Russ, lästige Dünste, Lärm oder Erschütterung.

Anhand dieses Textes ist folgendes festzuhalten:

1. Art der Einwirkungen

Die verbotenen Einwirkungen werden nicht abschliessend aufgezählt. Es können auch andere Störungen, unter Umständen auch ideeller Natur, auftreten. So z. B. durch anstössiges Treiben auf dem Nachbargrundstück.

Das Nachbarrecht
Grundsätze des Nachbarrechtes

2. Umfang der Einwirkung

Diese Einwirkungen sind nicht an sich, sondern nur im Übermass und unter Berücksichtigung des Rahmens, in dem sie erfolgen, verboten.

Was ist nun unter «übermässiger Einwirkung» zu verstehen? Die Reaktionen der Menschen auf solche Einwirkungen sind ja ganz verschieden. Was dem einen als unzumutbarer Lärm erscheint, betrachtet der andere als lustige Unterhaltung. Welchen Massstab hat der Richter anzuwenden? Wie bereits angedeutet, muss auf die Empfindlichkeit eines Durchschnittsmenschen, der in der betreffenden Gegend wohnt und arbeitet, abgestellt werden. Der Hypersensibilität einzelner Menschen kann nicht Rechnung getragen werden, weil die normalen Bedürfnisse vorgehen. Meist wird der Richter nach eigenem Ermessen darüber entscheiden, ob eine Einwirkung das übliche Mass übersteigt und daher nicht mehr tolerierbar ist. Wie überall dort, wo dem Ermessen des Richters ein breiter Spielraum gesetzt ist, muss mit abweichenden Urteilen der einzelnen Gerichte gerechnet werden. Indessen ist ja nicht nur das Ausmass der Einwirkung zu beurteilen, sondern auch, wie sie sich in einem bestimmten Rahmen und dem dort bestehenden Ortsgebrauch auswirkt.

3. Lage und Beschaffenheit des Grundstücks und Ortsgebrauch

Die gleichen Einwirkungen werden von den Bewohnern eines Bauerndorfes, eines Industriequartiers oder eines Kurorts ganz verschieden empfunden. So gehören in einem Bauerndorf gewisse Gerüche und Geräusche ebenso zum Landwirtschaftsbetrieb wie der Maschinenlärm zum Industriequartier. Was in einem Bauerndorf als normales Geräusch betrachtet wird, z. B. Herdengeläut, kann in einem Kurort oder Villenvorort unter Umständen schon eine unzulässige Einwirkung sein. Die Grenzen sind hier fliessend. Abzustellen ist also nicht nur auf das normale Empfinden eines Durchschnittsmenschen, sondern eines Durchschnittsmenschen in einer bestimmten Umgebung. Die Einwirkung ist daher nur verboten, wenn sie nach Umfang und örtlichem Rahmen unzumutbar ist.

F. Sanktionen

Störungen im Sinne von Art. 684 ZGB, auch Immissionen genannt, können vom Richter verboten werden. Der Nachbar braucht sich Über-

Das Nachbarrecht
Grundsätze des Nachbarrechtes

griffe nicht gefallen zu lassen, doch sind Recht und Unrecht oft schwer zu bestimmen. Nicht nur sind die Menschen sehr verschieden, sondern auch Lage und Beschaffenheit eines Grundstücks, ja selbst der Ortsgebrauch kann Wandlungen unterworfen sein. So entwickeln sich viele Bauerndörfer zu Industriesiedlungen oder werden zu Kurorten. Welche Grundsätze sollen dann gelten? Hat das Alte oder das Neue den Vorrang? Weder das eine noch das andere, sondern die Interessen müssen unter Berücksichtigung der gesamten Entwicklung gegeneinander abgewogen werden. Eine Aufgabe, um die der Richter oft nicht zu beneiden ist.

II. Spezielle Pflichten und Rechte der Nachbarn

A. Pflichten

1. Vorsichtspflicht bei Grabungen und Bauten

    Da durch Bauen auf einem Grundstück Rutschungen und andere Erdbewegungen auf dem Nachbargrundstück ausgelöst werden können, hat das Gesetz den Bauherrn verpflichtet, die nötigen Schutzmassnahmen zu treffen. Entsteht gleichwohl Schaden, so wird der Grundstückeigentümer dem Nachbar gegenüber schadenersatzpflichtig. Die Kantone können ausserdem bestimmte, beim Bauen zu beobachtende Abstände vorschreiben.

2. Abstandsvorschriften für Anpflanzungen

    Die Kantone regeln die Grenzabstände für hochstämmige Bäume, Sträucher und andere Pflanzen. Meist finden sich diese Vorschriften in den kantonalen Einführungsgesetzen zum Zivilgesetzbuch.

3. Wasserabnahme- und Wasserabgabepflicht

    Jeder Grundeigentümer muss das ihm vom Nachbargrundstück natürlich zufliessende Wasser abnehmen und darf dessen Ablauf nicht zum Nachteil des Nachbars verändern. Umgekehrt kann der Eigentümer des oberen Grundstückes dem weiter unten gelegenen Nachbargrundstück nur so viel Wasser entziehen, als er für sein Grundstück braucht. Diese Wasserpflichten sind vor allem in der Landwirtschaft von grosser Bedeutung und geben oft Anlass zu Streitigkeiten.

4. Durchleitungspflicht

    Jeder Gundeigentümer ist verpflichtet, die Durchleitung von Gas, Wasser, Elektrizität usw. auf seinem Grundstück zu dulden, wenn die für das Nachbargrundstück nötige Leitung sonst nicht oder nur mit unverhältnismässigen Kosten erstellt werden könnte. Er darf aber verlangen, dass beim Legen der Leitung seine Interessen mitberücksichtigt werden, z. B. mit ihm abgesprochen wird, wo die Leitungen durchgeführt werden sollen, damit sie ihn am wenigsten stören. Er hat selbstverständlich Anspruch auf Ersatz des ihm aus der Durchleitung erwachsenden Schadens. Verändern sich die Verhältnisse, z. B. durch Umbauten auf dem zur Durchleitung verpflichteten Grundstück, so kann unter Umständen eine Verlegung der Leitungen verlangt werden. Diese hat normalerweise auf Kosten des Durchleitungs-Berechtigten zu erfolgen.

5. Unterhaltspflicht bei Einfriedungen und andern Vorrichtungen

Die Kosten von Einfriedungen, wie sie von den kantonalen Rechten vorgeschrieben werden, trägt grundsätzlich der Eigentümer der betreffenden Liegenschaft, da sie ja zur Kennzeichnung und Sicherung seines Grundstückes dienen. Gemeinsame Grenzmauern, Wege oder andere Vorrichtungen sind gemeinsam zu unterhalten. Jeder Eigentümer haftet persönlich für seinen Anteil.

B. Rechte

1. Kapprecht und Recht auf Anries

Unter Kapprecht versteht man das Recht des Grundeigentümers, die aus dem Nachbargrundstück eindringenden Wurzeln und die überragenden Äste abzuschneiden und für sich zu behalten. Dies aber erst, nachdem der Nachbar erfolglos aufgefordert worden ist, Ordnung zu schaffen. Der Grundeigentümer braucht nicht tatenlos zuzuschauen, wie sein Grenzgebiet durch Pflanzen aus dem Nachbargrundstück überwuchert und geschädigt wird.

Wichtig: Der Grundeigentümer kann zur Selbsthilfe greifen und entweder das Kappen selbst vornehmen oder auf Kosten des säumigen Nachbars durch einen Gärtner besorgen lassen. Das Gekappte wird sein Eigentum, was heutzutage eher Last als Gewinn bedeutet.

Nicht jeder Grundeigentümer wird wegen überragender Äste den Nachbarn zur Rede stellen. Duldet er das Überhängen, so hat er Anspruch auf die auf seiner Seite wachsenden Früchte, das sogenannte Anries. Dieses Recht wird ihm kein vernünftiger Nachbar streitig machen, denn wer den Nachteil hat, soll auch den Vorteil haben.

2. Notwegrecht

Hat ein Grundstück keine oder keine genügende Verbindung mit einer öffentlichen Strasse, so kann sein Eigentümer einen Notweg auf dem Nachbargrundstück beanspruchen. Ungenügend ist eine bestehende Wegverbindung dann, wenn sie für die Benützer gefährlich ist oder sie zu einem unzumutbaren Umweg zwingt. Dagegen rechtfertigt nicht jede unbefriedigende Wegführung die Einräumung eines Notwegrechts auf dem Nachbargrundstück. Es muss vielmehr eine eigentliche Notlage bestehen. Wollte man blosse Unannehmlichkeiten auf

Das Nachbarrecht
Spezielle Pflichten und Rechte der Nachbarn

diese Weise beseitigen, so würde das eine unzulässige Belastung des nachbarlichen Verhältnisses bedeuten. Die Nachbarn können aber unter sich eine Vereinbarung treffen und im Grundbuch eintragen lassen. Ist eine solche Verständigung nicht möglich, so kann der Nachbar nur aus schwerwiegenden Gründen zur Einräumung eines Notweges gezwungen werden. Seine Interessen sind dabei ebenso zu berücksichtigen wie diejenigen des Wegsuchenden. Im Prinzip soll derjenige Nachbar mit dem Notweg belastet werden, für den er am wenigsten schädlich ist. Eine Ausnahme gilt dort, wo an frühere Weg- und Eigentumsverhältnisse angeknüpft werden kann. Wird z. B. ein Grundstückteil veräussert, ohne dass der Käufer eine Verbindung zu einer öffentlichen Strasse besitzt, so wird dem früheren Eigentümer der Parzelle ein Notweg über sein Grundstück eher zugemutet werden dürfen als einem andern Nachbarn. Das Abwägen der gegenseitigen Interessen ist in solchen Fällen jedoch nicht leicht, und der Käufer eines Grundstückes tut gut daran, die Wegverhältnisse vor dem Kauf zu regeln. Wo er dies unterlässt, kann ihm indessen der Notweg nicht unter Hinweis auf Selbstverschulden verweigert werden.

Selbstverständlich hat der den Notweg beanspruchende Grundeigentümer seinen Nachbarn voll zu entschädigen.

3. Recht auf Benutzung und Sauberhaltung von Quellen und Brunnen und Überlassung eines Notbrunnens

Der Grundeigentümer kann verlangen, dass das für seine Liegenschaft benötigte Wasser weder verunreinigt noch abgegraben wird. In wasserarmen Gegenden kommt es in heissen Sommern immer wieder vor, dass benachbarte Bauern einander das Wasser abzugraben versuchen, was natürlich verboten ist. Ist das Wasser für das geschädigte Grundstück unentbehrlich, so muss der frühere Zustand wiederhergestellt werden. In weniger schwerwiegenden Fällen, z. B. der vorübergehenden Wasserverunreinigung durch Düngemittel aus dem Nachbargrundstück, ist Schadenersatz zu leisten. Im Interesse der Sauberhaltung der Gewässer sollte aber auch in solchen Fällen scharf durchgegriffen werden.

Ähnlich wie beim Notwegrecht verhält es sich beim Notbrunnen. Wo Grundstücke nicht über genügend eigenes Wasser verfügen, kann vom Nachbar die Abtretung eines Brunnen- oder Quell-Anteils verlangt werden, soweit derselbe, ohne dass der Nachbar in Not gerät, abgegeben werden kann. Voraussetzung ist auch hier, dass das benötigte Wasser nicht ohne unverhältnismässige Kosten und Umtriebe von anderer Seite zu beschaffen ist. Die Einräumung eines Notbrunnens kann also gleich der Einräumung eines Notwegrechts nur dort verlangt werden, wo eine zumutbare Lösung ohne Beanspruchung des Nachbargrundstückes nicht erreichbar ist.

Selbstverständlich hat der Grundeigentümer seinen Nachbarn für die Wasserabgabe voll zu entschädigen. Bei Änderung der Verhältnisse kann eine Neuregelung verlangt werden. Zu denken ist z. B. an das Zurückgehen einer Quelle oder gesteigerte eigene Bedürfnisse des zur Wasserabgabe verpflichteten Grundstückes.

C. Verhältnis von Nachbarrechten und -pflichten

Was für den einen Nachbarn eine Pflicht darstellt, ist für den andern ein Recht und umgekehrt. Im nachbarlichen Verhältnis wechseln die Rollen häufig. Dies sollte Grund genug sein, dem Nachbar so zu begegnen, wie man selbst angesprochen werden möchte. Leider werden aber auch im Nachbarverhältnis eigene Interessen oft rücksichtslos durchgesetzt, was dann zu den berüchtigten, Jahre dauernden Nachbarfehden führt, bei denen die Parteien kaum mehr wissen, was den Streit ursprünglich ausgelöst hat.

Das Arbeitsverhältnis

Das Arbeitsverhältnis

Ein grosser Teil der Bevölkerung ist berufstätig. Darunter befinden sich nicht nur ledige, sondern mehr und mehr auch verheiratete Frauen, die Teil- oder Ganztagsarbeit leisten. Infolgedessen sollten die modernen Frauen auch über ihre Rechte und Pflichten als Arbeitnehmerin oder Arbeitgeberin in den Grundzügen orientiert sein.

A. Der Arbeitsvertrag

Man versteht darunter die Verpflichtung des Arbeitnehmers zur Leistung von Arbeit gegen Entrichtung eines Lohnes durch den Arbeitgeber. Einer besonderen Form bedarf der Arbeitsvertrag nicht, doch wird er meist schriflich abgeschlossen. Indessen kann auch die stillschweigende Annahme einer Arbeitsleistung, die normalerweise nur gegen Entgelt geleistet wird, einen Arbeitsvertrag begründen.
Beispiel: Bei einem drohenden, die Heuernte gefährdenden Gewitter eilt ein Taglöhner, der sonst nur für bestimmte Arbeiten gerufen wird, den Bauersleuten von sich aus zu Hilfe. Wird diese Arbeitsleistung nicht zurückgewiesen, so muss sie nach den üblichen Ansätzen entschädigt werden.

B. Die Arbeitsleistung

Der Arbeitnehmer hat die ihm übertragene Arbeitsleistung sorgfältig auszuführen und haftet für Schaden, den er absichtlich oder fahrlässig verschuldet, jedoch nur im Rahmen seiner Fähigkeiten und Kenntnisse.
Beispiele:
a. Ein Maler beschädigt aus Zorn auf den Arbeitgeber absichtlich eine Hausfassade. Hier kann der Arbeitgeber Ersatz des Schadens verlangen und denselben mit dem Lohnanspruch des Arbeitnehmers verrechnen.
b. Ein ungelernter Hilfsarbeiter wird vom Arbeitgeber mit einer Montage beauftragt, von der er nichts versteht. Hier kann ihn der Arbeitgeber, der ja über die berufliche Ausbildung des Arbeitnehmers orientiert war, nicht belangen.

Die Arbeitsbedingungen sollten schriftlich festgelegt werden, weil bei bloss mündlicher Vereinbarung die Darstellung der Parteien später oft stark voneinander abweicht.

C. Schutzmassnahmen

Der Arbeitgeber hat die Pflicht, zum Schutz von Gesundheit und Leben des Arbeitnehmers die üblichen Vorkehren zu treffen, also für gute hygienische Verhältnisse in den Arbeitsräumen zu sorgen.

D. Treuepflicht

Der Arbeitnehmer ist gegenüber seinem Arbeitgeber insofern zur Treue verpflichtet, als er Geschäftsgeheimnisse nicht ausplaudern und dem Arbeitgeber keine Konkurrenz machen soll.

E. Überstundenarbeit

In den meisten Betrieben entstehen gelegentlich Engpässe in dem Sinn, dass die Arbeit von den vorhandenen Arbeitskräften während der normalen Arbeitszeit nicht bewältigt werden kann, sondern Überstunden gemacht werden müssen.

1. Verpflichtung zu Überstunden

Überstunden muss der Arbeitnehmer nur leisten, soweit ihm dies nach Treu und Glauben zumutbar ist. Von einer kränklichen Arbeitnehmerin, die nur mit Mühe ihr Arbeitspensum bewältigen kann, dürfen keine Überstunden verlangt werden. Die geleisteten Überstunden sollen durch zusätzliche Freizeit ausgeglichen werden. Ist das nicht möglich, so muss ausser dem üblichen Lohn ein Zuschlag von mindestens $1/4$ des Normallohnes entrichtet werden.

F. Die Lohnzahlung

Der Arbeitgeber hat den vereinbarten oder üblichen Lohn für die geleistete Arbeit zu entrichten. Fehlt es an Arbeit, so ist der Lohn gleichwohl geschuldet. Hat aber der Arbeitnehmer die Möglichkeit, anderweitig etwas zu verdienen, so muss er sich diesen Verdienst anrechnen lassen.

Beispiel: In einer Fabrik kann nur reduziert gearbeitet werden. Ein Arbeiter hilft in der dadurch gewonnenen zusätzlichen Freizeit einem Gärtner beim Verpflanzen von Bäumen. Der hieraus resultierende Verdienst ist vom Lohn, den ihm der Arbeitgeber trotz fehlender Arbeit schuldet, in Abzug zu bringen.

G. Lohnzahlung während der Ferien und im Krankheitsfall

Während der Ferien des Arbeitnehmers ist ihm der volle Lohn zu entrichten und ausfallender Naturallohn wie Kost und Logis durch Geldzahlung abzugelten.

Bei unverschuldeter Verhinderung des Arbeitnehmers an der Arbeitsleistung infolge Krankheit, Unfall, Schwangerschaft, gesetzlichen Pflichten (z. B. Zeugenaussage) oder Ausübung eines öffentlichen Amtes (z. B. als Vormund) hat ihm der Arbeitgeber unter folgenden Voraussetzungen für beschränkte Zeit den vollen Lohn zu entrichten: Das Arbeitsverhältnis muss für mehr als 3 Monate abgeschlossen worden sein oder mehr als 3 Monate gedauert haben. Diese Lohnzahlung entfällt bei Unfällen von Personen, die bei der SUVA (Schweiz. Unfallversicherungsanstalt) obligatorisch versichert sind.

Wichtig: Die Dauer der Lohnzahlung wird durch den Richter bestimmt, wenn sich die Parteien nicht einigen können. Das Gesetz bestimmt nur, im 1. Jahr sei der Lohn für 3 Wochen und dann der Dienstdauer entsprechend für längere Zeit zu leisten.

Beispiel: Eine Skala, die das Berner Gewerbegericht ausgearbeitet hat, sieht als Bemessungsgrundlagen der Lohnzahlungspflicht vor:

Mindestarbeitsdauer (in der gleichen Firma)	Lohnzahlungspflicht
2 Jahre	2 Monate
5 Jahre	3 Monate
10 Jahre	4 Monate
20 Jahre	6 Monate

H. Gratifikation

Ein Anspruch auf Gratifikation, d. h. auf ein zusätzliches Entgelt, das in der Regel vom Geschäftsergebnis abhängig ist, besteht nur, soweit die Gratifikation verabredet wurde. Das gleiche gilt auch für den Anspruch auf eine Teilgratifikation bei vorzeitiger Auflösung des Arbeitsverhältnisses.

I. Ferien

Wird das Arbeitsverhältnis für mehr als 3 Monate abgeschlossen oder hat es länger als 3 Monate gedauert, so hat der Arbeitnehmer einen

Ferienanspruch. Derselbe beträgt mindestens 2 Wochen für Erwachsene und 3 Wochen für jugendliche Arbeitnehmer. Als solche gelten Personen, die das 19. Altersjahr noch nicht zurückgelegt haben. Die Kantone können jedoch die Ferien für erwachsene Arbeitnehmer auf 3 und für Minderjährige auf 4 Wochen ansetzen. Die Ferien sind zusammenhängend zu gewähren und dürfen nicht durch Geldleistung abgegolten werden, da sie ja der Erholung des Arbeitnehmers dienen sollen. Kein Ferienlohn ist dann zu entrichten, wenn der Arbeitnehmer entgeltliche Arbeit für Dritte leistet und dadurch die Interessen des Arbeitgebers verletzt. Verletzt sind seine Interessen vor allem dann, wenn der Arbeitnehmer gleichartige Arbeit leistet, so dass die Ferien für ihn keine Erholung sind. Anders verhält es sich, wenn z. B. ein Fabrikarbeiter in seinen Ferien einem Bergbauern aushilft, auch wenn er dafür eine gewisse Entschädigung erhält. Der Zweck der Ferien, Erholung und Ausspannung, können bei ganz andersartiger Tätigkeit in frischer Luft in gleicher Weise erreicht werden, wie auf Reisen oder im Sport.
Wichtig: Den Zeitpunkt der Ferien bestimmt der Arbeitgeber, der jedoch den Wünschen des Arbeitnehmers so weit zu entsprechen hat, als es sich mit den Betriebsinteressen verträgt.
Beispiel: In den Schulferien müssen, sofern keine Betriebsferien gemacht werden können, die unverheirateten Arbeitnehmer gegenüber den Familienvätern oder -müttern zurücktreten.

Ist der Arbeitnehmer aus den unter Ziff. 7 genannten Gründen arbeitsunfähig, so dürfen seine Ferien nicht gekürzt werden, wenn die Arbeitsunfähigkeit nicht mehr als 1 Monat (bei Schwangerschaft 2 Monate) dauert. Andernfalls können die Ferien für jeden vollen Monat der Verhinderung um $1/12$ gekürzt werden.

K. Zeugnis

Der Arbeitgeber kann jederzeit ein Zeugnis verlangen, wobei ihm der Entscheid darüber zusteht, ob sich das Zeugnis nur über Art und Dauer des Arbeitsverhältnisses oder auch über seine Leistungen und sein Verhalten aussprechen soll. Er wird auf letzteres dort verzichten, wo er mit negativen Äusserungen des Arbeitgebers rechnen muss. Zwar ist auch ein Zeugnis, das nur Art und Dauer des Arbeitsverhältnisses bezeichnet, keine Empfehlung, aber abschätzigen Bemerkungen des Arbeitgebers doch vorzuziehen.

Das Arbeitsverhältnis

L. Die Auflösung des Arbeitsvertrages

1. Probezeit

   Ist nichts anderes vereinbart, so gilt der 1. Monat des Anstellungsverhältnisses als Probezeit, und innerhalb derselben können beide Vertragsparteien unter Einhaltung einer 7tägigen Kündigungsfrist auf Ende der Arbeitswoche kündigen.

2. Normale Kündigung

   Die Parteien können die Kündigungsfristen vertraglich regeln, doch dürfen für Arbeitgeber und Arbeitnehmer keine verschiedenen Kündigungsfristen vereinbart werden.

   Wichtig: Wo keine speziellen vertraglichen Abmachungen bestehen, kann das Arbeitsverhältnis, sofern es weniger als 1 Jahr gedauert hat, auf Ende des auf die Kündigung folgenden Monates, im 2. bis 9. Arbeitsjahr dagegen auf 2 Monate und nachher auf 3 Monate gekündigt werden.

3. Kündigungsbeschränkung

   Eine Kündigung ist nicht möglich:
   a. Während obligatorischen schweizerischen Militärdienstes oder Zivilschutzdienstes des Arbeitnehmers und, sofern die Dienstleistung mehr als 12 Tage dauert, 4 Wochen vorher und nachher.
   b. In den ersten 4 Wochen einer durch unverschuldete Krankheit oder unverschuldeten Unfall verursachten Arbeitsunfähigkeit des Arbeitnehmers vom 2. Dienstjahr an in den ersten 8 Wochen.
   c. In den 8 Wochen vor und nach der Niederkunft einer Arbeitnehmerin.
   d. In den ersten 4 Wochen einer von der zuständigen Bundesbehörde angeordneten Dienstleistung des Arbeitnehmers für eine Hilfsaktion im Ausland.

4. Kündigung aus wichtigen Gründen

   Aus wichtigen Gründen, bei deren Vorliegen einer Partei die Fortsetzung des Arbeitsverhältnisses nicht mehr zuzumuten ist, kann das Arbeitsverhältnis fristlos aufgelöst werden.

   Solche Gründe sind z. B.: Diebstahl des Arbeitnehmers im Betrieb des Arbeitgebers oder unsittliche Zumutungen eines Arbeitgebers gegenüber einer Arbeitnehmerin.

Derjenige, der den wichtigen Grund geschaffen hat, schuldet dem anderen Ersatz. Der Arbeitgeber den Lohn bis zum Ablauf der normalen Kündigungsfrist, der Arbeitnehmer den Viertel eines Monatslohnes, wobei jedoch der Richter unter Umständen die Entschädigung reduzieren kann.

M. Abgangsentschädigung

Bei Auflösung des Arbeitsverhältnisses nach 20 oder mehr Dienstjahren haben mindestens 50 Jahre alte Arbeitnehmer Anspruch auf eine Abgangsentschädigung, die, wenn nicht vertraglich vereinbart, vom Richter festzusetzen ist, aber höchstens dem Lohn für 8 Monate entsprechen soll. Voraussetzung ist, dass es sich nicht um eine Auflösung des Arbeitsverhältnisses aus wichtigen Gründen handelt, die dem Arbeitnehmer zur Last fallen. Durch eine solche wird eine Abgangsentschädigung natürlich ausgeschlossen.

Beim Tod eines Arbeitnehmers haben seine Angehörigen einen Lohnanspruch für 1 weiteren Monat und dort, wo das Arbeitsverhältnis länger als 5 Jahre gedauert hat, auf 2 zusätzliche Monatslöhne, sofern unterstützungsberechtigte Personen, also Blutsverwandte, vorhanden sind.

Das Mietrecht

I. Grundsätze des Mietrechtes

A. Einleitung

Mietstreitigkeiten und Mietprobleme gab es schon immer, wenn auch nicht im heutigen Ausmass. Früher hatten es vor allem kinderreiche Familien schwer, eine passende Unterkunft zu finden; denn welcher Durchschnittsvermieter zieht nicht ein ruhiges älteres Ehepaar einer Familie mit Kleinkindern vor?

Schon früher wurden die Vermieter von den Mietern als bedrohliche Macht empfunden, wenn nicht gerade infolge einer Krise der Bestand an Leerwohnungen vorübergehend stark anstieg. Das gab es und kann es wieder geben. Indessen sind wir heute weit von dieser Situation entfernt. Wohnungen, deren Mietzins auch bei bescheidenem Einkommen erschwinglich sind, fehlen zumeist. Junge Paare können oft erst dann heiraten, wenn sie endlich eine Wohnung gefunden haben. Es ist indessen zu sagen, dass gerade junge Leute oft unvernünftige Anforderungen an den Wohnkomfort stellen und dadurch Anstoss zum Ausbau von Luxuswohnungen geben.

Aber auch die glücklichen Inhaber einer ihnen zusagenden Mietwohnung bangen meist um ihren «Besitz», weil der Vermieter ihnen denselben durch eine Kündigung streitig machen kann und sie sich ihm daher weitgehend ausgeliefert fühlen. Zwischen Vermietern und Mietern klafft ein so tiefer Graben, wie er, in der Schweiz, zwischen andern Interessengruppen kaum zu finden ist. Der Mieter fühlt sich trotz Kündigungsbeschränkung und dem Schutz vor missbräuchlichen Forderungen des Vermieters demselben wirtschaftlich unterlegen, während die Vermieter über die Beschränkung ihrer Verfügungsfreiheit und die Rücksichtslosigkeit der Mieter klagen.

Unter diesen Umständen ist es für beide Parteien wichtig, die gegenseitigen Rechte und Pflichten genau zu kennen und sich entsprechend zu verhalten. Wo jeder Teil sich innerhalb der durch den Mietvertrag gesetzten Grenzen hält, lassen sich viele, wenn auch längst nicht alle Schwierigkeiten vermeiden.

B. Die Regelung des Mietverhältnisses

1. Wesen des Mietvertrages

Durch den Mietvertrag verpflichtet sich der Vermieter, dem Mieter ein bestimmtes Objekt gegen Entschädigung, d. h. einen Mietzins, zur Benützung zu überlassen. Bei den folgenden Betrachtungen gehen wir der Einfachheit halber davon aus, dass das Mietobjekt eine Wohnung ist.

2. Form des Mietvertrages

Der Mietvertrag ist an keine besondere Form gebunden. Er kann schriftlich, mündlich, ja sogar durch entsprechendes Verhalten abgeschlossen werden. So z. B. wenn ein Mieter in die ihm angebotene Wohnung einzieht, ohne noch eine besondere Abrede zu treffen.

Wichtig: Sehr zu empfehlen ist die schriftliche Form des Mietvertrages, denn mündliche Abmachungen sind nicht nur oft missverständlich, sondern lassen sich, wenn beim Abschluss des Mietvertrages nicht gerade Zeugen zugegen waren, nachträglich kaum beweisen. Das sollte man bedenken, wenn über gewisse Punkte zusätzliche mündliche Abmachungen getroffen werden, an die der Partner sich halten soll. Oft erinnert er sich aber nach längerer Mietdauer nicht mehr an mündlich gemachte Zugeständnisse, oder das Haus wechselt den Eigentümer, und der neue Vermieter weiss nichts von mündlichen Zugeständnissen. Daher sollte für alle Vereinbarungen zwischen Vermieter und Mieter die schriftliche Form gewählt werden. Die Hauseigentümer- und Mieterverbände haben Mietvertragsformulare ausgearbeitet, die den Parteien als Grundlage für den zwischen ihnen abzuschliessenden Mietvertrag dienen können. Der Vorteil solcher Formulare ist vor allem, dass auf Grund eines reichen Erfahrungsmaterials die zu regelnden Punkte zusammengestellt sind.

3. Inhalt des Mietvertrages

Der Mietvertrag soll nicht nur Mietobjekt, Mietzins und Mietdauer genau bezeichnen, sondern auch die Rechte und Pflichten der Parteien einlässlich umschreiben. Enthält der Mietvertrag klare Bestimmungen über die Benützung, Reinigung und Instandhaltung gemeinsamer Einrichtungen, wie z. B. Waschküche, Trockenraum und Treppenhaus, und schreibt er vor, wann die Haustüren zu schliessen sind und wie lange musiziert werden darf, sind schon viele Konfliktmöglichkeiten ausgeschaltet. Die menschlichen Bedürfnisse sind sehr verschieden. Während die einen schon um 22 Uhr ihre Ruhe haben möchten, werden andere erst dann richtig munter. Hier ist ein reibungsloses Zusammenleben nur bei gegenseitiger Rücksichtnahme möglich.

Wichtig: Da Rücksichtnahme keineswegs selbstverständlich ist, sollte der Mietvertrag eine für alle Hausbewohner verbindliche

Das Mietrecht
Grundsätze des Mietrechtes

Hausordnung enthalten. Dadurch werden Diskussionen der Mieter über das «korrekte Verhalten» weitgehend unterbunden.

4. **Mängelliste**

Sie ist gesetzlich nicht vorgeschrieben. Manchmal weist aber ein Mietobjekt schon bei Mietbeginn Mängel auf, die der Mieter oft in der Meinung toleriert, es sei selbstverständlich, dass er für vorbestandene Mängel später nicht aufzukommen habe. Meist ist er froh, eine Wohnung überhaupt gefunden zu haben, und fände es unpassend, gleich mit einer Mängelliste aufzurücken. Ihm ist nicht bewusst, dass der Mieter bei Auflösung des Mietverhältnisses zu beweisen hat, dass diese Mängel schon bei Abschluss des Mietverhältnisses bestanden haben. Wo ihm dieser Beweis nicht gelingt, haftet er für die Mängel, denn von Gesetzes wegen wird vermutet, der Mieter habe den Mietgegenstand in gutem Zustand erhalten und sei verpflichtet, denselben im gleichen Zustand zurückzugeben. Wie soll sich ein Vermieter nach längerer Mietdauer noch daran erinnern, dass bereits bei Mietantritt einige Scheiben Sprünge aufwiesen, ein Schlüssel fehlte oder eine Tapete fleckig war, wenn derartige Mängel nicht in einer von ihm unterzeichneten *Mängelliste* festgehalten sind? Oft wechselt ja auch der Vermieter.

Wichtig: Es liegt im Interesse des Mieters, bei Mitbeginn vorhandene Mängel in einer Liste festzuhalten und diese gleichzeitig mit dem Abschluss des Mietvertrages oder beim Bezug der Wohnung vom Vermieter unterzeichnen zu lassen. Weigert sich ein Vermieter, die bei Mietbeginn bereits bestehenden Mängel schriftlich anzuerkennen, ist für das Mietverhältnis nichts Gutes zu erwarten und von einem Vertrag abzuraten. Es gibt und gab immer Vermieter, die aus einer bestehenden Wohnungsnot in irgendeiner Form zusätzliches Kapital zu schlagen versuchen und versuchten, oft durch bloss mündliche Zusicherungen, an die sie sich nicht zu halten gedenken. Solchen Praktiken muss und kann am besten dadurch begegnet werden, dass alle Punkte, die später zu Auseinandersetzungen führen könnten, schon zu Mietbeginn eindeutig schriftlich fixiert werden.

II. Die Regelung des Mietverhältnisses

A. Gebrauch und Nutzung der Mietsache

1. Nutzung durch den Mieter und seine Angehörigen

Der Mieter hat Anspruch auf Übergabe des Mietobjekts in einem zum vertragsgemässen Gebrauch geeigneten Zustand. Bei Wohnungen heisst das, dass sie vom Mieter uneingeschränkt für Wohnzwecke benutzt werden können. Der Mieter einer unmöblierten Wohnung muss daher nicht dulden, dass der Hauseigentümer eigenen Hausrat in der vermieteten Wohnung einlagert, ausser wenn es so vereinbart worden ist.

Der Mieter seinerseits hat das Mietobjekt durch sorgfältigen Gebrauch in gutem Zustand zu erhalten, wobei jedoch die Abnützung als Folge des normalen Gebrauchs nicht dem Mieter zur Last fällt. Ausser dem Mieter selbst sind die mit ihm in Hausgemeinschaft lebenden Familienangehörigen ebenfalls zur Benützung der Wohnung berechtigt. Auch für sie gilt der Grundsatz des sorgfältigen Gebrauchs der Mietsache. Kinder sind von den Eltern dazu anzuhalten, was im Zeichen antiautoritärer Erziehung oft nicht leichtfällt, besonders was die Beziehungen zu andern Hausgenossen anbelangt. Zum richtigen Gebrauch der Mietsache gehört nämlich dort, wo es sich beim Mietobjekt um eine Wohnung handelt, auch ein korrektes Verhalten gegenüber andern Hausgenossen. Da aber die Ansichten darüber, was als korrektes Verhalten zu betrachten sei, stark voneinander abweichen, besteht hier eine unerschöpfliche Quelle für Streitigkeiten, die durch keine noch so gute Hausordnung verstopft werden kann. Am reibungslosesten gestalten sich die Beziehungen zwischen Mietern, wenn von allen Seiten höfliche Distanz gewahrt wird.

2. Nutzung durch Besucher

Der Wohnungsmieter ist berechtigt, Besucher in seiner Wohnung aufzunehmen, soweit sich das im Rahmen normaler Benützung vertreten lässt. Auch hier sind die konkreten Verhältnisse mit gesundem Menschenverstand zu beurteilen. Wo eine Wohnung durch eine kinderreiche Familie bereits sehr intensiv belegt ist, wird der Vermieter die Aufnahme zusätzlicher Ferienkinder nur ausnahmsweise dulden müssen. Die Grenzen zwischen normalem Logierbesuch und einer Übernutzung des Mietobjekts durch Besucher sind fliessend. Nicht geduldet werden muss jedoch vom Vermieter ein Dauerbesuch, der praktisch einer Untermiete gleichkommt, wenn eine solche vertraglich ausgeschlossen ist.

Das Mietrecht
Die Regelung des Mietverhältnisses

3. Untermiete

Soweit der Mietvertrag die Untermiete nicht ausdrücklich ausschliesst, ist sie gestattet, jedoch mit der Einschränkung, dass sie sich für den Vermieter nicht nachteilig auswirken darf. Das wird nicht der Fall sein, wenn der Untermieter vom Vermieter zu einem sorgfältigen Gebrauch der Mietsache angehalten wird, wie dies gesetzlich vorgeschrieben ist.

Die vorgedruckten Formulare für Mietverträge gestatten jedoch in der Regel die Untermiete nur mit ausdrücklicher Zustimmung des Vermieters, wobei er das Ausmass der Untermiete bestimmt. Dort, wo Angehörige des Mieters die Familiengemeinschaft verlassen, ist im Hinblick auf eine rationale Ausnützung des Wohnraums die Untermiete wirtschaftlich erwünscht.

4. Das Halten von Haustieren

Soweit der Mietvertrag das Halten von Haustieren nicht verbietet, ist es gestattet. Leider sind jedoch nur wenige Vermieter tierfreundlich, meist wird das Halten von Haustieren vertraglich ausgeschlossen. Dies ist vor allem bei Alterswohnungen bedauerlich, denn ältere Leute hängen oft sehr stark an Tieren, bei denen sie jene Wärme und Anhänglichkeit finden, die sie bei den Mitmenschen oft vergeblich suchen. Natürlich können Tiere, so gut wie Kleinkinder, der Anlass zu Differenzen unter Mietern sein, aber das ist kein Grund, das Halten von Tieren schlechthin zu verbieten und auf diese Weise alte Leute, die eine Alterswohnung beziehen möchten, ihrer treusten Gefährten zu berauben.

B. Rechte des Vermieters bei vertragswidrigem Gebrauch der Mietsache

Der Vermieter braucht nicht zu dulden, dass in den vermieteten Wohnräumen junge oder alte Mieter ihren Zerstörungstrieb ausleben, die Wohnung als Absteigequartier zweifelhafter Personen benützt wird oder der Mieter und seine Angehörigen andere Hausgenossen belästigen. Der Vermieter hat in solchen Fällen den Mieter an seine Pflichten zu mahnen. Missachtet der Mieter solche Mahnungen andauernd oder ist mit grösserem Schaden am Mietobjekt zu rechnen, so kann der Vermieter den Mietvertrag sofort auflösen und den Mieter für allfälligen Schaden belangen.

Wichtig: Die vom Gesetz vorgeschriebenen Mahnungen sollte der Vermieter dem Mieter durch eingeschriebenen Brief zustellen, damit er die fortgesetzte missbräuchliche Verwendung belegen kann, denn selbstverständlich berechtigt nicht jeder Verstoss des Mieters gegen seine Pflichten zur Auflösung des Mietvertrages. Sie soll vielmehr die letzte Konsequenz sein, wenn die Mahnungen des Vermieters nicht beachtet werden.

C. Ansprüche des Mieters bei Mängeln

1. Mängel, die dem Mieter bei Abschluss des Mietvertrages bekannt waren

Mängel, die der Mieter bei Vertragsabschluss kennt und offenbar in Kauf nimmt, gelten im Prinzip als von ihm genehmigt. Eine Ausnahme gilt für Mängel, welche die Gesundheit des Mieters oder seiner Angehörigen gefährden, wie Feuchtigkeit, schlechte Luft usw. Ein Mieter, der aus reiner Verzweiflung, weil er nichts anderes finden kann, eine gesundheitsschädliche Wohnung bezieht, soll sie ohne Einhaltung der ordentlichen Kündigungsfrist verlassen können, wenn der Vermieter nicht für die Behebung dieser Mängel sorgt. Es gelten dann die im nächsten Abschnitt geschilderten Folgen.

2. Mängel, die erst bei Übergabe der Mietsache oder während der Mietdauer auftreten

a. *Geringfügige Mängel.* – Streikt beispielsweise die Waschmaschine, so hat der Mieter den Vermieter zu benachrichtigen. Sorgt letzterer nicht für Instandstellung, so kann der Mieter auf Kosten des Vermieters die Behebung eines an sich geringfügigen Mangels veranlassen.

b. *Mängel, die den vertragsgemässen Gebrauch ausschliessen oder erheblich erschweren.* – Tropft Wasser durch ein defektes Dach in ein gemietetes Apartement, so ist es mit der Wohnlichkeit desselben vorbei. Hier hat der Mieter dem Vermieter Frist zur Beseitigung des Mangels anzusetzen und ihm die Vornahme der nötigen Reparaturarbeiten zu gestatten. Wird der Mangel nicht beseitigt, so hat der Mieter zwei Möglichkeiten:

aa. *Sofortiger Rücktritt vom Vertrag und bei Verschulden des Vermieters Anspruch auf Schadenersatz.* – Voraussetzung ist hier, dass infolge des Mangels ein vertragsgemässer Gebrauch ausgeschlossen oder mindestens sehr stark erschwert ist.

Das Mietrecht
Die Regelung des Mietverhältnisses

bb. *Herabsetzung des Mietzinses.* – Wo der Gebrauch der Mietsache infolge des Mangels nur vorübergehend oder in leichterer Form erschwert ist, wie z. B. bei Hausumbauten, kann der Mieter eine angemessene Herabsetzung des Mietzinses verlangen. Er wird aber bei den heutigen Mietverhältnissen oft auch dort von dieser Möglichkeit Gebrauch machen, wo er an sich vom Vertrag zurücktreten könnte, jedoch keine andere Wohnung in Aussicht hat.

D. Reparaturen

Hier gilt der Grundsatz, dass der Vermieter die mit der Erhaltung des Mietobjektes, der Mieter die mit seiner Benützung zusammenhängenden Reparaturen zu übernehmen hat. Auch hier sind die Grenzen fliessend. Der Mietvertrag sollte die gebräuchlichsten, dem Mieter obliegenden Reparaturen festlegen. Dazu gehören z. B. die Instandstellung tropfender Hahnen, die Reinigung verstopfter Lavabos, die Ersetzung defekter Schalter usw.

Der Mieter muss den vom Vermieter mit Reparaturarbeiten beauftragten Personen den Zutritt zum Mietobjekt gestatten. Nicht zu den Reparaturen gehören vom Mieter nicht verlangte und nicht gewünschte Verbesserungen, so die Renovation einzelner Zimmer. Andernfalls hätte es der Vermieter in der Hand, eine vom Mieter gekündigte Wohnung renovieren zu lassen, solange der alte Mieter sich noch darin befindet, was für diesen eine unzumutbare Belastung wäre.

Im Mietvertrag kann jedoch vereinbart werden, dass der Vermieter zu gewissen baulichen Veränderungen, beispielsweise Einrichtung von neuen Heiz- oder Warmwasseranlagen, ohne Zustimmung des Mieters ermächtigt ist.

E. Beeinträchtigung der Rechte des Mieters infolge der Wohnungsnot

Durch die skizzierte Regelung soll dem Mieter der ungestörte, vertragsgemässe Gebrauch der Mietsache gesichert werden. Gerade auf dem Gebiet des Mietwesens aber zeigt sich, wie stark eine rechtliche Regelung von den tatsächlichen Verhältnissen abweichen kann. Welcher Mieter, der in ungekündigtem Mietverhältnis lebt, wird eine Herabsetzung des Mietzinses zu verlangen wagen, weil der Vermieter die ihm obliegenden Reparaturen nicht ausführt, solange er keine andere Wohnung in Aussicht hat? Das Dulden solcher Mängel ist einer Kündigung und dem Suchen nach einer neuen Wohnung meist vorzuziehen. Diese faktische Machtposition der Vermieter, die Missbräuchen Tür und Tor öffnet, kann durch rechtliche Mieterschutzbestimmungen nicht völlig gebannt werden. Vor allem auch deshalb, weil viele Leute vor rechtlichen Auseinandersetzungen aller Art zurückscheuen und lieber Missstände in Kauf nehmen. Hier hilft nur ein höheres Angebot preisgünstiger Wohnungen auf Grund intensiver staatlicher Wohnbauförderung.

III. Der Mietzins

A. Rechtliche Bedeutung

Der Mietzins ist das Entgelt, das der Mieter dem Vermieter für die Überlassung und den Gebrauch der Mietsache bezahlt. Rechtlich gesehen ergeben sich bezüglich der Bestimmung des Mietzinses normalerweise keine Schwierigkeiten, weil sich die Parteien vor Abschluss des Mietvertrages über den Mietzins zu einigen pflegen. Differenzen entstehen meist nur im Hinblick auf die Nebenkosten wie Heizung, Warmwasser usw. Hier hat die gesetzliche Bestimmung, dass solche Nebenkosten den tatsächlichen Aufwendungen entsprechen müssen und der Mieter eine Abrechnung und Einsicht in die Belege verlangen darf, mindestens theoretisch eine Klärung gebracht. Der Mieter läuft nun nicht mehr Gefahr, dass der Vermieter ihm einen beliebigen Pauschalpreis für solche Nebenkosten belasten kann, die den gebotenen Leistungen in keiner Weise entsprechen. Da aber die Bedürfnisse der Mieter verschieden sind, hat z. B. ein sparsam heizender Mieter, der die Heizkörper nach Temperatur an- und abdreht, doch oft das Gefühl, für andere Mieter zu sparen und mehr zu bezahlen, als den Leistungen entspricht.

B. Wirtschaftliche Bedeutung

Wirtschaftlich gesehen ist die Mietzinsgestaltung ein Problem erster Ordnung. Fast überall herrscht Wohnungsnot, und die Mietzinse steigen dauernd. In bevorzugten Wohngebieten vermögen junge Leute, auch wenn sie recht verdienen, die verlangten Mietzinse meist nicht aufzubringen. Das führt zu einer Abwanderung der Jungen und einer Überalterung der Einwohner. Nachdem 1970 Mietzinskontrolle und -überwachung aufgehoben wurden, stiegen die Mietzinse, und die Mieter verlangten zu Recht einen Schutz gegen diese Auswirkungen der freien Mietzinsgestaltung.

C. Schutz gegen Missbräuche im Mietwesen

Durch Bundesbeschluss vom 30. Juni 1972 wurden zum Schutze der Mieter Massnahmen gegen Missbräuche im Mietwesen getroffen. Darunter fallen:

1. Missbräuchliche Mietzinse

Missbräuchlich sind Mietzinse, wenn sie dem Vermieter einen unangemessenen Ertrag verschaffen. Das ist dann der Fall, wenn sie aus dem Rahmen der orts- oder quartierüblichen Mietzinse für gleichartige Wohnungen herausfallen. Leider haben es aber Unternehmer, die grosse Flächen überbauen und die Bauten vermieten, weitgehend in der Hand, die orts- und quartierüblichen Mietzinse zu beeinflussen.

Nicht missbräuchlich sind Mietkostensteigerungen, sofern sie nur den wachsenden Unkosten oder aber vermehrten Leistungen des Vermieters entsprechen. Ferner Mietzinse, die lediglich eine der Kaufkraft des investierten Kapitals entsprechende angemessene Bruttorendite abwerfen, aber auch Mietzinse, wie sie in Rahmen-Mietverträgen von Mieter- und Vermieter-Organisationen empfohlen werden.

Bei der Berechnung der Rendite dürfen übersetzte Kaufpreise und Unterhaltskosten nicht berücksichtigt werden, sonst hätte es der Vermieter in der Hand, unangemessene Investitionen auf die Mieter abzuwälzen.

2. Andere missbräuchliche Forderungen

Die Gefahr, dass Vermieter dort, wo sie den Mietzins nicht willkürlich festlegen können, vom Mieter andere zusätzliche Leistungen verlangen, liegt nahe. So werden ab und zu vom Vermieter Gegengeschäfte wie beispielsweise die Lieferung von Waren zu besonders günstigen Preisen durch den Mieter ausbedungen, die in keinem Zusammenhang mit dem Mietverhältnis stehen. Auch solche Forderungen können vom Mieter als missbräuchlich angefochten werden, wenn der Vermieter auf diese Weise die Wohnungsnot auszunützen versucht.

3. Beschränkung vertraglicher Vereinbarungen, welche Mietzinserhöhungen betreffen

Vertragliche Abreden, wonach der Vermieter den Mietzins einseitig erhöhen darf, sind ungültig.

Die Vereinbarung, dass sich der Mietzins periodisch, z. B. alle 2 Jahre, erhöhen soll, ist nur gültig, wenn der Mietvertrag für mindestens 3 Jahre fest abgeschlossen wird und die Erhöhung des Mietzinses im Mietvertrag ziffernmässig genau festgelegt ist.

Vertragsklauseln, wonach sich der Mietzins dem Lebenskosten- oder einem andern Index anpassen soll, sind nur bei Mietverträgen zulässig, die für mindestens 5 Jahre abgeschlossen sind.

Bei Mietverträgen, die auf längere Dauer abgeschlossen sind, ist mit einer Veränderung der Lebensverhältnisse zu rechnen, die eine Anpassung des Mietzinses bedingen.

Das Mietrecht
Der Mietzins

4. Die Anfechtung missbräuchlicher Mietzinse

Eine Anfechtung ist innert 30 Tagen seit Abschluss des Mietvertrages oder seit Bekanntgabe einer Mietzinserhöhung möglich.

5. Die Bekanntgabe von Mietzinserhöhungen oder anderer zusätzlicher Forderungen

Eine vom Vermieter gewünschte Mietzinserhöhung muss dem Mieter auf einem speziellen, von den Kantonen genehmigten und bei den Gemeindekanzleien zu beziehenden Formular mitgeteilt werden, das keine Kündigungsandrohung enthalten darf. Diese Mitteilung muss dem Mieter spätestens 10 Tage vor dem Beginn der nächsten Kündigungsfrist zugehen, damit ihm eine rechtzeitige Kündigung möglich ist.

6. Für die Anfechtung zuständige Instanzen

a. *Die Schlichtungsstelle.* – Organisation: Die Kantone organisieren die Schlichtungsstellen, in denen Mieter und Vermieter gleichmässig vertreten sein sollen. Zuständig für die Anfechtung ist die Schlichtungsstelle am Ort des Mietobjekts.

Aufgaben: Der Schlichtungsstelle kommen ähnliche Aufgaben zu wie dem Friedensrichter. Vermieter und Mieter soll Gelegenheit geboten werden, sich vor der Schlichtungsstelle auszusprechen. Die Mitglieder der Schlichtungsstelle beraten die Parteien und unterbreiten ihnen angemessene Einigungsvorschläge.

Rechtsfolgen: Kommt eine Einigung zustande, so hat die Schlichtungsstelle ihre Aufgabe erfüllt. Ist eine vergleichsweise Regelung dagegen nicht möglich, so kann der Fall innert 30 Tagen an das Mietgericht weitergezogen werden.

Machen die Parteien keinen Gebrauch von der Weiterzugsmöglichkeit, so bleibt der bisherige Mietzins, wie er vertraglich vereinbart wurde, weiter bestehen.

Wichtig: Der Vermieter, der auf den Weiterzug verzichtet hat, darf den betreffenden Mietvertrag in den folgenden 2 Jahren nicht kündigen. Die Kündigung ist auch ausgeschlossen, solange der Fall bei der Schlichtungsstelle oder dem Mietgericht anhängig ist.

b. *Das Mietgericht.* – Das Mietgericht hat darüber zu entscheiden, ob die beanstandete Mietzinsforderung oder andere zusätzliche Leistungen missbräuchlich oder angemessen sind, und setzt Umfang, Beginn und allfällige Bedingungen der vom Mieter geschuldeten Leistungen fest.

Wichtig: Wird die Forderung des Vermieters ganz oder zum grössten Teil abgewiesen, dann darf er während 2 Jahren den Mietvertrag nicht kündigen.

7. Wirkungen der Schutzbestimmungen

Die Auswirkungen des Bundesbeschlusses über Massnahmen gegen Missbräuche im Mietwesen werden verschieden beurteilt, wie denn auch die Beanspruchung der Schlichtungsstellen und Mietgerichte regional sehr verschieden ist.

Sicher werden gewisse Vermieter von missbräuchlichen Forderungen abgehalten, wenn sie mit einer Anfechtung durch den Mieter rechnen müssen. Anderseits scheuen viele Mieter rechtliche Auseinandersetzungen, handle es sich auch nur um eine Aussprache vor der Schlichtungsstelle. Dazu kommt die Angst vor einer späteren Kündigung, da das Verbot der Kündigung während der Dauer des Verfahrens und während 2 Jahren nach Abweisung der Forderung des Vermieters oder dessen Verzicht auf Weiterzug an das Mietgericht einen sehr beschränkten Schutz darstellt.

Viel hängt auch vom Geschick der Mitglieder der Schlichtungsstelle bezüglich Beratung und Unterbreitung geeigneter Lösungsvorschläge ab. Die Parteien sind meist verhandlungswillig und vernünftigen Vorschlägen zugänglich. Eine geschickt operierende Schlichtungsstelle kann das Mietgericht weitgehend entlasten.

8. Strafbestimmungen

Wer einen Mieter durch Androhung von Nachteilen, insbesondere einer Kündigung, an der Anfechtung missbräuchlicher Mietzinse zu hindern versucht oder eine vom Mietgericht abgelehnte Forderung gleichwohl durchsetzen will, macht sich strafbar.

IV. Die Kündigung und die Kündigungsbeschränkungen

A. Die Kündigung

Unter Kündigung im Mietverhältnis versteht man die einseitge Erklärung einer Vertragspartei, dass sie das Mietverhältnis nicht fortsetzen wolle. Meist erfolgt sie in Form eines eingeschriebenen Briefes, doch bedarf sie an sich keiner besonderen Form. Die Partei, welche die Kündigung ausspricht, hat aber bei Bestreitung der Kündigung die Rechtzeitigkeit der Kündigung zu beweisen.

Dem Empfänger der Kündigung muss Gelegenheit geboten werden, sich auf die veränderten Verhältnisse umzustellen und die erforderlichen Massnahmen zu treffen. Meist wird im Mietvertrag selbst festgelegt, auf welchen Zeitpunkt und unter welchen Bedingungen eine Kündigung zulässig ist. Fehlt eine vertragliche Regelung, so gelten die gesetzlichen Bestimmungen.

1. Vertraglich geregelte Kündigung

Es steht den Parteien frei, die Kündigungsbestimmungen nach eigenem Gutdünken zu vereinbaren, wobei festzulegen ist, ob nur auf ein bestimmtes Datum gekündigt werden kann und mit welcher Kündigungsfrist. Wird das Mietverhältnis für eine bestimmte Zeit, z. B. 5 Jahre, fest abgeschlossen, mit einer Kündigungsfrist von beispielsweise 6 Monaten, so gilt bei Nichtbenützung der Kündigungsmöglichkeit der Vertrag stillschweigend als für unbestimmte Zeit erneuert.

2. Normale gesetzliche Kündigung

Wo der Mietvertrag keine Kündigungsbestimmungen enthält, gelten die gesetzlichen Regeln:
a. *Kündigungstermin.* – Man versteht darunter den Zeitpunkt, auf den die Kündigung wirksam werden soll. Unmöblierte Wohnungen und Geschäftsräume können nur auf den ortsüblichen Termin – im Kanton Zürich beispielsweise der 31. März und der 30. September – und wo ein solcher fehlt auf Ende einer halbjährlichen Mietdauer gekündigt werden. Möblierte Wohnungen und Einzelzimmer sind auf Monatsende und andere bewegliche Sachen auf einen beliebigen Zeitpunkt kündbar.
b. *Kündigungsfristen.* – Zwischen der Kündigungserklärung und der Auflösung des Mietverhältnisses soll der von der Kündigung betroffenen Partei eine Frist eingeräumt werden, in der sie die nötigen Massnahmen im Hinblick auf die Auflösung des Mietverhältnisses

treffen kann. Für den Fall, dass hierüber im Mietvertrag keine Bestimmungen enthalten sind, gelten folgende gesetzliche Kündigungsfristen:
Für unmöblierte Wohnungen und Geschäftsräume 3 Monate;
für möblierte Wohnungen und Einzelzimmer 2 Wochen;
für andere bewegliche Sachen 3 Tage.

3. Gesetzliche Kündigungsfristen beim Vorliegen wichtiger Gründe für die Mietvertrags-Auflösung

Der Mietvertrag kann für eine lange Dauer, z. B. 5 oder 10 Jahre, abgeschlossen sein. Hier kann nun der Fall eintreten, dass einer Vertragspartei die Fortsetzung des Mietverhältnisses aus zwingenden Gründen nicht mehr möglich ist. Man denke z. B. an den aus beruflichen Gründen erforderlichen Wohnsitzwechsel eines Mieters, der ihm die weitere Benützung des Mietobjektes verunmöglicht. In solchen Fällen gestattet das Gesetz die Auflösung des Mietverhältnisses nach den gesetzlichen Bestimmungen, auch wenn vertraglich längere Kündigungsfristen vereinbart sind. Die aus wichtigen Gründen vom Vertrag zurücktretende Partei hat aber die Gegenpartei schadlos zu halten. In der heutigen Zeit der Wohnungsknappheit geschieht dies meist durch Beschaffung eines Ersatzmieters. Der Vermieter hat einen solchen anzunehmen, wenn er die gleiche Gewähr für Mietzinszahlung und richtigen Gebrauch der Mietsache bietet wie der ursprüngliche Mieter.

Wichtig: In diesen Rahmen gehört auch der Verkauf des Mietobjektes durch den Vermieter. Nach einem alten Rechtsgrundsatz bricht Kauf Miete. D. h., dass z. B. der Käufer einer Liegenschaft die bestehenden Mietverträge nicht übernehmen muss, wenn diese nicht im Grundbuch vorgemerkt sind. Er hat jedoch dem Mieter die Benützung der Mietsache während der gesetzlichen Kündigungsfrist gleichwohl noch zu gestatten. Im übrigen haftet der ursprüngliche Vermieter dem Mieter für den aus der vorzeitigen Auflösung des Mietvertrages erwachsenden Schaden.

4. Rechtsgültigkeit der Kündigung

Die Kündigung ist nur rechtsgültig, wenn sie auf den zulässigen Termin unter Einhaltung der betreffenden Kündigungsfrist erfolgt. Kann z. B. auf Ende März und Ende September unter Einhaltung einer dreimonatigen Frist gekündigt werden, so muss die Kündigung, um auf Ende September rechtswirksam zu sein, spätestens am 30. Juni, also am letzten Tag vor Beginn der Kündigungsfrist, im Besitz der Gegenpartei sein. Kommt sie ihr erst am 1. Juli zu, so gilt die auf den 30. September mögliche Kündigung als verpasst.

Nicht an diese Termine und Fristen gebunden ist die Auflösung des Mietvertrages wegen pflichtwidrigen Verhaltens des Mieters oder mangelnder Instandhaltung des Mietobjektes durch den Vermieter sowie wegen Zahlungsverzugs des Mieters.

B. Die Kündigungsbeschränkungen

Bei der bestehenden Wohnungsnot wird der Mieter durch eine Kündigung oft in eine Notlage versetzt, weil die vertraglichen oder gesetzlichen Kündigungsfristen nicht ausreichen, um einen passenden Ersatz für das gekündigte Mietobjekt zu finden. Zum Schutz der Mieter vor solchen Härten sehen die Art. 267 a–f des Obligationenrechts in gewissen Fällen eine Erstreckung der Kündigungsfristen vor.

1. Voraussetzungen der Erstreckung

a. Voraussetzung ist eine auch unter Würdigung der Interessen des Vermieters nicht zu rechtfertigende Härte der Kündigung.
Von einer Kündigung hart betroffen werden vor allem alte, kranke und gebrechliche Personen, aber auch kinderreiche Familien, die beim Auffinden einer neuen passenden Wohnung besondere Schwierigkeiten haben. In solchen Fällen sind die gegenseitigen Interessen von Mieter und Vermieter gegeneinander abzuwägen, wobei die besonderen Verhältnisse der Parteien, unter anderm auch ihre finanzielle Lage, zu berücksichtigen sind. Für einen reichen Invaliden kann z. B. die Kündigung weniger hart sein als für das Haupt einer kinderreichen Familie, die nur über ein bescheidenes Einkommen verfügt, denn das Wohnungsangebot ist um so grösser, je weniger der Mietzins eine Rolle spielt.

b. Der Mieter darf, wenn ihm eine Kündigung nicht passt, nicht einfach die Hände in den Schoss legen, sondern muss sich um eine Lösung des Problems bemühen, indem er durch Inserat oder auf andere Weise ein geeignetes Mietobjekt sucht. Ihm obliegt, falls er eine Erstreckung will, der Beweis dafür, dass er sich ohne Erfolg in zumutbarer Weise um eine Lösung bemüht hat, wobei solche Anstrengungen vom Mieter vor allem während der ersten Erstreckungsdauer erwartet werden.

Die Kündigung und die Kündigungsbeschränkungen

2. **Ausschluss der Erstreckung**

Es gibt Fälle, in denen die Interessen des Vermieters denjenigen des Mieters vorgehen sollen und eine Erstreckung auch dann ausgeschlossen ist, wenn die Kündigung den Mieter hart trifft. Hierher gehören:

a. *Kündigung bei berechtigten Klagen gegenüber dem Mieter.* – Der Mieter, der trotz Abmahnung durch den Vermieter seine vertraglichen Pflichten dauernd verletzt, sich z. B. gegen andere Mieter ungehörig benimmt oder das Mietobjekt beschädigt, verdient keinen Schutz.

b. *Kündigung betriebseigener Wohnungen.* – Viele Unternehmer suchen die Wohnprobleme ihrer Arbeitnehmer dadurch zu lösen, dass sie ihnen für die Dauer des Arbeitsverhältnisses eine betriebseigene Wohnung zur Verfügung stellen. Wird nun das Arbeitsverhältnis vom Arbeitnehmer gekündigt oder muss er wegen groben Verschuldens entlassen werden, dann soll ihm die betriebseigene Wohnung entzogen und einem Nachfolger zur Verfügung gestellt werden können, auch wenn die Wohnungskündigung für den Mieter eine Härte bedeutet. Voraussetzung ist jedoch, dass zwischen Betrieb und betriebseigener Wohnung ein notwendiger Zusammenhang besteht.

c. *Kündigung wegen Eigenbedarfs des Vermieters für sich, nahe Verwandte oder Verschwägerte.* – Wenn der Vermieter für sich selbst oder nahe Angehörige die vermietete Wohnung dringend benötigt, gehen seine Interessen denjenigen des Mieters vor, da der Vermieter Eigentümer der Mietsache ist und ihm das Eigentum Anspruch auf Benützung verleiht. Zu prüfen ist jedoch, ob ein Eigenbedarf tatsächlich besteht. Ein solcher ist dann zu verneinen, wenn der Vermieter über andere passende Unterkunftsmöglichkeiten verfügt oder die Wohnung nicht Verwandten, sondern Arbeitnehmern zuhalten möchte.

3. **Das Erstreckungsgesuch und dessen Befristung**

Wünscht der Mieter eine Erstreckung der Kündigungsfrist, so hat er innert der nachstehend angegebenen Fristen ein Erstreckungsgesuch beim zuständigen Mietgericht einzureichen:

a. Bei einer erstmaligen Erstreckung innert 30 Tagen seit Empfang der Kündigung oder bei Mietverhältnissen, die auf bestimmte Dauer abgeschlossen sind, 60 Tage vor Ablauf des Mietvertrages.

Das Mietrecht
Die Kündigung und die Kündigungsbeschränkungen

b. Bei einer weiteren Erstreckung spätestens 60 Tage vor Ablauf der ersten Erstreckungsfrist.

4. Erstreckungsfristen
a. *Erste Erstreckung.* – Die Kündigung kann erstmals für Wohnungen um höchstens 1 Jahr, für Geschäftsräume und damit verbundene Wohnungen um höchstens 2 Jahre erstreckt werden.
b. *Zweite Erstreckung.* – Weist der Mieter nach, dass er während der Erstreckungsfrist alles Zumutbare zur Auffindung eines passenden Mietobjektes unternommen hat, ein Erfolg jedoch ausblieb, so kann auf sein Begehren die Kündigung ein zweitesmal wie folgt erstreckt werden:
Für Wohnungen um höchstens 2 weitere Jahre.
Für Geschäftsräume und damit verbundene Wohnungen um höchstens 3 weitere Jahre.

5. Änderungen der Vertragsbedingungen

Dem Vermieter kann nicht ohne weiteres zugemutet werden, den Mieter während längerer Erstreckungsfristen zu gleichen Bedingungen im Mietobjekt zu belassen wie vor der Kündigung. So würde z. B. eine während der Erstreckungsfrist vom Vermieter vorgenommene Hausrenovation einen Mietzinsaufschlag rechtfertigen. Begründete Gesuche des Vermieters um entsprechende Änderung und Anpassung der mietvertraglichen Bestimmungen an die neuen Verhältnisse sind daher vom Mietgericht im Zusammenhang mit der Erstreckung der Kündigungsfrist angemessen zu berücksichtigen.

V. Die Beendigung des Mietverhältnisses

A. Die Auflösung des Mietverhältnisses

Die Beendigung des Mietverhältnisses als einer menschlichen und wirtschaftlichen Beziehung zwischen Mieter und Vermieter, hat oft allerlei Unannehmlichkeiten im Gefolge. Der Vermieter verlangt, dass der Mieter ihm das Mietobjekt in gutem Zustand zurückgeben soll und für allfällige Schäden aufkommt, während der Mieter erwartet, dass die durch den Mietzins gedeckte normale Abnützung gebührend berücksichtigt wird.

B. Pflicht zur Rückgabe des Mietobjekts in annehmbarem Zustand

1. Grundsätzliches

Das Mietobjekt ist in dem Zustand zurückzugeben, in dem es der Mieter empfangen hat. Oft werden bei Auflösung des Mietverhältnisses vom Mieter Mängel angemeldet, die angeblich schon bei Übergabe des Mietobjektes bestanden haben sollen. Wurden diese aber nicht bei Mietbeginn festgehalten, so wird vermutet, der Mieter habe das Mietobjekt in gutem Zustand erhalten. Will der Mieter beispielsweise geltend machen, ein Parkettboden sei schon bei Mietbeginn schadhaft gewesen, so ist er hiefür beweispflichtig. Dies zeigt, wie wichtig das Erstellen einer Mängelliste bei Mietbeginn für die Mieter ist.

2. Reinigung

Zur ordnungsgemässen Rückgabe des Mietobjektes gehört, dass es vorgängig gereinigt wird. Auch über das Ausmass der Reinigung gehen die Ansichten von Mieter und Vermieter oft auseinander. Es gibt Vermieter, die sich im Aufsuchen allfällig liegengebliebener Stäubchen nicht genugtun können, und Mieter, deren Vorstellung von Sauberkeit recht merkwürdig anmutet. Der Richter muss sich im Streitfall an die mietvertraglichen Vorschriften und, wo solche fehlen, an die ortsüblichen Sitten halten. Diese sehen meist vor, dass Holzteile abzuwaschen sind, Parkettböden dagegen nicht aufgewaschen, sondern nur gespänt und gewichst werden dürfen.

3. Abnützungserscheinungen

Auch bei gründlicher Reinigung und schonender Benützung wird das Mietobjekt nach längerem Gebrauch gewisse Abnützungserschei-

Das Mietrecht
Die Beendigung des Mietverhältnisses

nungen aufweisen. Tapeten verblassen, und wo Bilder aufgehängt waren oder Möbel an einer Wand standen, heben sich die betreffenden Stellen deutlich von der übrigen Tapete ab. Und dort, wo Betten oder andere Lagerstätten eine Wand berührten, zeigen sich meist durch den Gebrauch bedingte Schmutzstreifen. Das alles sind Abnützungserscheinungen, für die der Mieter, soweit sie sich im normalen Rahmen halten, nicht ersatzpflichtig wird.

C. Mängel, für die der Mieter aufzukommen hat

Gewisse Mängel haben mit Abnützung nichts zu tun, sondern gehen auf den unsachgemässen Gebrauch der Mietsache zurück. Hieher gehören z. B. das Verschmieren von Wänden und Böden durch Kleinkinder oder durch Bleistiftabsätze verursachte Eindrücke im Parkett. Für solche von ihm selbst oder seinen Angehörigen verschuldeten Schäden haftet der Mieter.

D. Umfang der Haftung

Verhältnismässig geringfügige Schäden, z. B. das Beklecksen einer Zimmerwand durch ein Kleinkind, können grössere Instandstellungsarbeiten verursachen. Vor allem dann, wenn keine Ersatztapeten vorhanden sind. Man darf dem Vermieter nicht zumuten, eine geflickte Zimmerwand zu akzeptieren, sondern der Mieter hat dort, wo Ersatztapeten vorhanden sind, auf seine Kosten die ganze Zimmerwand neu tapezieren zu lassen. Sind keine Ersatztapeten vorhanden, so muss das ganze Zimmer neu tapeziert werden.

Es wäre nun oft unbillig, den Mieter für solche Instandstellungsarbeiten voll zu belasten, denn Tapeten wie auch andere Bestandteile des Mietobjekts halten nicht unbeschränkt, sondern müssen von Zeit zu Zeit ersetzt werden. Im allgemeinen wird bei Tapeten, je nach Qualität, eine Gebrauchsdauer von 10 bis 15 Jahren, bei Parkettböden von 40 Jahren, bei Lavabos und Badewannen eine solche von 50 Jahren und bei elektrischen Herdplatten von 10 Jahren angenommen. Muss nun beispielsweise nach einer bloss fünfjährigen Mietdauer die Tapete eines Zimmers, das bei Mietbeginn frisch tapeziert war, ersetzt werden, so muss der Vermieter statt nach der normalen Gebrauchsdauer von noch 5 bis 10 Jahren eine Renovation erst 5 Jahre später vornehmen. Diesen Vorteil muss sich der Vermieter anrechnen lassen, was in diesem

Fall heisst, dass er einen Drittel, der Mieter zwei Drittel der Renovationskosten zu übernehmen hat.
Wichtig: Im Prinzip ist die Haftung des Mieters prozentual zur Gebrauchs- und Mietdauer festzulegen.

E. Wertvermehrende Arbeiten des Mieters

Viele Mieter bringen auf eigene Kosten Verbesserungen am Mietobjekt an, um dessen Wohnlichkeit zu steigern, wie z. B. durch das Verlegen von Spannteppichen. Für solche Arbeiten ist der Vermieter bei Auflösung des Mietverhältnisses nicht ersatzpflichtig, sondern kann verlangen, dass derartige Installationen vom Mieter beseitigt und das Mietobjekt in seinem ursprünglichen Zustand zurückgegeben wird. Da es im freien Belieben des Vermieters steht, ob er zusätzliche Einrichtungen übernehmen und entschädigen will, sollte der Mieter vor Ausführung solcher Arbeiten mit dem Vermieter eine Vereinbarung betreffend Übernahme und Entschädigung bei Auflösung des Mietverhältnisses treffen.

F. Übergabe des Mietobjektes

Zur Übergabe gehört, dass der Mieter dem Vermieter sämtliche Schlüssel, auch Ersatzschlüssel, die er auf eigene Kosten hat anfertigen lassen, aushändigt und dadurch dem Vermieter wieder die ausschliessliche Verfügungsgewalt über das Mietobjekt zusteht. Solange sich noch Schlüssel im Gewahrsam des Mieters befinden, ist keine ordnungsgemässe Übergabe erfolgt.
Wichtig: Im Interesse des Mieters sollte sodann bei Auflösung des Mietverhältnisses mit dem Vermieter eine gemeinsame Wohnungsabnahme vereinbart und ein von beiden Teilen zu unterzeichnendes Protokoll über allfällige, dem Mieter zur Last fallende Mängel erstellt werden. Für erkennbare, im Protokoll jedoch nicht vermerkte Mängel kann der Vermieter in solchen Fällen keine zusätzliche Forderung mehr stellen. Ist mit einer Einigung der Parteien zum voraus nicht zu rechnen, so empfiehlt sich die Erstellung eines amtlichen Befundes über den Zustand der Mietsache.
Es ist bedauerlich, dass die Auflösung des Mietverhältnisses von den Parteien oft als persönliche Kränkung empfunden wird und sie überaus kleinlich reagieren, statt durch Grosszügigkeit und Verständnis die Auseinandersetzung zu erleichtern.

Das Mietrecht
Die Beendigung des Mietverhältnisses

G. Das Retentionsrecht des Vermieters

1. Dem Vermieter zustehende Rechte bei Nichtbezahlung der Miete

Zahlt der Mieter den als Entgelt für die Benützung der Mietsache vereinbarten Mietzins nicht, so kommt der Vermieter zu Schaden. Um diese Gefahr zu reduzieren, wurde ihm das Recht eingeräumt, bei Nichtbezahlung des Mietzinses durch den Mieter letzterem eine Zahlungsfrist mit der Androhung zuzustellen, dass bei Nichtbezahlung innert dieser Frist der Mietvertrag aufgelöst sei. Die Fristen betragen bei Mietverhältnissen, die für mehr als ein halbes Jahr abgeschlossen sind, 30 Tage und für andere Mietverhältnisse 6 Tage. Eine Erstreckung solcher Kündigungsfristen ist nicht möglich.

Die mit der erwähnten Androhung verbundene Fristansetzung vermag den Vermieter zwar vor dem Auflaufen weiterer Zinsforderungen zu bewahren, verschafft ihm aber keine unmittelbare Deckung. Als weiteren Schutz des Vermieters verleiht ihm daher das Gesetz ein Retentionsrecht an den vom Mieter eingebrachten und der Einrichtung des Mietobjektes dienenden beweglichen Gegenständen. D. h., dass der Vermieter diese Gegenstände zurückbehalten darf, bis er für seine Mietzinsforderung, die aber höchstens einen verfallenen Jahreszins und einen laufenden Halbjahreszins umfassen darf, gedeckt ist. Dieses Retentionsrecht umfasst auch Schadenersatzforderungen des Vermieters für vom Mieter verschuldete Mängel.

Natürlich darf der Vermieter die retinierten Gegenstände nicht einfach behalten, sondern muss sie durch das Betreibungsamt verwerten lassen. Der Erlös kommt aber ihm, unter Ausschluss anderer Gläubiger, zu.

2. Retentionsrecht an Sachen Dritter

Nicht immer sind die in der Wohnung eines Mieters befindlichen Gegenstände auch wirklich sein Eigentum. Man denke nur an die vielen auf Abzahlung und unter Eigentumsvorbehalt des Verkäufers erstandenen Aussteuern. Dem Vermieter ist nun nicht zuzumuten, sich über die Eigentumsverhältnisse beim Mieter zu erkundigen oder das Eigentumsvorbehaltsregister einzusehen. Sein Retentionsrecht besteht auch an Sachen, die nicht dem Mieter, sondern Dritten gehören, sofern der Mieter davon keine Kenntnis hat. Erfährt er während der Dauer des Mietverhältnisses, dass Retentionsgegenstände nicht Eigentum des Mieters sind, so behält er sein Retentionsrecht unter der Voraussetzung, dass er

Das Mietrecht
Die Beendigung des Mietverhältnisses

dem Mieter auf den nächstmöglichen Termin kündigt. Dadurch soll ein weiteres Anwachsen der durch fremdes Eigentum gesicherten Mietschuld vermieden werden.

3. Sicherung und Rückschaffung von Retentionsgegenständen

Zur Sicherung der Retentionsgegenstände kann der Vermieter beim Betreibungsamt eine Retentionsurkunde, d. h. ein Verzeichnis der retinierten Gegenstände, aufnehmen lassen. Versucht der Mieter sich der Retention durch heimliches oder gewaltsames Fortschaffen von Gegenständen zu entziehen, so kann der Vermieter die Hilfe von Polizei und Gemeindebehörden anfordern. Diese haben dafür zu sorgen, dass die Retentionsgegenstände im Mietobjekt bleiben, ja die Polizei ist sogar berechtigt, bereits weggeschaffte Gegenstände innert 10 Tagen seit ihrer Wegnahme in die gemieteten Räumlichkeiten zurückzubringen.

Die Verjährung und die Verjährungsunterbrechung

A. Begriff der Verjährung

Unter Verjährung versteht man den durch Zeitablauf bedingten Verlust der rechtlichen Durchsetzbarkeit einer Forderung. Nicht die Forderung als solche geht unter, aber der Schuldner kann durch die Erhebung der Verjährungseinrede die rechtliche Durchsetzung der Forderung verhindern.

B. Sinn der Verjährung

Im praktischen Leben ist es erwünscht, dass Forderungen nicht unendlich lange fortbestehen, ohne dass Gläubiger oder Schuldner sich mit dem Anspruch befassen. Es besteht sonst die Gefahr, dass die Forderung unklar wird, Beweismittel verschwinden oder Zeugen sich des Tatbestandes nicht mehr erinnern. Auch darf dem Schuldner nicht zugemutet werden, die Beweismittel für die Erfüllung seiner Verbindlichkeit, wie beispielsweise Quittungen, unbeschränkt aufzubewahren. Der Gläubiger soll infolgedessen durch die Verjährung gezwungen werden, seine Forderung rechtzeitig geltend zu machen oder dafür zu sorgen, dass der Schuldner die Forderung anerkennt.

C. Beginn der Verjährung

Die Verjährung beginnt mit der Fälligkeit der Forderung zu laufen, also dem Zeitpunkt, auf den der Gläubiger die Erfüllung der Verbindlichkeit verlangen darf. Bei Forderungen, die einer Kündigung bedürfen, beginnt die Verjährung mit dem Kündigungstermin. Darlehen, bei denen kein Rückzahlungs- oder Kündigungstermin vereinbart wurde, sind auf 6 Wochen kündbar. Die Verjährung beginnt also hier mit Ablauf von 6 Wochen nach Empfang des Darlehens zu laufen.

D. Unterbrechung der Verjährung

Die Verjährung kann durch Handlungen des Gläubigers und des Schuldners unterbrochen werden.

1. Verjährungsunterbrechende Handlungen des Gläubigers

Die Verjährung wird durch Klage oder Betreibung, aber auch durch Eingabe im Konkurs des Schuldners oder Erwirkung eines Arrestes gegen denselben unterbrochen.

Wichtig: Dagegen genügt eine blosse Mahnung, auch wenn sie eingeschrieben erfolgt, nicht zu ihrer Unterbrechung. Das wird oft übersehen. Der Gläubiger glaubt genug getan zu haben, wenn er den Schuldner rechtzeitig mahnt, und muss dann zu seinem Leidwesen erfahren, dass die Verjährung gleichwohl eingetreten ist.

2. Verjährungsunterbrechende Handlungen des Schuldners

Die Verjährung wird dadurch unterbrochen, dass der Schuldner die Forderung anerkennt. Die Anerkennung braucht nicht ausdrücklich zu erfolgen, sondern kann sich aus einem entsprechenden Verhalten des Schuldners ergeben. So, wenn er Teilzahlungen leistet, um Stundung, Aufschub oder Erlass bittet oder einer Übernahme seiner Schuld durch einen Dritten zustimmt. Alle diese Handlungen zeigen an, dass er sich seiner Schuld bewusst und im Prinzip zahlungsbereit ist. Infolgedessen besteht für den Gläubiger keine Notwendigkeit, ihn durch die Rechtsmittel der Betreibung oder Klage an seine Forderung zu erinnern.

Auf die Verjährung kann nicht zum voraus verzichtet werden. Das wäre eine zu starke Beschneidung der Freiheit des Schuldners. Wohl aber hat sich der Verjährungsverzicht in dem Sinne eingebürgert und wird von der Rechtsprechung anerkannt, dass der Schuldner im Hinblick auf einen bestimmten Verjährungstermin auf die Erhebung der Verjährungseinrede ausdrücklich verzichtet, um verjährungsunterbrechende Handlungen des Gläubigers, wie Betreibung oder Klage, zu vermeiden. In einer solchen Situation würde die Erhebung der Verjährungseinrede trotz dem zur Abwendung solcher Massnahmen abgegebenen Verzicht gegen Treu und Glauben verstossen.

E. Wirkungen der Verjährungsunterbrechung

Mit der Verjährungsunterbrechung beginnt eine neue Verjährungsfrist von gleicher Dauer zu laufen, wie sie ursprünglich bestanden hat. Lediglich dort, wo eine Forderung durch Urkunde anerkannt oder durch Urteil festgestellt wird, beträgt die neue Verjährungsfrist immer 10 Jahre.

F. Verjährungsfristen

1. Die wichtigsten Fristen

10 Jahre: Für alle Forderungen, für welche das Gesetz keine andere Verjährungsfrist vorsieht.

5 Jahre: Für periodische Leistungen wie Miet-, Pacht- und Kapitalzinsen, Forderungen aus Lebensmittellieferungen, Beköstigung und Wirtschulden.

Für Handwerksarbeiten, Kleinverkauf von Waren (Detailhandel), ärztliche Besorgung, wozu auch die Leistungen von Zahn- und Tierärzten sowie Apotheker und Hebammen zählen, die Arbeit von Rechtsanwälten und Notaren sowie die Lohnforderungen.

2 Jahre: Für alle Forderungen des Versicherten aus dem Versicherungsvertragsgesetz, also des Versicherten gegenüber seiner eigenen Versicherung. Ferner für Schadenersatz- und Genugtuungsforderungen gemäss Strassenverkehrs- und Eisenbahnhaftpflichtrecht.

1 Jahr: Für alle anderen Forderungen aus unerlaubter Handlung wie Schadenersatz- und Genugtuungsansprüche, sofern nicht durch Spezialgesetz eine andere Verjährungsfrist festgesetzt wird oder die strafrechtlichen Verjährungsfristen gelten. Ebenfalls der einjährigen Frist unterliegen die Ansprüche aus ungerechtfertigter Bereicherung. Wer in ungerechtfertigter Weise aus dem Vermögen eines anderen bereichert wurde, beispielsweise durch die irrtümliche Bezahlung einer Nichtschuld, kann vom Geschädigten während der Dauer eines Jahres nach Kenntnis der Verletzung auf Rückgabe der Bereicherung belangt werden. In allen diesen Fällen zählt der Tag, an dem die Verjährung beginnt, für den Fristablauf nicht mit.

G. Stillstand der Verjährung

In gewissen Vertrauens- und Abhängigkeitsverhältnissen kann man den Beteiligten die Geltendmachung einer Forderung nicht zumuten. Daher steht die Verjährung so lange still, als das Verhältnis dauert. Dies gilt für Forderungen von Kindern gegen die Eltern, des Mündels gegen Vormund und Vormundschaftsbehörde und der Ehegatten gegeneinander.

Auch für die Forderungen von Hausangestellten gegen ihre Arbeitgeber besteht während der Dauer des Arbeitsverhältnisses ein Verjährungsstillstand. Dies mit Rücksicht auf das enge, fast familienhafte Verhältnis, das in früheren Generationen Dienstboten und Dienstherrschaft zusammenband.

Auch Forderungen, die vor einem schweizerischen Gericht nicht geltend gemacht werden können, weil sich der Schuldner beispielsweise im Ausland befindet, unterstehen dem Verjährungsstillstand. Desgleichen Forderungen, an denen dem Schuldner ein Nutzniessungsanspruch oder ein Pfandrecht zusteht. So beispielsweise für Forderungen der Erben gegenüber dem Ehegatten des Verstorbenen, soweit derselbe die Nutzniessung innehat. Hier kann der Schuldner der Forderung ja ohne weiteres seinen Nutzniessungsanspruch entgegensetzen.

Mit dem Wegfall der erwähnten speziellen Verhältnisse gilt wieder der normale Verjährungsablauf.

H. Verjährungseinrede

Wichtig: Der Eintritt der Verjährung wird nicht von Gesetzes wegen berücksichtigt, denn die Forderung als solche geht nicht unter. Zahlt der Schuldner trotz eingetretener Verjährung, so kann er das Geleistete nicht zurückfordern.

Die Verjährung bewirkt lediglich, dass dem Schuldner gegenüber, der sich auf die Verjährungseinrede beruft, die Forderung nicht rechtlich durchgesetzt werden kann. Es ist somit ihm überlassen, ob er die Verjährung geltend machen will oder nicht. Beruft er sich darauf, so muss sie vom Richter berücksichtigt und die Forderung abgewiesen werden. Es sei denn, der Schuldner habe den Gläubiger arglistig an der rechtzeitigen Geltendmachung der Forderung gehindert. So z. B. dadurch, dass er ihn bis nach eingetretener Verjährung auf eine baldige gütliche Regelung des Falles vertröstet hat. Hier wäre die Erhebung der Verjährungseinrede ein Rechtsmissbrauch.

Grundsätzlich hat aber der Gläubiger dafür zu sorgen, dass seine Forderung nicht verjährt, indem er rechtzeitig die nötigen verjährungsunterbrechenden Massnahmen trifft. Andernfalls riskiert er, seine Forderung wegen Zeitablaufs nicht mehr eintreiben zu können.

Die Sozialversicherung

I. Allgemeines

Eine Gesellschaft setzt sich aus stärkeren und schwächeren Gliedern zusammen, solchen, die im Leben Erfolg haben, und anderen, die sich mühselig durchkämpfen und bei Krankheit oder im Alter der Unterstützung bedürfen. Der Gedanke, dass man die schwächeren Glieder einer Gemeinschaft nicht einfach sich selbst überlassen darf, sondern dort, wo sie selbst oder ihre Familie dazu nicht in der Lage sind, die Gemeinschaft für sie sorgen muss, hat sich vorab unter christlichem Einfluss früh durchgesetzt. Da aber Unterstützungsbedürftigkeit stets eine gewisse Abhängigkeit schafft und leicht als diskriminierend empfunden wird, erwachte der Wunsch nach einer sozialen Versicherung, die Unterstützungsfälle nach Möglichkeit verhindern soll.

II. Die Alters- und Hinterbliebenenversicherung (AHV)

Die Angst vor einem ungeschützten Alter hat mit der Auflösung des Familienverbandes, in dem sich alte Menschen früher geborgen wussten, überhandgenommen. Das führte zur Schaffung des Alters- und Hinterbliebenenversicherung, die seit 1948 besteht und der 1960 die Invalidenversicherung angegliedert wurde.

A. Grundgedanke

Die AHV bezweckt die finanzielle Sicherung ihrer Mitglieder im Alter und der Hinterbliebenen beim Tod ihres Versorgers.

Die AHV ist eine obligatorische Versicherung, der alle in der Schweiz lebenden oder in der Schweiz eine Erwerbstätigkeit ausübenden Personen (auch Ausländer) unterstellt sind. Desgleichen Schweizer Bürger, die zwar nicht in der Schweiz wohnen, aber für ein schweizerisches Unternehmen arbeiten und von ihm entlöhnt werden. Schweizer Bürger, die im Ausland leben, können sich freiwillig bei der AHV versichern, sofern sie das 50. Altersjahr noch nicht zurückgelegt haben.

Die Versicherten zahlen Beiträge, die ab 1. Juli 1975 10% betragen. Davon hat der Arbeitgeber die Hälfte zu übernehmen, und die andere Hälfte ist vom Arbeitnehmer zu tragen. Die Beiträge richten sich nach der Höhe des Einkommens, und die Beitragspflicht beginnt mit Vollendung des 20. Altersjahres und dauert bis zum AHV-Alter. Vorzeitig erwerbstätige Jugendliche haben die AHV-Beiträge ab vollendetem 17. Altersjahr zu bezahlen.

Aus diesen Beiträgen und grossen Bundessubventionen werden die nach oben und unten begrenzten Versicherungsleistungen ermöglicht. Die Beitragspflichtigen mit grossem Einkommen und entsprechend hohen Beiträgen schaffen einen Ausgleich für die geringeren Beiträge der Minderbemittelten.

B. Anspruch auf Versicherungsleistungen

Mit vollendetem 65. Altersjahr hat der Mann und mit vollendetem 62. Altersjahr die Frau Anspruch auf eine Altersrente, die entsprechend den Beitragsleistungen zurzeit im Minimum Fr. 500.–, im Maximum Fr. 1000.– pro Monat beträgt.

Ehepaare erhalten eine gemeinsame Altersrente, wenn der Ehemann mindestens 65 Jahre und die Frau mindestens 60 Jahre alt oder

Die Sozialversicherung
Die Alters- und Hinterbliebenenversicherung (AHV)

mindestens zur Hälfte invalid ist. Die Ehepaaraltersrente wird dem Ehemann ausbezahlt. Die Ehefrau kann aber die direkte Auszahlung der ihr zustehenden Hälfte verlangen. Die Ehepaaraltersrente beträgt 150% der einfachen Altersrente. In gewissen Fällen, z. B. schwerer Hilflosigkeit der Bezüger oder grossem Altersunterschied der Ehepartner, der eine Altersrente auf längere Zeit ausschliesst, werden Zusatzrenten gewährt.

Waisen erhalten beim Tod des Vaters oder, wenn die Mutter Beiträge bezahlt hat, auch bei ihrem Tod, eine einfache Waisenrente von 40% der einfachen Altersrente, beim Tod beider Eltern eine Vollwaisenrente von 60%.

Witwen mit Kindern (auch Adoptivkindern) haben Anspruch auf eine Witwenrente von 80% der einfachen Altersrente, falls sie beim Tod des Mannes das 45. Altersjahr zurückgelegt hatten und mehr als 5 Jahre verheiratet waren. Ihnen gleichgestellt sind die geschiedenen Frauen, denen gegenüber der Verstorbene zu Unterhaltsbeiträgen verpflichtet war und deren Ehe mindestens 10 Jahre gedauert hat. Wo diese Voraussetzungen nicht erfüllt sind, erhält die Witwe eine Abfindung, deren Höhe nach der Dauer der Ehe und dem Alter der Witwe festgesetzt wird. Im Fall der Wiederverheiratung verliert die Witwe die Witwenrente, da sie ja dann wieder einen neuen Versorger hat.

C. Die Versicherungsleistungen

Anspruch auf eine ordentliche Rente hat unter den genannten Voraussetzungen, wer mindestens während eines Jahres der Beitragspflicht unterstellt war und die Beiträge bezahlt hat. Andernfalls kommt nur eine ausserordentliche Rente im Falle der Bedürftigkeit in Betracht.

Vollrente: Eine Vollrente wird dann ausgerichtet, wenn der Versicherte die Beiträge während der vollen Beitragsdauer bezahlt hat.

Teilrente: Eine Teilrente erhält, wer Beitragslücken aufweist, also die Beiträge nicht vom 20. bis zum zurückgelegten 65. Altersjahr (Männer) bzw. 62. (Frauen) Altersjahr bezahlt hat.

Beispiel: Ein Mann zahlt von seinem 20. bis 65. Altersjahr die AHV-Beiträge. Er erhält eine Vollrente. Würde er die Beiträge nur vom 20. bis 60. Altersjahr bezahlen, weil er sich vorzeitig zur Ruhe setzt, so hat er nur Anspruch auf eine Teilrente. Das wird bei vorzeitigem Eintritt in den Ruhestand oft zu wenig beachtet.

Wichtig: Nichterwerbstätige Ehefrauen und Witwen sind von der Beitragspflicht befreit, doch werden bei einer Scheidung der Ehefrau die Ehejahre, in denen sie keine Beiträge entrichtet hat, gleichwohl als Beitragsjahre angerechnet, aber nur als Minimalbeitrag.

D. Rentenhöhe

Nach der 8. AHV-Revision, d. h. ab 1. Januar 1975, betragen die einfachen Vollrenten mindestens Fr. 500.–, höchstens Fr. 1000.– pro Monat. Die zwischen der Minimal- und Maximalgrenze festzulegende Rente wird in der Weise bestimmt, dass man das ganze Erwerbseinkommen durch die Anzahl der Beitragsjahre teilt. Da früher die Jahreseinkommen viel niedriger waren als heute, werden sie bei längerer Beitragsperiode entsprechend aufgewertet.

Wichtig: Bei geschiedenen Ehefrauen, die vor der Scheidung nicht berufstätig waren, wirkt sich dies ungünstig aus, weil bei der Berechnung der Rentenhöhe die Ehejahre zwar als Beitragsjahre angerechnet, aber so behandelt werden, als sei von der Ehefrau nur der Minimalbeitrag geleistet worden. Dass sie durch ihre Arbeit zum Einkommen des Ehemannes beigetragen hat, wird hier nicht berücksichtigt.

Daher sollte eine Änderung in dem Sinne Platz greifen, dass im Falle einer Scheidung ein Teil der vom Einkommen des Ehemannes geleisteten AHV-Beiträge der Ehefrau gutgeschrieben würde als Entschädigung für die von ihr geleistete Arbeit für den gemeinsamen Haushalt.

Beispiel: Der Ehemann leistet Beiträge auf Grund eines Einkommens von Fr. 50 000.–. Wird die Ehe nach 10 Jahren geschieden, so wird dieses Einkommen voll dem Konto des Ehemannes zugerechnet. War die Ehefrau nicht berufstätig, so werden ihr zwar 10 Beitragsjahre angerechnet, aber angenommen, sie habe nur den Minimalbeitrag entrichtet. Infolgedessen stellt sie sich schlechter, als wenn sie berufstätig gewesen wäre und eigene Beiträge entrichtet hätte. Ist die Ehefrau während der Ehe berufstätig, so wird ihr das selbständige Einkommen angerechnet.

F. Sicherungsfunktion

Die AHV-Renten sind keine Unterstützungsleistungen an Bedürftige, sondern eine Art Volkspension, auf die der Versicherte An-

Die Sozialversicherung
Die Alters- und Hinterbliebenenversicherung (AHV)

spruch hat. Im Falle der Bedürftigkeit kommen Zusatzleistungen verschiedener Art in Betracht.
Da die AHV-Renten trotz massiver Erhöhung, d. h. dauernder Anpassung an die Teuerung, nur den Notbedarf decken, soll die Altersversicherung in doppelter Weise erweitert werden: durch betriebliche Vorsorge (Fürsorgeeinrichtungen der Unternehmen) und privates Sparen. Man spricht hier vom sogenannten Dreisäulensystem. Die staatliche AHV ist Säule I, die betriebliche Vorsorge Säule II und die private Spartätigkeit Säule III.

III. Die Invalidenversicherung (IV)

Die seit 1960 bestehende Invalidenversicherung bezweckt die Milderung der Invaliditätsfolgen durch Wiedereingliederung der Betroffenen in das Erwerbsleben oder, wo das nicht möglich ist, durch Ausrichtung einer Rente. Sie ist der AHV eng angeschlossen.

A. Anspruch auf Versicherungsleistungen

Anspruch auf Leistungen der Invalidenversicherung haben im Falle der Invalidität die der AHV obligatorisch oder freiwillig unterstellten Personen und deren Familien. Ausländer erhalten diese Leistungen im Prinzip nur, wenn ihr Wohnsitz in der Schweiz liegt und während 10 Jahren Beiträge bezahlt wurden, doch bestehen anderslautende Vereinbarungen mit verschiedenen Staaten.

Wichtig: Als Invalidität wird jedes körperliche oder geistige Gebrechen betrachtet, das die Arbeits- und Erwerbsfähigkeit dauernd beeinträchtigt.

B. Versicherungsleistungen

1. Medizinische Massnahmen

Der Versicherte hat Anspruch auf alle medizinischen Massnahmen, die seine Arbeits- und Erwerbsfähigkeit verbessern können. Diese Massnahmen dienen also nicht der Behebung des Leidens, sondern der Steigerung der Arbeits- und Erwerbsfähigkeit.

Beispiel: Ein Invalider erhofft von einer Operation die Verminderung bestehender Beschwerden. Die Invalidenversicherung übernimmt die Kosten der Operation jedoch nur dann, wenn der Betreffende wegen dieser Beschwerden in seiner Erwerbstätigkeit eingeschränkt ist, nicht aber, wenn sie auf den Erwerb keinen Einfluss hat, sondern der Betroffene nur eine Besserung des Allgemeinzustandes anstrebt. Hier hat die Krankenkasse einzuspringen.

Minderjährige haben bei Geburtsgebrechen Anspruch auf deren Behandlung, auch wenn die Auswirkungen der Beschwerden auf die Erwerbsfähigkeit noch nicht feststehen.

2. Eingliederungsmassnahmen

Sie sollen den Invaliden dazu verhelfen, im Erwerbsleben wieder einen Platz einnehmen zu können. Solche Massnahmen sind: Berufs-

Die Sozialversicherung
Die Invalidenversicherung (IV)

beratung, Sonder- und Umschulung, Arbeitsvermittlung, Kapitalhilfe und Ausstattung mit besonderen Hilfsmitteln.
> **Beispiel:** Ein durch einen Unfall gelähmter Reisender wird für eine Bürotätigkeit umgeschult und erhält von der IV ein Invalidenfahrzeug, damit er seinen Arbeitsplatz mühelos erreichen kann.

Muss der Invalide infolge der Eingliederungsmassnahmen seine Arbeit mehr als 3 Tage ganz aussetzen, oder kann er nicht mehr als 50% arbeiten, so hat er während dieser Zeit Anspruch auf ein Taggeld, das seinem Verdienstausfall entspricht.

3. Invalidenrenten

Invalidenrenten werden gewährt, wenn trotz der medizinischen und Eingliederungsmassnahmen eine Invalidität von 50% besteht. In Härtefällen genügt eine solche von $1/3$. Die Invalidität muss während mindestens 360 Tagen bestanden und eine mindestens hälftige Arbeits- und Erwerbsunfähigkeit verursacht haben. Durch diese Begrenzung soll verhindert werden, dass schon bei nur vorübergehender Erwerbsunfähigkeit Rentenansprüche gestellt werden. Invalidenrenten sollen nur bei voraussichtlich dauernder Erwerbsunfähigkeit ausgerichtet werden.
a. *Vollrente.* – Eine solche erhält, wer mindestens zu $2/3$ invalid ist.
b. *Halbe Rente.* – Auf eine halbe Rente hat Anspruch, wer mindestens zu 50% (in Härtefällen mindestens $1/3$) invalid ist.
Wichtig: Die Invalidenrenten sollen dem Verdienstausfall entsprechen, den der Invalide ohne seine Invalidität voraussichtlich erzielt hätte, also der Differenz zwischen seinem tatsächlichen Einkommen und dem Einkommen, das er ohne Bestehen einer Invalidität voraussichtlich erzielt hätte.

Werden auch von anderen Versicherungen Leistungen erbracht, so kann eine Kürzung verfügt werden, damit keine Überversicherung besteht. Desgleichen ist eine Kürzung dort vorgesehen, wo der Invalide sein Gebrechen in grober Weise selbst verschuldet hat.
> **Beispiel:** Der Versicherte stürzt in betrunkenem Zustand und zieht sich eine schwere Kopfverletzung zu, die eine dauernde Invalidität verursacht. Hier greift eine Kürzung der Leistung infolge grobfahrlässiger Herbeiführung der Invalidität Platz. Die Kürzung entspricht dem Grad des Verschuldens.

IV. Die Krankenversicherung

A. Allgemeines

Das Kranken- und Unfallversicherungsgesetz (KUVG) regelt gewisse Ausschnitte des Sozial-Versicherungsrechtes, ist aber den heutigen Verhältnissen nicht mehr angemessen. Die enorm gestiegenen Spitalkosten und der medizinischen Behandlung, die in Krankheitsfällen oft eine beinahe untragbare Belastung des Bürgers verursachen, lassen eine einheitliche staatliche Regelung als wünschenswert erscheinen. Eine auf obligatorische Krankenversicherung tendierende sozialistische Volksinitiative und der zurückhaltendere Gegenvorschlag der Bundesversammlung wurden jedoch 1974 von Volk und Ständen verworfen, so dass es vorderhand bei der bisherigen ungenügenden Regelung bleibt.

B. Anerkannte Krankenkassen

Eine Unzahl von Krankenkassen (ca. 750), bei denen es sich entweder um private Gesellschaften oder vom Bund, von Kantonen oder Gemeinden betriebene öffentliche Institutionen handelt, versichert das Krankheitsrisiko. Diese Krankenkassen werden vom Bund anerkannt, wenn gewisse Minimalleistungen erbracht werden, und erhalten staatliche Subventionen, unterstehen damit aber auch der Überwachung durch den Bund. Man spricht von offenen oder geschlossenen Krankenkassen, je nachdem, ob jedermann beitreten kann oder nur ein bestimmter Kreis von Personen aufgenommen wird.

Beispiel: Bei einer Lehrerkrankenkasse wird vorausgesetzt, dass der zu Versichernde Lehrer ist.

C. Versicherungspflicht und Versicherungsrecht

Es besteht in der Schweiz kein allgemeines Krankenversicherungsobligatorium, d. h. der Schweizer Bürger muss sich nicht automatisch einer bestimmten Krankenversicherung anschliessen. Den Kantonen wurde jedoch das Recht eingeräumt, für ihr Gebiet die Krankenversicherung ganz oder teilweise als obligatorisch zu erklären. Die Kantone ihrerseits sind wiederum berechtigt, diese Kompetenzen an die Gemeinden zu delegieren, so dass dann die betreffende Gemeinde für ihr Gebiet entscheidet, ob und in welchem Umfang die Krankenversicherung obligatorisch ist. Meist wird ein Obligatorium nur für Personen mit geringem Einkommen vorgesehen.

Die Sozialversicherung
Die Krankenversicherung

Jeder Schweizer Bürger ist dagegen berechtigt, einer anerkannten Krankenkasse beizutreten, wenn er deren Aufnahmebedingungen erfüllt. Der Beitritt zu einer geschlossenen Kasse darf ihm dann nicht verweigert werden, wenn am betreffenden Ort keine andere Krankenkasse zur Verfügung steht. Da man aber einer Krankenkasse nicht zumuten kann, für allfällige beim Eintritt in die Krankenkasse bereits bestehende Krankheiten Leistungen zu erbringen, dürfen vorbestandene Krankheiten von der Versicherung ausgeschlossen werden. Andernfalls bestünde die Gefahr, dass mit dem Abschluss einer Krankenversicherung zugewartet würde, bis zum Eintritt eines Krankheitsfalles.

D. Versicherungsleistungen

Die Krankenversicherung soll die oft recht schwerwiegenden finanziellen Folgen einer Erkrankung, wie Auslagen für ärztliche Behandlung und Spitalkosten sowie auch den Lohnausfall infolge der Krankheit durch ihre Versicherungsleistungen einigermassen ausgleichen. Versichert werden deshalb:

1. Krankenpflegeleistungen

Dazu gehören Arzt, Spital- und Arzneikosten.

Von den Spitalkosten in der allgemeinen Abteilung kommt ein Mindestbeitrag von Fr. 6.– für zu Hause eingesparte Verköstigung und Unterkunft in Abzug.

Beispiel:
Spitalrechnung für 10 Tage   Fr. 800.–
Mindestabzug für ersparte Verpflegung zu Hause
à Fr. 10.– pro Tag   Fr. 100.–
Leistung der Krankenkasse   Fr. 700.–

Diese Krankenpflegeleistungen müssen in einem Zeitraum von 900 aufeinanderfolgenden Tagen für wenigstens 720 Tage gewährt werden.

Wichtig: Nicht gedeckt ist die zahnärztliche Behandlung.

Bei Schwangerschaft sind bestimmte Versicherungsleistungen zu gewähren, doch fehlt eine selbständige Mutterschaftsversicherung. (Krankenpflegeleistung + Krankengeld und Stillgeld von Fr. 50.–, wenn das Kind während mindestens 10 Wochen gestillt wird.) In verschiedenen ausländischen Gesetzgebungen ist die Frau bei Schwangerschaft besser gestellt als die Schweizerin.

2. Krankengeld

Zur Deckung des als Folge einer Krankheit entstehenden Lohnausfalles ist ein Krankengeld vorgesehen, das mindestens Fr. 2.– pro Tag betragen muss. Mehr und mehr gehen Betriebe dazu über, ihre Lohnzahlungspflicht im Krankheitsfall dadurch zu erfüllen, dass sie für ihre Arbeitnehmer eine angemessene Krankenversicherung abschliessen. Dem Versicherten soll aber aus einer Krankenversicherung nicht insofern ein Gewinn erwachsen, als er an Krankengeld mehr erhält, als seinem Lohnausfall und den krankheitsbedingten Mehrauslagen entspricht. Tritt ein Fall von Überversicherung ein, so ist das Krankengeld entsprechend zu kürzen.

E. Selbstbehalt, Karenzzeit und Wartefrist

1. Selbstbehalt

Um zu verhindern, dass die Krankenkassen ohne Grund in Anspruch genommen und der Gesundheitsdienst über Gebühr belastet wird, ist eine Beteiligung des Versicherten von 10% an den Krankenpflegeleistungen vorgesehen.

Beispiel:

Von der Krankenkasse erbrachte Krankenpflegeleistungen	Fr. 500.–
abzüglich Selbstbehalt des Versicherten	Fr. 50.–
Leistung der Versicherung	Fr. 450.–

2. Wartefrist

Dem gleichen Zweck wie der Selbstbehalt dient auch die an sich zulässige statutarische Bestimmung einer Krankenkasse, dass Krankengeld erst nach den ersten 3 Krankheitstagen gewährt werden soll. Dadurch wird die Beanspruchung der Kasse wegen geringfügiger gesundheitlicher Störungen ausgeschlossen. Bei Veränderung der Lohnverhältnisse ist daher eine entsprechende Anpassung des Krankengeldes vorzunehmen.

3. Karenzzeit

Wer einer Krankenkasse beitreten möchte, sollte diese nicht sofort belasten. Die Kassen können deshalb bestimmen, dass ein Anspruch auf Versicherungsleistungen erst nach einer gewissen Zeit, eben der Karenzfrist, entstehen soll. Die Karenzzeit darf indessen 3 Monate nicht übersteigen.

Die Sozialversicherung
Die Krankenversicherung

F. Freie Wahl von Arzt und Heilanstalt

Im Prinzip hat der Versicherte Anspruch darauf, Arzt und Spital frei wählen zu können, aber nur an seinem Wohnort oder dessen Umgebung und unter den von den Krankenkassen zugelassenen Ärzten.

Wichtig: Bei Spitalbehandlung ist auch dort, wo der Arzt die Behandlung in einer Spezialklinik anordnet, nur die Taxe der allgemeinen Abteilung zu bezahlen, sofern nicht vertraglich eine andere Regelung getroffen wurde.

G. Beziehung zwischen Patient, Arzt und Krankenkasse

Im Prinzip schuldet der Patient, nicht die Krankenkasse, dem Arzt das Honorar für die Behandlung, und der Patient hat Anspruch auf die Versicherungsleistungen. Durch Verträge zwischen Ärzten und Krankenkassen, die von der Kantonsregierung zu genehmigen sind, kann jedoch eine andere Regelung vorgesehen werden. Diese Instanz setzt auch den Rahmentarif für das ärztliche Honorar fest, an den der Arzt gebunden ist, wenn sich der Patient als Kassenmitglied zu erkennen gibt, und er Kassenpatienten überhaupt behandelt. Die Kassen ihrerseits wachen darüber, indem sie zweifelhafte Fälle durch ihren Vertrauensarzt prüfen lassen. Übersetzte Honorarforderungen von Ärzten können einem von den Kantonen zu bezeichnenden Schiedsgericht unterbreitet werden, das sich aus einer gleichen Zahl von Kassenvertretern, Ärzten und Apothekern zusammensetzt.

V. Die obligatorische Unfallversicherung

A. Allgemeines

Gemäss Kranken- und Unfallversicherungsgesetz (KUVG) müssen gewisse Kategorien von Betrieben ihre Arbeitnehmer bei der Schweiz. Unfallversicherungsanstalt in Luzern (SUVA) gegen Unfall versichern. Es sind dies z. B. die öffentlichen Betriebe der Eisenbahn- und Dampfschiffahrtsunternehmen und der Post. Ferner industrielle und Handelsunternehmen, die für den Arbeitnehmer besondere Risiken schaffen, weil mit gefährlichen Maschinen oder Einrichtungen gearbeitet wird. Die SUVA ermittelt die Versicherungspflicht der Betriebe und erlässt eine Unterstellungsverfügung, gegen welche der Betriebsinhaber Klage beim Versicherungsgericht einreichen kann, wenn er die Voraussetzungen für die obligatorische Versicherung nicht als erfüllt betrachtet.

Beispiel: Eine Schreinerei, die mit gefährlichen Maschinen, z. B. mit einer Motorsäge arbeitet, ist der SUVA unterstellt, weil hier für die Arbeitnehmer ein besonderes Unfallrisiko besteht.

Nicht der obligatorischen Unfallversicherung unterstellt ist dagegen ein Warenhaus. Es kommt also nicht auf die Grösse des Unternehmens, sondern auf die Gefahren an, denen die Arbeitnehmer ausgesetzt sind.

B. Versicherungsumfang

Versichert sind Betriebs- und Nichtbetriebsunfälle, d. h. Unfälle, die sich im Betrieb, wie auch solche, die sich ausserhalb desselben ereignen. Als Unfall wird betrachtet: eine plötzliche, nicht beabsichtigte schädigende Einwirkung eines mehr oder weniger ungewöhnlichen äusseren Faktors auf den menschlichen Körper. Der Unfall wird also von der Krankheit dadurch abgegrenzt, dass eine plötzliche äussere Einwirkung den Schaden ausgelöst haben muss, entgegen dem von innen her entstehenden, krankheitsbedingten und daher im Prinzip nicht versicherten Leiden. Oft ist jedoch die Abgrenzung nicht leicht.

Beispiel: Ein Arbeitnehmer gleitet aus, fällt zu Boden und bricht den Arm. Hier handelt es sich eindeutig um einen versicherten Unfall. Ein Arbeitnehmer bedient eine Maschine, nach einigen Stunden beginnt sein Arm zu schmerzen. Der Arzt stellt einen Rheumatismus fest. Hier handelt es sich nicht um Unfall, sondern um Krankheit.

Die Sozialversicherung
Die obligatorische Unfallversicherung

Nicht durch die SUVA gedeckt ist ein Unfall selbstverständlich dann, wenn er vom Versicherten absichtlich herbeigeführt wird.
Beispiel: Ein Mann schneidet sich in den Finger, um nicht arbeiten zu müssen. Keine Deckung.

Versichert sind ausser den Unfällen gewisse im KUVG erwähnte Berufskrankheiten, die durch im Betrieb verwendete chemische Stoffe oder die besondere Art der Tätigkeit verursacht werden. Auch können für nicht versicherte Leiden in besonderen Fällen von der SUVA freiwillige Leistungen erbracht werden.
Beispiel: Die Silikose oder Staublunge, die durch bestimmte im versicherten Betrieb verwendete Stoffe verursacht ist, wird als Berufskrankheit behandelt.

C. Beginn und Ende der Versicherungspflicht

Die Arbeitnehmer eines der SUVA unterstellten Betriebes sind ab Arbeitsbeginn bis 30 Tage nach dem Aufhören des normalen Lohnanspruches versichert. Dies jedoch mit der Einschränkung, dass Personen, die höchstens während der Hälfte der normalen Arbeitszeit im Betrieb arbeiten, nur für Betriebs-, nicht auch für Nichtbetriebsunfälle gedeckt sind. Bei Nichtbetriebsunfällen sind ausserdem besondere Wagnisse ausgeschlossen.
Beispiele: Ein versicherter Arbeitnehmer bricht auf einer normalen Ferienwanderung ein Bein. Er ist für den Unfall gedeckt. Jedoch: ein Arbeitnehmer, der eine gefährliche Hochgebirgstour unternimmt und dabei in eine Gletscherspalte fällt, ist für diesen Unfall nicht gedeckt.

D. Die Versicherungsleistungen

1. Krankenpflege

Der Versicherte hat Anspruch auf ärztliche und wenn nötig Spitalpflege, Arznei und alle zur Heilung dienlichen Mittel sowie auf Ersatz der ihm entstehenden Reisekosten. Die SUVA ist berechtigt, die Behandlung durch ihre Vertrauensärzte überwachen zu lassen und Weisungen zu erteilen. So kann z. B. eine ganze oder teilweise Arbeitsaufnahme verfügt oder eine Operation angeordnet werden. Bei Nichtbeachtung dieser Weisungen kann die SUVA ihre Leistungen verweigern.

Die Sozialversicherung
Die obligatorische Unfallversicherung

2. **Krankengeld**

Bei Arbeitsunfähigkeit hat der Arbeitnehmer, vom 3. Tag nach dem Unfall an gerechnet, Anspruch auf 80% des ihm infolge der Arbeitsunfähigkeit entgehenden Verdienstes, nebst allfälligen regelmässigen Nebenbezügen. Dabei wird ein Fr. 150.– übersteigender Taglohn nicht berücksichtigt.

Der Grad der Arbeitsunfähigkeit ist durch den Arzt zu bestimmen und in der Unfallkarte einzutragen. Die verbleibende Arbeitsfähigkeit hat der Arbeitnehmer auszuwerten, wobei ihm der Arbeitgeber nach Möglichkeit eine passende Arbeit zuhalten soll. Das ist oft nicht einfach.

Beispiel: Ein Bauarbeiter ist zu 50% arbeitsunfähig. Er soll nun entweder die halbe Zeit berufstätig sein oder ganztägig leichtere Hilfsarbeiten verrichten. Vom Arbeitgeber erhält er den halben Lohn für seine Arbeit, und vom verbleibenden Verdienstausfall von 50% übernimmt die SUVA 80%. Dadurch, dass nicht der volle Verdienstausfall von der SUVA gedeckt wird, soll der Versicherte veranlasst werden, seine Arbeit so rasch als möglich wieder aufzunehmen.

Wo der Versicherte noch von anderen Versicherungen Leistungen erhält, kann das von der SUVA zu entrichtende Krankengeld entsprechend gekürzt werden, damit der Versicherte nicht bereichert ist.

Bei Spitalbehandlung wird ausserdem das Krankengeld um den Betrag gekürzt, den der Versicherte infolge des Spitalaufenthaltes zu Hause an Unterhaltskosten erspart.

3. **Invalidenrente**

Hinterlässt der Unfall eine Invalidität im Sinne einer dauernden Erwerbsunfähigkeit und kann dieselbe durch weitere ärztliche Behandlung nicht behoben werden, so hat der Versicherte Anspruch auf eine dem Grad seiner Invalidität entsprechende Invalidenrente.

Bei voller Invalidität, d. h. bei totaler Erwerbsunfähigkeit, erhält der Versicherte als Rente 70% des im Jahr vor dem Unfall erzielten Verdienstes. Bei bloss teilweiser Invalidität ist der Grad derselben danach zu bemessen, was der Versicherte ohne Unfall verdienen könnte und was er nachher noch zu verdienen vermag. Ein Fr. 46800.– übersteigendes Jahreseinkommen wird dabei nicht berücksichtigt. Bei besonderer Hilflosigkeit kann die Invalidenrente bis auf 100% des Jahreseinkommens erhöht werden.

Die Sozialversicherung
Die obligatorische Unfallversicherung

Ändert sich die Invalidität, so kann die Rente innert der ersten 3 Jahre dem neuen Zustand ohne weiteres angepasst werden, in der Folge nur noch am Ende des 6. und des 9. Jahres.
Beispiel: Ein Mann ist zu 50% invalid und erhält eine Rente von Fr. 12000.–. In den nächsten 6 Jahren reduziert sich seine Erwerbsunfähigkeit auf 30%. Die Rente wird in der Folge auf Fr. 7200.– herabgesetzt.

Ist keine Besserung des Zustandes durch ärztliche Behandlung zu erwarten, besteht aber die Vermutung, der Versicherte werde bei Wiederaufnahme der Arbeit seine volle Erwerbsfähigkeit zurückerlangen, so kann ihm eine Abfindung im Wert von höchstens 3 Jahresrenten ausgerichtet werden. Solche Abfindungen sollen verhindern, dass Versicherte sich vom Unfallgeschehen nicht zu befreien vermögen und ihre Beschwerden überbewerten. In solchen Fällen liegt der Abschluss des Falles ebensosehr im Interesse des Versicherten als demjenigen der Versicherung, da der Versicherte erst nach dem Abschluss des Falles sich von dem ihn beherrschenden Unfallerlebnis freimachen und wiederum normal ins Erwerbsleben eingliedern kann.

4. Hinterlassenenrenten und Bestattungskosten

Bei einem tödlichen Unfall werden Hinterlassenenrenten ausgerichtet, die zusammen 60% des Jahresverdienstes des Verstorbenen nicht übersteigen dürfen. Davon erhalten:
– die Witwe 30%,
– die Waisen 15%,
– die Doppelwaisen 25%.

Die Waisenrenten werden bis zum zurückgelegten 18. Altersjahr oder bis zum Abschluss der Ausbildung, längstens aber bis zum zurückgelegten 20. Altersjahr ausgerichtet.

Die übrigen Verwandten in aufsteigender Linie (Eltern, Grosseltern) sowie Geschwister bis zum 16. Altersjahr erhalten alle zusammen und zu gleichen Teilen 20%.

Übersteigen die Renten von Witwe und Kindern 40%, so werden die Verwandtenrenten entsprechend gekürzt.

Beispiele: Der Versicherte hinterlässt eine Witwe sowie seine Eltern. In diesem Fall erhalten die Witwe 30%, die Mutter 10% und der Vater 10%.

Der Versicherte hinterlässt eine Witwe, 2 Kinder und einen Bruder.

Es erhalten: Die Witwe 30%, die beiden Kinder je 15%, alle zusammen 60%. Der Bruder geht leer aus.
Die SUVA zahlt sodann an die Bestattungskosten Fr. 500.—.

E. Kürzung der Geldleistungen der SUVA

Eine Kürzung ist in den folgenden Fällen möglich:

1. Der Schaden ist nur teilweise Unfallfolge

   Der Versicherte kann bereits im Unfallzeitpunkt krank gewesen sein. Es ist dann abzuklären, in welchem Umfang unfallfremde Faktoren den Schaden beeinflussen.
   Beispiel: Ein herzkranker Versicherter wird von einer Maschine verletzt und stirbt infolge des Schocks. Ohne den Herzschaden wäre der Unfall nicht tödlich verlaufen. Eine Kürzung der Hinterlassenenrenten wegen unfallfremder Faktoren ist daher am Platz.

2. Grobes Verschulden des Versicherten

   Wer einen Unfall dadurch selbst verschuldet, dass er die elementarste Vorsicht ausser acht lässt, muss sich eine dem Verschulden entsprechende Kürzung gefallen lassen (meist 10–30%).
   Beispiel: Ein Arbeitnehmer greift mit der Hand in eine laufende Maschine und verletzt einen Finger. Hier ist eine angemessene Kürzung am Platz.

F. Pflichten und Rechte des Arbeitgebers

Der Arbeitgeber hat die Prämien für die Betriebs- und Nichtbetriebsunfälle zu leisten und allfällige Unfälle der SUVA sofort zu melden. Während jedoch die Prämien für die Betriebsunfälle von ihm selbst aufzubringen sind, kann er diejenigen der Nichtbetriebsunfälle dem Arbeitnehmer vom Lohn abziehen.
Wichtig: Die Lohnzahlungspflicht des Arbeitgebers bei Arbeitsunfähigkeit des Arbeitnehmers wird durch die SUVA-Leistungen abgelöst. Der Arbeitgeber, seine Familienangehörigen und die Arbeitskameraden können für den durch die SUVA nicht gedeckten Schaden nur bei grobem Verschulden belangt werden.
Beispiel: Ein Arbeitnehmer verletzt sich an einer mit der von der SUVA verlangten Schutzvorrichtung versehenen Maschine. Keine

Die Sozialversicherung
Die obligatorische Unfallversicherung

Haftung des Arbeitgebers. Jedoch: Haftung gegeben, wenn der Arbeitgeber die vorgeschriebenen Schutzvorrichtungen nicht anbringen oder nicht verwenden lässt und sich infolgedessen ein Unfall ereignet.

G. Geltendmachung der Ansprüche des Versicherten

Die Ansprüche des Versicherten sind zunächst beim Träger der betreffenden sozialen Versicherung geltend zu machen und bei Abweisung derselben beim zuständigen kantonalen Versicherungsgericht. In SUVA-Fällen kann stets auch beim Versicherungsgericht des Kantons Luzern, also dem Sitz der SUVA, geklagt werden. Für Ausländer ist ausschliesslich dieses Gericht zuständig.

Der Entscheid der kantonalen Versicherungsgerichte kann an das Eidgenössische Versicherungsgericht mit Sitz in Luzern weitergezogen werden, das letztinstanzlich über den Anspruch entscheidet.

Wichtig: Um die Geltendmachung von Sozialversicherungsansprüchen zu erleichtern, ist ein sehr einfaches Prozessverfahren vorgesehen, das dem Versicherten ermöglicht, seine Ansprüche ohne Beizug eines Anwaltes selbst zu vertreten.

H. Schlussbemerkungen zur Sozialversicherung

Die Sozialversicherung ist in der Schweiz noch zu wenig ausgebaut, nicht nur bezüglich der Kranken- und Unfallversicherung, sondern vor allem auf dem Gebiet der Arbeitslosenversicherung. Ihr wurde in den Zeiten der Hochkonjunktur zu wenig Aufmerksamkeit geschenkt. Eine Revision ist daher dringend.

Die Privatversicherung

I. Allgemeines

Haben wir Frauen uns wirklich auch noch um Versicherungsfragen zu kümmern? Ist es nicht Pflicht des Ehemannes, für ausreichende Sicherung der Familie zu sorgen? Wir verstehen doch zu wenig von diesen Dingen. So denken leider auch im Zeitalter der Partnerschaftsehe noch viele Frauen. Der Gedanke, der Mann werde es schon recht machen, verliert aber seine tröstliche Wirkung dort, wo der Ehemann nichts gemacht hat und die Frau bei seinem Tod ohne genügende Existenzmittel zurückbleibt oder sonst zu Schaden kommt. Denn der Mann, darüber muss man sich klar sein, hat oft ebensowenig Zeit oder Lust, sich mit diesen ihm fern liegenden Fragen zu befassen, wie die Ehefrau. Natürlich möchte er die Familie sichern, nur schiebt er oft die zu treffenden Verfügungen auf, bis es zu spät ist. Im Gedanken, für solche Vorkehren sei auch später noch Zeit. Bei dieser Einstellung ist immer etwas Dringliches da, das vorab erledigt werden muss, und die Sicherungsvorkehren werden immer wieder aufgeschoben.

Wichtig: Die Frau, die ja durch solche Versäumnisse am schwersten gefährdet wird, sollte die Verhältnisse klären und, wo es an der nötigen Vorsorge fehlt, die Initiative ergreifen. Das aber kann sie nur tun, wenn sie einige grundlegende Kenntnisse der Sicherungsmöglichkeiten hat und weiss, gegen welche Gefahren vorgesorgt werden sollte.

A. Der Versicherungsgedanke

Die Menschen sind von vielen Gefahren bedroht, doch zeigt die Erfahrung, dass sie nicht gleichmässig betroffen werden. Theoretisch kann jedes Haus niederbrennen — Brandursachen gibt es genug —, aber wirklich zu Schaden kommen immer nur einzelne. Daher lag der Gedanke, die Gefährdeten zusammenzuschliessen und sie den Schaden gemeinsam tragen zu lassen, nahe. Dies in der Weise, dass sich die von einer bestimmten Gefahr Bedrohten (Versicherungsnehmer) vertraglich zu festen Beitragsleistungen (Prämien) an eine Organisation (Versicherung) verpflichten, die ihnen bei Eintritt des versicherten Schadens die vertraglich vereinbarte Leistung ausrichtet. Durch bescheidene Prämienleistungen kann sich der Versicherungsnehmer auf diese Weise gegen die schwerwiegenden finanziellen Folgen eines bestimmten Schadenereignisses sichern, nicht aber die Gefahr als solche ausschliessen. Die Prämien sind dem Risiko anzupassen, wobei Vorsicht am Platze ist,

Die Privatversicherung
Allgemeines

da es sich ja nur um Wahrscheinlichkeitsrechnungen handelt. Das Eidg. Versicherungsamt überwacht die Geschäftsführung der Versicherungen und bewilligt deren Betrieb nur bei Vorhandensein der nötigen Garantien und Reserven.

B. Öffentliche und private Versicherungen

Der Staat, dazu verpflichtet, die Wohlfahrt seiner Bürger zu fördern, kann sie durch eigene Sozialwerke gegen gewisse Gefahren schützen.

Im Prinzip steht man aber in der Schweiz auf dem Standpunkt, dass es dem Bürger überlassen sein soll, ob und in welchem Umfang er sich gegen ihn bedrohende Gefahren absichern will. Dies gehört zu seiner Freiheit und Selbstverantwortung. Hier ist nun von Privatversicherungen die Rede, durch die sich Versicherungsnehmer und Versicherung gegenseitig vertraglich zu bestimmten Leistungen verpflichten.

II. Die Personenversicherung

A. Allgemeines

Bei dieser Versicherungsart ist die Person selbst das bedrohte Objekt. Bei der Lebensversicherung besteht die Gefahr im vorzeitigen Tod des Versicherten, Unfälle und Krankheiten bedrohen die Arbeitsfähigkeit der Person, verursachen Heilungskosten und können zu Invalidität oder Tod des Versicherten führen. Die Kranken- und Unfallversicherungen wollen daher den Versicherten gegen die finanziellen Auswirkungen solcher Gefahren schützen.

B. Summenversicherung

Wichtig: Ein Charakteristikum der Personenversicherung ist die Ausrichtung der im Versicherungsvertrag vereinbarten festen Versicherungssummen bei Eintritt des Schadenereignisses, wobei diese Versicherungssummen nicht mit dem Schaden identisch sind, den der Versicherungsnehmer erleidet.
Beispiel: Ein Selbständigerwerbender, der Fr. 100.– pro Tag verdient, versichert sich für ein Taggeld von Fr. 50.– bei Unfall und Krankheit. Er bricht beim Skifahren ein Bein und erleidet während der Dauer seiner Arbeitsunfähigkeit einen Verdienstausfall von Fr. 100.– pro Tag. Die Versicherung zahlt nun nur das vereinbarte Taggeld von Fr. 50.–, unabhängig davon, wie gross der tatsächliche Schaden ist. Das wird oft zu wenig beachtet. Das Taggeld sollte den tatsächlichen Verdienstverhältnissen angepasst werden.

Die Versicherung der Heilungskosten ist keine Summenversicherung, auch wenn sie meist mit einer solchen verbunden wird, sondern deckt den tatsächlichen Schaden.

C. Kranken- und Unfallversicherung der Arbeitnehmer durch den Arbeitgeber

Bei unverschuldeter Krankheit oder Unfall des Arbeitnehmers hat der Arbeitgeber für eine gewisse Zeit den Lohnausfall zu entrichten. Im 1. Jahr für 3 Wochen und dann der Dienstdauer entsprechend für längere Zeit.

Für kleinere Betriebe können solche Lohnzahlungen, bei gleichzeitiger Entlöhnung einer Ersatzkraft, zu einer schweren Belastung für den Arbeitgeber werden. Aber auch Invalidität und Tod eines Arbeitnehmers lassen den Arbeitgeber nicht unberührt, selbst wenn er rechtlich nicht zu Leistungen verpflichtet ist.

Wichtig: Gegen diese Belastung kann sich der Arbeitgeber sichern, indem er seine Arbeitnehmer gegen Krankheit und Unfall versichert und vertraglich vereinbart, dass diese Versicherungsleistungen an die Stelle seiner Lohnzahlungspflicht treten. Voraussetzung ist, dass sich der Arbeitnehmer mit einer solchen vertraglichen Regelung einverstanden erklärt und die versicherten Leistungen der gesetzlichen Lohnzahlungspflicht mindestens gleichwertig sind.

D. Besserstellung des Ehegatten durch eine Lebensversicherung

1. Güterrechtliche Stellung

Die güterrechtliche Stellung der Ehefrau lässt im schweizerischen Recht sehr zu wünschen übrig. Beim ordentlichen Güterstand der Güterverbindung, der überall dort gilt, wo kein Ehevertrag abgeschlossen wurde, erhält die Ehefrau güterrechtlich ausser dem von ihr eingebrachten und ihr während der Ehe angefallenen Frauengut nur einen Drittel des Vorschlages, d. h. des gemeinsam erworbenen Vermögens.

2. Erbrechtliche Stellung

Die Ehefrau erhält in Konkurrenz mit Nachkommen 1/4 zu Eigentum oder 1/2 zur Nutzniessung und beim Fehlen von Nachkommen in Konkurrenz mit Eltern oder Geschwistern des Erblassers 1/4 des Nachlasses zu Eigentum und 3/4 zur Nutzniessung.

Beispiel: Beide Ehegatten brachten kein Vermögen in die Ehe. Bei Auflösung derselben durch den Tod des Mannes ist ein Vermögen von Fr. 180 000.– vorhanden.
Güterrechtlicher Anspruch der Ehefrau: 1/3 von Fr. 180 000.– = Fr. 60 000.–.
Erbrechtlicher Anspruch in Konkurrenz mit einem Sohn 1/4 des Nachlasses des Ehemannes von Fr. 120 000.– (Fr. 180 000.– abzüglich Vorschlagsanteil der Ehefrau) = Fr. 30 000.–.
Die Ehefrau würde also aus Güter- und Erbrecht erhalten: Fr. 60 000.– als Vorschlagsanteil; Fr. 30 000.– als Erbteil, wenn sie das Eigentum und nicht die Nutzniessung an der Hälfte des Nachlasses wählt = Fr. 90 000.–.

Die Privatversicherung
Die Personenversicherung

3. Begünstigung der Ehefrau durch eine Lebensversicherung zu ihren Gunsten

Die Stellung der Ehefrau kann dadurch verbessert werden, dass der Ehemann eine Versicherung auf sein Leben, aber zugunsten seiner Ehefrau abschliesst. Die Versicherungssumme fällt dann nicht in das eheliche Vermögen oder in den Nachlass des Ehemannes, sondern wird durch die Versicherung der Begünstigten, in diesem Fall der Ehefrau, direkt ausbezahlt.

Wichtig: Dies ist vor allem dort eine grosse Hilfe, wo sich die Erbteilung hinzieht und die Ehefrau keine eigenen Mittel besitzt.

4. Lebensversicherung und Pflichtteilschutz

Die erbrechtliche Stellung der Ehefrau kann durch letztwillige Verfügung verbessert werden, nur darf der Pflichtteil der Erben dadurch nicht verletzt werden.

Wird nun zugunsten der Ehefrau eine Lebensversicherung von Fr. 50000.- abgeschlossen, so ist für die Feststellung des Pflichtteils der Miterben nicht die ausbezahlte Versicherungssumme, sondern nur der allfällige Rückkaufswert dem Nachlass hinzuzurechnen. Dieser Rückkaufswert ist wesentlich niedriger als die Versicherungssumme, weil er nur einen von der Versicherung zu verrechnenden Anteil am Deckungskapital darstellt. Er entspricht also dem Wert, den der Versicherungsnehmer bei Kündigung des Versicherungsvertrages zu seinen Lebzeiten erhalten hätte. Keinen Rückkaufswert haben reine Risikoversicherungen, und es besteht auch kein Rückkaufswert bei Lebensversicherungen in den ersten 3 Jahren nach Vertragsabschluss.

Wenn man einen Rückkaufswert der Versicherung annimmt, ergibt sich folgende Regelung:

Beispiel: Erben: Ehefrau und Sohn, letzterer auf Pflichtteil gesetzt. Nachlassvermögen Fr. 120000.- + Rückkaufswert der Lebensversicherung zugunsten der Ehefrau Fr. 20000.- = Nachlass total Fr. 140000.-. Pflichtteil des Sohnes $9/16$ von Fr. 140000.- = Fr. 78750.-.

Wichtig: Nicht die Versicherungssumme, sondern nur der Rückkaufswert ist zur Berechnung der pflichtteilgeschützten Quoten dem Nachlassvermögen hinzuzurechnen, wenn ein Erbe eine Pflichtteilverletzung geltend gemacht.

III. Die Sachversicherung

Die Sachversicherung ist besonders bekannt als Feuer-, Wasser-, Diebstahl- und Kaskoversicherung. Nicht jedermann hat so viel Glück wie die Kirchgängerin, die sich, als der Pfarrer von den feurigen Kohlen auf dem Haupt des Nächsten predigte, mit Schrecken daran erinnerte, dass sie das Bügeleisen, mit dem sie vor dem Kirchgang das Sonntagskleid geplättet hatte, nicht abgestellt hatte. Beschädigungen und Verlust von Sachen aller Art sind an der Tagesordnung, und dieses Risiko kann durch die Sachversicherung gedeckt werden. D. h., sie vergütet die Reparaturkosten, wenn die versicherte Sache beschädigt wird, oder ihren Zustandswert, wenn die Sache vernichtet oder so schwer beschädigt wird, dass sich eine Reparatur nicht mehr lohnt.

Dass eine versicherte Sache nach Jahren der Abnützung nicht mehr den ursprünglichen Wert hat, verstehen viele Leute nicht. Sie sind sehr enttäuscht, wenn die Versicherung bei einem Schadenfall den Zustandswert der versicherten Sache niedriger taxiert als der Versicherungsnehmer selbst. Ihm hätte die betreffende Sache trotz ihrer Abnützung den Dienst weiter versehen, und die ihm angebotene Versicherungsleistung, die keine Ersatzanschaffung erlaubt, entspricht nicht seinen Erwartungen. Das besonders dort, wo der Versicherungsnehmer seine Sachen, z. B. den Hausrat, höher versichert hat, als es dem tatsächlichen Wert entspricht. Die Versicherungssumme sollte zwar angemessen sein, kann aber meist nur annähernd bestimmt werden und dient daher vorab als Basis für die Prämienberechnung.

Ist die Versicherungssumme höher als der Ersatzwert, so erhält der Versicherungsnehmer gleichwohl nicht mehr als den tatsächlichen Wert der versicherten Sache im Schadenzeitpunkt. Ist sie niedriger, hat er also zu wenig Prämien bezahlt, so erfolgt eine entsprechende Herabsetzung der Versicherungsleistung.

Wichtig: Die Lücke zwischen dem Ersatzwert und dem Neuanschaffungspreis derselben kann durch eine Neuwertversicherung, die keine reine Sachversicherung mehr ist, geschlossen werden. Ihr Kennzeichen: Der Versicherungsnehmer soll bei Schadeneintritt nicht den Ersatzwert der Sache, sondern ihren Neubeschaffungspreis erhalten. Da ja die Preise allgemein sehr stark gestiegen sind, sollte eine Neuwertversicherung möglichst überall dort abgeschlossen werden, wo dies zulässig ist.

IV. Die Haftpflichtversicherung

A. Allgemeines

Wir Menschen sind keine vollkommenen Wesen, und es geschieht daher oft, dass wir andere durch unser Verhalten schädigen. Ihre Schadenersatzansprüche bedrohen unser Vermögen. Wenn man daran denkt, wie leicht beispielsweise eine ältere Dame über einen im Bahnhofareal von einem Reisenden ungeschickt abgestellten Koffer stürzen und sich ernstlich verletzen kann, ermisst man den Umfang der Risiken. Bei besonders grosser Gefährdung der Umwelt, wie sie beispielsweise durch den Betrieb eines Motorfahrzeugs geschaffen wird, ist deshalb eine Haftpflichtversicherung, welche den Schaden zu decken hat, obligatorisch. Weniger zum Schutz des Motorfahrzeughalters als zum Schutz der Opfer, die ihre Schadenersatzansprüche sowohl gegenüber dem Motorfahrzeughalter wie auch gegenüber seiner Haftpflichtversicherung direkt geltend machen können. Auch für Radfahrer ist eine Haftpflichtversicherung obligatorisch vorgeschrieben. In den weitaus meisten Fällen aber hat der Einzelne zu entscheiden, ob er sich gegen Schadenersatzansprüche Dritter durch eine Haftpflichtversicherung in der Weise schützen will, dass diese Haftpflichtversicherung ihm die Vermögenseinbusse entschädigt, die ihm aus der Deckung begründeter Schadenersatzansprüche Dritter erwächst.

Natürlich deckt eine Haftpflichtversicherung nicht schlechthin alle Arten von Schadenersatzansprüchen, sondern die Risiken werden im Versicherungsvertrag beschränkt. Der Versicherungsnehmer hat daher zu überlegen, welchen Gefahren er besonders ausgesetzt ist und wie er sich am besten dagegen schützen soll.

B. Die Verschuldenshaftung

Ein Mensch kann absichtlich und böswillig Schaden stiften. Keine Versicherung wird ein solches Risiko decken wollen. Ein Verschulden kann aber auch darin liegen, dass ein Mensch unüberlegt, d. h. fahrlässig handelt und einen Schaden dadurch verursacht, dass er die gebotene Vorsicht ausser acht lässt. So z. B. durch das Herumliegenlassen gefährlicher Arzneimittel in Reichweite von Kindern. Wer Dritten durch seine Unachtsamkeit Schaden zufügt, wird ebenfalls haftbar, und gegen die Gefahr bzw. die daraus erwachsende Vermögenseinbusse kann er sich durch eine Haftpflichtversicherung schützen. Sie hat dem Versicherungsnehmer die Vermögenseinbusse zu ersetzen, die er dadurch erleidet, dass er begründete Schadenersatzforderungen von Dritten decken muss.

C. Die Kausalhaftung

1. Die Gefährdungshaftung

Erscheint es als natürlich, dass der Schadenstifter für sein Verschulden einstehen muss, so gilt das nicht in gleicher Weise für die sogenannte Kausal- oder Zufallshaftung. Dort allerdings, wo jemand seine Umwelt besonders stark gefährdet, wie beispielsweise als Motorfahrzeughalter, wird die Kausalhaftung als selbstverständlich betrachtet. Bei Gefahren aus dem Betrieb eines Motorfahrzeugs, einer Eisenbahn oder eines Flugzeugs soll nicht nur menschliches Versagen (Verschulden) die Haftung begründen, sondern auch eine Deckung vorhanden sein, wo unglückliche Umstände den Schaden verursacht haben. Daher ist in diesen Fällen eine Haftpflichtversicherung mit gesetzlich vorgeschriebenen Mindestversicherungssummen obligatorisch.

2. Die gewöhnlichen Kausalhaftungen

Anders ist die Situation bei den gewöhnlichen Kausalhaftungen, von denen hier nur die Haftung des Familienhauptes, des Tierhalters und des Werkeigentümers erwähnt werden sollen.

a. *Haftung des Familienhauptes und des Tierhalters.* – Die Kausalhaftung hat hier ihren Grund in der Überlegung, dass für Schaden, den urteilsunfähige, unmündige Personen oder Tiere anrichten, derjenige haften soll, in dessen Obhut sich diese befinden. Durch ungenügende Betreuung und Überwachung gefährdet der Verantwortliche die Umwelt.

Dass das Familienhaupt für Schaden, den seine Kinder anrichten, und der Tierhalter für Schaden, der durch die Tiere verursacht wird, haften müssen, ist im Volksbewusstsein tief verankert.

Wichtig: Das Familienhaupt und der Tierhalter können sich jedoch von ihrer Haftung durch den Nachweis befreien, dass sie das übliche, nach den Umständen gebotene Mass an Sorgfalt in der Beaufsichtigung und bei Tieren zusätzlich der Verwahrung aufgewendet haben.

Ein Familienhaupt, das für lebhafte Kinder einzustehen hat, wäre dauernd aufs äusserste gefährdet, wollte man bezüglich der Beaufsichtigung einen allzu strengen Massstab anwenden. Die vom

Familienhaupt anzuwendende Sorgfalt in Erziehung und Betreuung muss sich vielmehr nach Alter der Kinder und den gesamten Umständen, insbesondere auch den Lebensverhältnissen der betreffenden Familie, richten. Von einer Bergbauernfamilie mit einer grossen Kinderschar kann weniger an Überwachung verlangt werden als von den vermöglichen Eltern eines Einzelkindes. Selbstverständlich müssen aber Kleinkinder hier wie dort überwacht werden, und es dürfen ihnen keine gefährliche Dinge wie Zündhölzer oder spitze Gegenstände in die Hände gegeben werden. Schwieriger wird die Überwachung, wenn Kinder ins schulpflichtige Alter gelangen. Hier ist es ganz unmöglich, sie noch dauernd zu beaufsichtigen, und das Familienhaupt muss sich daher darauf verlassen können, dass seine Erziehung die Kinder von böswilliger Schadenzufügung abhält. Unfälle können sich aber gleichwohl ereignen, weil ja das Kind die Gefahren weniger erkennt als der Erwachsene. Wenn z. B. Kinder bei einem Spiel zusammenstossen und verletzt werden, so dürfte normalerweise keine Haftung des betreffenden Familienhauptes bestehen. Aber auch dort, wo die Haftung zweifelhaft ist, erfüllt eine Haftpflichtversicherung insofern ihren Zweck, als sie normalerweise die Unterhandlungen mit dem Geschädigten führt. Die Abwehr unbegründeter Schadenersatzansprüche gehört ebenso zur Deckungspflicht der Haftpflichtversicherung wie die Schadloshaltung des Versicherungsnehmers bei begründeten Schadenersatzansprüchen. Obwohl der Geschädigte im Prinzip die Ansprüche gegenüber dem Haftpflichtigen geltend machen und dieser wiederum auf seine Versicherung Rückgriff nehmen muss, schaltet sich normalerweise die Versicherung von Anfang an in die Verhandlungen ein. Das befreit den oft rechtsunkundigen Haftpflichtigen von vielen Sorgen und Umtrieben.

b. *Die Haftung des Werkeigentümers.* – Die vorstehenden Überlegungen gelten auch für die Werkeigentümerhaftung. Der Eigentümer eines Werkes, also einer Baute, haftet für den aus der fehlerhaften Anlage oder dem mangelnden Unterhalt des Werkes entstehenden Schaden. Was aber ist als mangelnder Unterhalt zu betrachten? Darüber kann man sich streiten. Löst sich beispielsweise eine Schneelast von einem Dach und fällt auf ein darunter befindliches Auto, so wird man zwar geneigt sein, einen mangelhaften Unterhalt der Liegenschaft zu bejahen und den Werkeigentümer für den

Schaden als haftbar zu betrachten. Es ist aber durchaus möglich, dass während eines anhaltenden Schneefalls Räumungsarbeiten unmöglich oder sinnlos wären.
Wichtig: Der Eigentümer einer Liegenschaft tut gut daran, durch eine Haftpflichtversicherung für solche Schadenfälle Vorsorge zu treffen, was ihn aber keineswegs von den notwendigen Unterhaltsarbeiten entbindet.

D. Die Versicherungsleistungen

Eine Privat-Haftpflichtversicherung kann für selbstverschuldeten Schaden wie auch für Schadenersatzansprüche aus Kausalhaft, beispielsweise in der Eigenschaft des Familienhauptes, des Tierhalters oder Werkeigentümers, abgeschlossen werden. Sie deckt die Vermögenseinbusse, die dem Versicherungsnehmer durch die Begleichung begründeter Schadenersatzansprüche erwächst, also den Schaden. Dies im Gegensatz zu der Summenversicherung. Wird in der Haftpflichtversicherung gleichwohl eine Versicherungssumme angegeben, so dient sie wie bei der Sachversicherung einerseits als Basis für die Berechnung der Prämien und begrenzt anderseits den Haftungsumfang der Versicherung. Ist beispielsweise eine Versicherungssumme von Fr. 50000.– in der Haftpflichtpolice festgelegt, so zahlt die Versicherung höchstens diesen Betrag, auch wenn der effektive Schaden höher ist.

V. Pflichten und Rechte im Versicherungsverhältnis

A. Auskunfts- und Meldepflicht

Bei Abschluss des Versicherungsvertrages hat der Versicherungsnehmer die im Antrag von der Versicherung gestellten Fragen wahrheitsgemäss und erschöpfend zu beantworten. Die Versicherung beurteilt das Risiko auf Grund dieser Mitteilungen. Entsprechen die Angaben nicht der Wahrheit – wird z. B. in einem Antrag zu einer Lebensversicherung eine Krankheit verheimlicht –, so kann die Versicherung binnen 4 Wochen nach Entdeckung der unrichtigen Angabe vom Vertrag zurücktreten, ohne die bezahlten Prämien zurückzuerstatten. Ist das Schadenereignis bereits eingetreten, so kann auch die Leistung verweigert werden.

Wichtig: Der Antragsteller sollte daher den Erklärungen gewisser, auf Geschäftsabschluss bedachter Versicherungsagenten, dass weit zurück liegende Krankheiten nicht angegeben werden müssen, nicht einfach Glauben schenken. Es wird ihm nämlich in solchen Fällen kaum je möglich sein, derartige Zusicherungen eines Versicherungsvertreters zu beweisen.

Bei Eintritt des Schadenereignisses hat der Versicherungsnehmer seine Versicherung in der durch die allgemeinen Versicherungsbedingungen vorgeschriebenen Weise zu benachrichtigen. Bei Todesfällen wird meist telegrafische Benachrichtigung verlangt, damit der Versicherung eine rechtzeitige Abklärung der Todesursache möglich ist. Die Vernachlässigung dieser Pflichten kann zur Kürzung oder Abweisung des Versicherungsanspruches führen.

B. Kürzung der Versicherungsleistung wegen groben Selbstverschuldens

Wenn ein Versicherungsnehmer den Schaden zwar nicht absichtlich, aber grobfahrlässig herbeiführt, kann eine dem Verschulden angepasste Kürzung der Versicherungsleistung erfolgen. Ein grobes Verschulden wird dann angenommen, wenn der Versicherungsnehmer elementare Vorsichtsmassnahmen, die jeder vernünftige Mensch treffen würde, ausser acht lässt! Beispielsweise dann, wenn der Versicherungsnehmer das Schadenereignis in alkoholisiertem Zustand herbeiführt.

Ein leichtes Verschulden des Versicherungsnehmers beeinflusst dagegen die Versicherungsleistung nicht.

Trifft den Geschädigten ein Mitverschulden, hat er z. B. den Hund, von dem er gebissen wurde, unvorsichtig berührt, so kann diese Mitschuld ebenfalls zur Herabsetzung der Schadenersatzleistung führen.

C. Verhältnis von Unfall- und Haftpflichtanspruch

Wie verhält es sich, wenn gleichzeitig Ansprüche gegenüber einer Unfall- und einer Haftpflichtversicherung bestehen, z. B. ein gegen Unfall versicherter Fussgänger von einem Auto angefahren wird? Angenommen, sein Verdienstausfall betrage Fr. 100.– pro Tag und er sei für ein Taggeld von Fr. 50.– durch seine von ihm abgeschlossene Unfallversicherung gedeckt. Kann er dann von der Haftpflichtversicherung des Schädigers gleichwohl den ganzen Verdienstausfall von Fr. 100.– pro Tag geltend machen oder nur die Differenz zwischen dem Verdienstausfall und dem Taggeld der Unfallversicherung?

Wichtig: Nach feststehender bundesgerichtlicher Praxis kann er den vollen Verdienstausfall beim Haftpflichtigen oder dessen Versicherung geltend machen und die Leistungen aus seiner eigenen Unfallversicherung daneben ungeschmälert beziehen.

Der Haftpflichtige soll davon, dass der Geschädigte seinerseits für ein Unfallereignis vorgesorgt hat, nicht profitieren. Der Geschädigte braucht sich also die Leistung einer von ihm selbst finanzierten Unfallversicherung nicht auf die Haftpflichtansprüche anrechnen zu lassen.

D. Verjährung und Verjährungsunterbrechung

1. Ansprüche des Versicherungsnehmers

Die Ansprüche des Versicherungsnehmers gegenüber seiner Versicherung verjähren mit Ablauf von 2 Jahren seit dem Schadenereignis.
Wichtig: Wer einen Unfall erlitten hat, muss – auch wenn derselbe noch nicht abgeschlossen ist – 2 Jahre nach dem Schadenereignis die Verjährung unterbrechen, weil seine Ansprüche sonst rechtlich nicht mehr durchsetzbar sind.

2. Ansprüche des Geschädigten

Nicht mit den Ansprüchen des Versicherungsnehmers zu verwechseln sind die Ansprüche des Geschädigten, also z. B. des von einem Hund gebissenen Passanten gegenüber dem Tierhalter.

Die Privatversicherung
Pflichten und Rechte im Versicherungsverhältnis

Wichtig: Die Ansprüche des Geschädigten verjähren normalerweise mit Ablauf von 1 Jahr seit Kenntnis des Schadens und des Ersatzpflichtigen, wobei der Schaden nicht in allen Einzelheiten, sondern nur in grossen Zügen bekannt sein muss. Für Schadenersatzansprüche gegenüber einem Motorfahrzeughalter und dessen Versicherung beträgt die Verjährungsfrist jedoch 2 Jahre.

Im Prinzip hat der Geschädigte seine Ansprüche gegenüber dem Haftpflichtigen, nicht gegenüber dessen Versicherung rechtlich geltend zu machen, da kein direkter Anspruch gegenüber der Versicherung besteht. Eine Ausnahme gilt wiederum für Ansprüche gegenüber einem Motorfahrzeughalter. Hier kann der Geschädigte den Haftpflichtigen selbst oder dessen Versicherung belangen, und zwar am Ort, wo sich der Unfall ereignet hat. Die Verjährungsfrist beträgt in diesen Fällen 2 Jahre.

Wichtig: Durch blosse Mahnung an die Versicherung oder den Haftpflichtigen, auch wenn sie eingeschrieben erfolgt, wird die Verjährung nicht unterbrochen, sondern nur durch Betreibung oder Klage seitens des Forderungsberechtigten oder Anerkennung durch den Haftpflichtigen und dort, wo ein direkter Anspruch besteht, seiner Versicherung.

Um die Umtriebe von Betreibung oder Klage zu vermeiden, wird von den Versicherungen auf Begehren des Anspruchsberechtigten häufig vor Ablauf der Verjährungsfrist die Erklärung abgegeben, dass sie auf die Verjährungseinrede für eine bestimmte Zeit verzichte. Obwohl im Gesetz diese Möglichkeit nicht erwähnt wird, würde eine Geltendmachung der Verjährungseinrede innerhalb der in der Verzichterklärung festgelegten Frist gegen Treu und Glauben verstossen und könnte vom Richter nicht geschützt werden.

Grundsätze der Staatskunde

I. Allgemeines

Wir Schweizer Frauen haben keine politische Tradition wie die Schweizer Männer. Politik ist für die meisten von uns Neuland. Solange uns das Stimmrecht vorenthalten war, reagierten viele Frauen mit Gleichgültigkeit auf politische Fragen. Warum sich um etwas kümmern, bei dem man doch nicht mitbestimmen kann?

Das hat sich seit der Einführung des Frauenstimmrechtes im Jahre 1971 geändert. Die meisten Schweizer Frauen nehmen es mit der Erfüllung ihrer Bürgerpflichten ernst, sind dabei aber oft überfordert, indem man Kenntnisse bei ihnen voraussetzt, die erst erworben werden müssen. Da liest man in den Zeitungen von Referendum, Initiative, Motion usw., ohne dass diese Begriffe erklärt werden. Leider haben auch viele Männer, trotz ihrer politischen Tradition, nur nebelhafte Vorstellungen vom Inhalt dieser Begriffe und geben entsprechend nebelhafte Auskünfte. Darum soll hier versucht werden, einige staatskundliche Grundsätze auszuarbeiten und politische Begriffe zu klären.

II. Der schweizerische Bundesstaat

Jedermann weiss, was damit gemeint ist, käme aber in Verlegenheit, wenn er den Begriff definieren müsste. Fragen wir daher nach Merkmalen des schweizerischen Bundesstaates.

A. Allgemeine Merkmale

Zum Wesen eines Staates gehören:
- das Staatsvolk
- das Staatsgebiet
- die Souveränität, d. h. die höchste Befehlsgewalt im betreffenden Staatsgebilde.

1. Das Schweizervolk

Das Schweizervolk setzt sich aus den Schweizer Bürgerinnen und Bürgern zusammen, die hier Heimatrecht haben und nicht ausgewiesen werden dürfen. Dieses Bürgerrecht umfasst das Gemeinde-, Kantons- und Schweizer Bürgerrecht, die untrennbar miteinander verbunden sind. Es verleiht seinen Trägern das Recht, nach den in der Schweiz. Bundesverfassung dargelegten Grundsätzen beim Aufbau des Staates mitzuhelfen und in öffentlichen Fragen mitzubestimmen. Die Schweizer Bürgerinnen und Bürger erhalten das allgemeine Stimm- und Wahlrecht mit dem 20. Altersjahr.

Diesen öffentlichen Rechten stehen entsprechende Pflichten (Militärdienst, Steuerpflicht) gegenüber.

a. *Erwerb des Schweizer Bürgerrechtes*
aa. *Durch Abstammung, Anerkennung und Adoption.* – Eheliche Kinder von Schweizern und ausserehelichen Kinder von Schweizerinnen erhalten das Schweizer Bürgerrecht durch Geburt. Die Adoption verleiht dem Adpotivkind das Bürgerrecht des Adoptierenden. Aussereheliche Kinder eines Schweizer Bürgers erhalten das Schweizer Bürgerrecht, wenn sie vom Vater durch öffentliche Urkunde oder letztwillige Verfügung anerkannt oder vom Richter als ehelich erklärt oder mit Standesfolge dem Vater zugesprochen werden (s. S.122 ff.: Die Revision des Kindesrechtes).
bb. *Durch Eheschluss.* – Die Ehefrau erhält das Bürgerrecht des Ehemannes, so dass eine Ausländerin, die einen Schweizer heiratet, das Schweizer Bürgerrecht erwirbt. Die Ehe ist jedoch nichtig, wenn die Ehefrau keine wirkliche Lebensgemeinschaft begründen, sondern nur die Einbürgerungs-Vorschriften umgehen will.

Grundsätze der Staatskunde
Der schweizerische Bundesstaat

cc. *Durch Einbürgerung.* – Ausländer können das Schweizer Bürgerrecht dadurch erwerben, dass sie sich mit Bewilligung von Bund und Kanton in das Bürgerrecht einer schweizerischen Gemeinde aufnehmen lassen. Die drei Bürgerrechte sind untrennbar miteinander verbunden, doch können die Voraussetzungen für ihren Erwerb verschieden sein.

Der Bund verlangt für die Bewilligung zur Einbürgerung, dass der betreffende Gesuchsteller 12 Jahre in der Schweiz gewohnt hat, wovon in den letzten 5 Jahren mindestens 3 Jahre.

Die Kantone und Gemeinden können für den Erwerb ihres Bürgerrechtes strengere, aber keine leichteren Anforderungen aufstellen als der Bund. Grosser Wert wird meist auf eine gewisse Anpassung an die schweizerischen Verhältnisse gelegt, so auf das Beherrschen der Mundart und Grundkenntnisse des schweizerischen Staatsrechtes.

Erleichterte Aufnahmebestimmungen bestehen für Schweizer Bürger, die aus bestimmten Gründen ihr Schweizer Bürgerrecht verloren haben und Kinder von Schweizerinnen, die einen Ausländer geheiratet haben.

b. *Verlust des Schweizer Bürgerrechtes*
aa. *Durch Verzicht.* – Im Prinzip soll das Schweizer Bürgerrecht unverlierbar sein, doch kann man einem Schweizer Bürger, der seine Nationalität ändern möchte, nicht zumuten, sie weiter zu behalten. Damit wäre weder ihm noch der Schweiz gedient. Der Schweizer Bürger kann das Begehren auf Entlassung aus dem Schweizer Bürgerrecht stellen unter der Voraussetzung, dass er 20 Jahre alt ist, keinen Wohnsitz in der Schweiz hat und ihm eine andere Staatsangehörigkeit zugesichert ist oder er sie bereits besitzt. Er soll also durch den Verzicht nicht staatenlos werden. Dagegen gibt es keine Möglichkeit, missliebige Schweizer Bürger auszubürgern, auch wenn sie der Schweiz schweren Schaden zufügen, ausser dort, wo ein solcher Schweizer Bürger noch eine andere Staatsangehörigkeit besitzt.

bb. *Durch Zeitablauf.* – Die Gefahr, dass Nachkommen von ins Ausland abgewanderten Schweizer Bürgern sich der Heimat entfremden, ist gross. Deshalb wurde vorgesehen, dass die dritte Auslandgeneration von Schweizer Bürgern ihr Schweizer Bürgerrecht verliert, wenn sie nicht ausdrücklich, d.h. schriftlich erklärt, es beibehalten zu wollen.

cc. *Durch Heirat.* – Die Schweizerin, die einen Ausländer heiratet, dessen Bürgerrecht sie durch die Heirat erwirbt, verliert das Schweizer Bürgerrecht, wenn sie nicht vor der Trauung beim Zivilstandsamt erklärt, es beibehalten zu wollen.

2. Das Staatsgebiet

Die Schweiz umfasst das Staatsgebiet der 22 Kantone, d. h. genauer der 19 Ganz- und der 6 Halbkantone. Die Bundesverfassung garantiert dieses Staatsgebiet in seinen heutigen Grenzen.

3. Die staatliche Souveränität

Dem Bund steht die höchste Gewalt zu. Über ihre Ausübung, Begrenzung und Erweiterung enthält die Bundesverfassung die nötigen Bestimmungen.

B. Spezielle Merkmale

1. Die demokratische Verfassung

Die Bundesverfassung ist das Grundgesetz des schweizerischen Staatswesens. Sie umschreibt den Zweck des Bundes wie folgt: Behauptung der Unabhängigkeit des Vaterlandes gegen aussen, Handhabung von Ruhe und Ordnung im Innern, Schutz der Freiheit und der Rechte der Eidgenossen und Beförderung ihrer gemeinsamen Wohlfahrt.

Die Bundesverfassung enthält unter anderem Bestimmungen betreffend Staatsgebiet und Staatsvolk, die Rechte und Pflichten der Bürger, die Staatsaufgaben, das Verhältnis von Bund und Kantonen, die Behördeorganisation, die Staatsaufgaben und die Verfassungsänderung.

Die 1848, beim Übergang vom losen Staatenbund zum Bundesstaat, geschaffene Bundesverfassung wurde 1874 gesamthaft revidiert. Seither sind viele Teilrevisionen (Partial-Revisionen) erfolgt, durch die einzelne Bestimmungen der Bundesverfassung aufgehoben, geändert oder neu hinzugefügt wurden. Eine Totalrevision ist geplant, und bereits liegt ein Bericht der Kommission Wahlen zu diesen Fragen vor.

Das unverwechselbare demokratische Gepräge geben der Verfassung vor allem das Referendum und die Volksinitiative, die nur wenige andere Staaten kennen. Eine Totalrevision ist geplant und neben dem Schlussbericht der Arbeitsgruppe für die Vorbereitung der Totalrevision stehen verschiedene andere Entwürfe zur Diskussion.

Unter Referendum versteht man das verfassungsmässige Recht, die wichtigsten von der gesetzgebenden Behörde beschlossenen Gesetze unter gewissen Voraussetzungen zur Volksabstimmung zu bringen.

Die Volksinitiative ist das Vorschlagsrecht für Verfassungsänderungen, das ausgeübt werden kann, wenn 50 000 Stimmbürger die Initiative unterzeichnen.

Diese politischen Rechte, in Verbindung mit dem Stimm- und Wahlrecht, sichern dem Schweizervolk die höchste Entscheidungsbefugnis und erlauben ihm, an der Gestaltung des Staates und seiner Aufgaben direkt mitzuwirken. Vom Schweizer wird aber erwartet, dass er sich mit politischen Fragen befasst und verantwortungsbewusst entscheidet, was leider viele Schweizer Bürgerinnen und Bürger als Überforderung empfinden.

2. Der Föderalismus (Eigenständigkeit der Kantone im Bund)

a. *Eigenständigkeit der Kantone.* – Eine Eigentümlichkeit des schweizerischen Bundesstaates ist die starke Stellung der Kantone. Man muss sich dabei vor Augen halten, dass die Kantone bis 1848 souveräne, nur lose miteinander verbundene Staatsgebilde waren. Diese Eigenständigkeit der Kantone sollte bei der Gründung des schweizerischen Bundesstaates im Jahr 1848 nicht einer zentralen Gewalt geopfert, sondern nur so weit beschnitten werden, als dies für die grössere Gemeinschaft des Bundes notwendig war.

b. *Verhältnis von Bund und Kantonen.* – In der Bundesverfassung werden die Kantone als souverän bezeichnet, wobei von Staatsrechtlern immer wieder die Frage aufgeworfen wird, wie denn die Kantone souverän sein können, wenn doch die höchste Gewalt beim Bund liegt. Die Bundesverfassung wollte mit dem etwas unglücklich gewählten Wort «souverän» offenbar ausdrücken, dass die Kantone in der grösseren Gemeinschaft des Bundes nicht untergehen, sondern in seinem Rahmen eine möglichst grosse Selbständigkeit behalten sollen.

Bedeutsamer als diese rein theoretische Frage der Souveränität ist die Kompetenzabgrenzung zwischen Bund und Kantonen.

Wichtig: Es gilt der Grundsatz, dass die Kantone für alles zuständig sind, was nicht ausdrücklich dem Bund übertragen wurde.

C. Die Neutralität als politische Haltung

Auch Ausländer, die von der Schweiz das verzerrte Bild eines Hirten- oder Gnomenvolkes haben, wissen wenigstens, dass die Schweiz neutral ist. Diese Neutralität hat sich seit 1815 in allen kriegerischen Verwicklungen anderer Staaten bewährt und bedeutet nichts anderes, als dass die Schweiz sich solchen Händeln fernhält, auf Angriffshandlungen und Grossmachtpolitik verzichtet, ihre Eigenständigkeit aber entschlossen verteidigen will.

Die schweizerische Neutralität ist völkerrechtlich anerkannt, setzt aber voraus, dass die Schweiz willens und imstande ist, sich zu verteidigen und sich keinem Druck von Aussen zu beugen.

Die Neutralität als konsequent verfolgte Aussenpolitik der Schweiz hindert unser Land daran, internationalen Organisationen beizutreten, die wie die Vereinigten Nationen (UNO) durch den Sicherheitsrat ihre Mitglieder zu militärischen Sanktionen verpflichten können. Nicht verhindert hat sie allerdings seinerzeit den Beitritt der Schweiz zum Völkerbund, wobei jedoch die Aufnahme unter dem Vorbehalt erfolgte, dass sich die Schweiz an militärischen Sanktionen nicht zu beteiligen habe. Man glaubte damals, dass die Neutralität in dem Sinne teilbar sei, dass sie auf Nichtbeteiligung an kriegerischen Sanktionen beschränkt werden könne, wirtschaftliche Sanktionen jedoch nicht ausschliesse. Immer stärker setzt sich nun aber die Einsicht durch, dass nur eine vollständige Neutralität diesen Namen verdient.

Die schweizerische Neutralität als politische Haltung ist starker Kritik, vor allem durch die junge Generation ausgesetzt. Es ist richtig, dass sie ein Engagement in internationalen Auseinandersetzungen, seien diese nun negativ oder positiv, verhindert oder doch erschwert. Dass wir abseits stehen müssen, wo wir, wie z. B. bei den Bemühungen um ein geeintes Europa oder den Weltfrieden, mittun möchten. Die Erfahrungen von mehr als 150 Jahren zeigen aber allzu deutlich, vor welchen Gefahren uns die Haltung der Nichteinmischung in fremde Händel bewahrt hat. Damit kann es indessen nicht sein Bewenden haben, sondern wir werden uns – der Neutralität zum Trotz – auf unsere Weise am Aufbau Europas und der Sicherung des Weltfriedens beteiligen müssen. Dies vor allem dadurch, dass wir bestehende Spannungen zwischen den Völkern abzubauen versuchen und uns für eine gerechtere Wirtschaftsordnung einsetzen, um so den Boden für eine Einigung der Nationen vorzubereiten.

III. Die Rechte des Schweizer Bürgers

Die Bundesverfassung regelt die Rechte und Pflichten des Schweizer Bürgers gegenüber dem Staat. Dabei sind zwei Grundtendenzen festzustellen. Der Schweizer Bürger soll an der Lösung staatlicher Aufgaben mitbeteiligt sein und in seiner persönlichen Freiheitssphäre durch die Staatsgewalt nicht mehr als für das Gemeinwohl nötig beschränkt werden.

A. Die persönlichen Freiheitsrechte des Bürgers

Der Staat soll den Schweizer Bürger nicht dirigieren und beherrschen, sondern dafür sorgen, dass ein möglichst reibungsloses Nebeneinander der Bürger möglich ist, ohne dass das Individuum in seiner persönlichen Freiheit zu sehr eingeschränkt wird. Voraussetzung einer solchen Ordnung ist die Gleichbehandlung der Bürger, wie sie in Art. 4 der Bundesverfassung umschrieben wird.

Art. 4 BV: «Alle Schweizer sind vor dem Gesetze gleich. Es gibt in der Schweiz keine Untertanenverhältnisse, keine Vorrechte des Ortes, der Geburt und der Familien oder Personen.»

Um die Freiheitssphäre des Bürgers gegenüber der Staatsgewalt abzugrenzen, sind die dem Schweizer Bürger zustehenden wichtigsten Freiheitsrechte in der Verfassung ausdrücklich erwähnt. Dazu gehören unter anderem: die Pressefreiheit, die Vereinsfreiheit, die Glaubens- und Gewissensfreiheit und als ihr Ausfluss die Kultusfreiheit, also das Recht auf Vornahme gottesdienstlicher Handlungen durch eine Religionsgemeinschaft, ferner die Niederlassungsfreiheit als Recht des Schweizer Bürgers, an einem beliebigen Ort in der Schweiz zu wohnen, die Handels- und Gewerbefreiheit und das Petitionsrecht. Unter letzterem versteht man das Recht, den staatlichen Behörden schriftliche Vorschläge für ihre Tätigkeit machen zu können, wobei die Behörde die Petition nur zur Kenntnis nehmen, nicht aber darauf einzutreten hat. Die Bedeutung dieses Petitionsrechtes ist daher gering. Die erwähnten Freiheitsrechte stehen dem Individuum indessen nicht unbeschränkt zu, sondern können aus Gründen des Gemeinwohls beschnitten werden. Die Handels- und Gewerbefreiheit beispielsweise untersteht gesundheitspolizeilichen sowie wirtschafts- und konjunkturpolitischen Einschränkungen. Mit Rücksicht auf die Volksgesundheit wird der Handel mit Lebensmitteln den Vorschriften des Lebensmittelgesetzes unterstellt. Aus dem gleichen Grunde darf nicht jedermann den Beruf eines Arztes oder Apothekers ausüben, sondern nur Personen mit entsprechender Ausbildung. Aus wirtschaftspolitischen und sozialen Gründen, d. h., um gewisse gefährdete Wirtschaftszweige, vor allem die Landwirtschaft, zu schützen und Notsituationen zu vermeiden, kann der Bund die Handels- und Gewerbefreiheit ebenfalls einschränken. Dazu kommen nun zusätzlich konjunkturpolitische Beschränkungen. Alle diese Einschränkungen der Handels- und Gewerbefreiheit müssen in der Bundesverfassung verankert sein.

Es sind dies zweifellos sehr starke Eingriffe in die freie Wirtschaft und die persönliche Freiheit des Bürgers, doch lassen sich solche Schutzmassnahmen bei der heutigen Wirtschaftsstruktur nicht vermeiden.

B. Die politischen Rechte

1. Das Wahl- und Stimmrecht

a. *Voraussetzungen.* – Schweizerinnen und Schweizer, die das 20. Altersjahr zurückgelegt haben, und nicht vom Aktiv-Bürgerrecht ausgeschlossen sind, besitzen das Wahl- und Stimmrecht in eidgenössischen Angelegenheiten.

aa. *Das aktive Wahlrecht.* – Der Schweizer Bürger wählt die Volksvertreter in der Bundesversammlung, also den Nationalrat, direkt. Zu wählen sind für das ganze Gebiet der Schweiz 200 Nationalräte. Jeder Kanton und Halbkanton hat Anspruch auf mindestens einen Vertreter. Im übrigen werden die Mandate unter die Kantone im Verhältnis zu ihrer Wohnbevölkerung verteilt. Die Wahl erfolgt nach dem Proporz, also dem Verhältnis-Wahlsystem.

Proporz-System. – Es werden nicht einfach jene Personen gewählt, die am meisten Stimmen erhalten, sondern die verschiedenen Parteien oder Bevölkerungsgruppen sollen angemessen vertreten sein. Jede Partei stellt eine Liste von Kandidaten zusammen. Der Wähler entscheidet dann, welche Liste er einlegen will. Er kann auch selbst eine Liste aus den vorgeschlagenen Kandidaten zusammenstellen, was jedoch selten geschieht. Meist wird die Liste jener Partei benutzt, der der betreffende Stimmbürger angehört oder die ihm am nächsten steht.

Kumulieren. – Auch bei Benutzung der Parteiliste steht es dem Wähler frei, einen Namen zu streichen und einen anderen doppelt zu schreiben.

Panaschieren. – Es dürfen auf der Parteiliste Namen gestrichen und

Grundsätze der Staatskunde
Die Rechte des Schweizer Bürgers

dafür die Namen von Kandidaten anderer Parteien eingesetzt werden.
Die für einen Kandidaten abgegebenen Stimmen werden der Partei zugerechnet, die ihn vorgeschlagen hat. Nach der Anzahl der für eine Partei abgegebenen Stimmen bestimmt sich die Zahl ihrer Vertreter. Innerhalb der Partei sind diejenigen Kandidaten gewählt, die am meisten Stimmen erhalten.

b. *Das passive Wahlrecht.* – Gewählt werden kann jeder Schweizer Bürger, der im Besitz des Stimmrechtes und nicht geistlichen Standes ist oder denselben aufgegeben hat. Die gleichen Voraussetzungen gelten auch für die Wahl des Bundesrates. Derselbe und von ihm gewählte Beamte können nicht Mitglieder des Nationalrates sein.

2. Das Referendum

Unter Referendum versteht man das Recht des Schweizer Bürgers auf Abstimmung über Verfassungs- und Gesetzeserlasse. Dabei unterscheidet man das obligatorische und das fakultative Referendum.

a. *Das obligatorische Referendum.* – Der Abstimmung durch das Schweizervolk vorzulegen sind alle Verfassungsbestimmungen sowie Staatsverträge, durch welche Bestimmungen der Bundesverfassung tangiert werden. Die Vorlagen, über die abgestimmt werden, gelten nur dann als angenommen, wenn die Mehrheit der Bürger und die Mehrheit der Stände (11^1/$_2$ Kantone) ihr zugestimmt haben.

b. *Das fakultative Referendum.* – Dem fakultativen Referendum unterstehen alle Bundesgesetze sowie allgemein verbindliche Bundesbeschlüsse und Staatsverträge, die unbefristet oder für mehr als 15 Jahre abgeschlossen werden. Also Gesetzeserlasse von allgemeiner Bedeutung, die aber die staatsrechtlichen Grundlagen, wie sie in der Bundesverfassung verankert sind, nicht berühren. 30 000 Stimmbürger können binnen 3 Monaten seit Annahme des Erlasses durch die Bundesversammlung die Abstimmung verlangen. Für die Annahme der Vorlage genügt es, dass die Mehrheit der Stimmbürger ihr zustimmt. Ein Ständemehr ist nicht erforderlich.

c. *Das nachträgliche Referendum für dringliche Bundesbeschlüsse.* – In Notstandssituationen muss oft rasch gehandelt werden. Daher kann die Bundesversammlung in solchen Fällen dringliche

Bundesbeschlüsse sofort in Kraft setzen. Um aber dem Volk nicht auf solche Weise etwas aufzuzwingen, das ihm widerstrebt, *kann* innerhalb eines Jahres seit Inkraftsetzung des dringlichen Bundesbeschlusses das Referendum ergriffen werden. Wo sich die getroffenen Massnahmen nicht auf verfassungsmässige Kompetenzen stützen, *muss* ein solcher Erlass binnen Jahresfrist der Volksabstimmung unterbreitet und von Volk und Ständen angenommen werden (obligatorisches Referendum), andernfalls tritt er mit Ablauf eines Jahres ausser Kraft.

3. Die Verfassungsinitiative

Man versteht darunter das Recht des Schweizer Bürgers, eine Änderung oder Ergänzung der Verfassung zu beantragen. Voraussetzung einer solchen Initiative ist, dass 50000 Stimmbürger ein betreffendes Begehren unterzeichnen. Dagegen besitzt der Schweizer Bürger auf eidgenössischer Ebene keine Gesetzesinitiative, wie es in vielen kantonalen Verfassungen oder kantonalen Gesetzen vorgesehen ist, also kein Recht, Gesetze vorzuschlagen. Dieses Recht steht auf Bundesebene ausschliesslich dem Parlament, dem Bundesrat und den Kantonen zu.

IV. Die staatlichen Organe und ihre Funktionen

Auch in der Schweiz hat das Prinzip der Gewaltentrennung im Sinne einer Unterteilung von Rechtsetzung, Verwaltung und Richteramt die staatliche Rechtsordnung beeinflusst. Die Bundesversammlung ist die gesetzgebende, der Bundesrat die vollziehende und das Bundesgericht die richterliche Behörde. Eine saubere Trennung der Gewalten lässt sich jedoch nicht durchführen.

A. Die staatlichen Organe

1. Die Bundesversammlung

Die Bundesversammlung besteht aus 2 Kammern, dem Nationalrat, als den direkt gewählten Volksvertretern, und dem Ständerat, als den Delegierten der Kantone. Jeder Kanton hat Anspruch auf 2, jeder Halbkanton auf 1 Ständerat. Das Wahlverfahren ist kantonal geregelt.

2. Der Bundesrat

Er setzt sich aus 7 von der Bundesversammlung auf die Dauer von 4 Jahren gewählten Mitgliedern zusammen. Davon gehören zurzeit 2 der Freis.-dem. Partei, 2 der Christlich-demokratischen Volkspartei, 2 der Sozialdemokratischen Partei und 1 der Schweizerischen Volkspartei an.

3. Das Bundesgericht

Das Bundesgericht ist das oberste eidgenössische Gericht der Schweiz. Im übrigen ist die Rechtsprechung Sache der Kantone. Die Mitglieder des Bundesgerichtes werden für die Dauer von 6 Jahren von der Bundesversammlung gewählt.

B. Die Funktionen dieser Organe

1. Die Bundesversammlung

Die Bundesversammlung hat Gesetze vorzuschlagen, zu beraten und zu beschliessen, wobei die Vorarbeit von speziell ernannten Kommissionen geleistet wird.

National- und Ständerat beraten getrennt. Sie sind einander gleichgestellt. Dies im Gegensatz zu zahlreichen ausländischen Zweikammersystemen des Parlamentes, bei denen die Befugnisse der Ländervertreter stark beschränkt sind, wie z. B. in Österreich.

Ein Beschluss der Bundesversammlung ist nur gültig, wenn beide Kammern übereinstimmen. Wird ein Gesetz von einer Kammer ange-

Grundsätze der Staatskunde
Die staatlichen Organe und ihre Funktionen

nommen, von der anderen verworfen, so wird der Erlass erneut beiden Kammern zur Beratung unterbreitet. Gelangt man nicht zu einem übereinstimmenden Resultat, so fällt das Geschäft aus den Traktanden.

Die Bundesversammlung hat auch Verwaltungsfunktionen. Darunter fallen unter anderem die Prüfung und Verabschiedung von Budget und Staatsrechnung. Beide Kammern zusammen unter der Leitung des Präsidenten des Nationalrates wählen sodann den Bundesrat und den Bundeskanzler für 4, die Mitglieder des Bundesgerichtes für jeweils 6 Jahre.

2. Die Rechte der Parlamentarier

Jeder Parlamentarier kann sich zu dem Gegenstand der Beratung äussern. Ausserdem steht ihm das Recht zu, eigene Begehren in der Form des Postulates, der Motion oder der Initiative einzureichen und Anfragen und Interpellationen vorzubringen.

a. *Das Postulat.* – Man versteht darunter eine Anregung zuhanden des Bundesrates. Stimmt die Mehrheit der betreffenden Kammer der Bundesversammlung dem Postulat zu, so hat der Bundesrat es zur Prüfung entgegenzunehmen und der betreffenden Kammer Bericht und Antrag zu unterbreiten.

b. *Die Motion.* – Es handelt sich dabei um einen Auftrag an den Bundesrat, ein Gesetz über eine bestimmte Materie auszuarbeiten. Eine Motion wird dem Bundesrat nur überwiesen, wenn beide Kammern ihr zustimmen. Dann hat der Bundesrat einen entsprechenden Gesetzesentwurf auszuarbeiten und dem Parlament vorzulegen.

c. *Die Einzelinitiative.* – Als Einzelinitiative bezeichnet man den Auftrag eines Parlamentariers an das Parlament, ein bestimmtes Gesetz auszuarbeiten. Stimmt die Mehrheit beider Räte einer solchen Initiative zu, so hat das Parlament ein entsprechendes Gesetz vorzubereiten.

d. *Die Anfrage.* – Jeder Parlamentarier kann dem Bundesrat Fragen zur Beantwortung vorlegen, wobei dieselbe mündlich oder schriftlich erfolgen kann.

e. *Die Interpellation.* – Sie ist eine verstärkte Form der Anfrage und muss von 11 Nationalräten oder 4 Ständeräten zusammen eingereicht werden. Der Bundesrat ist dann verpflichtet, die betreffenden Fragen in einer der nächsten Sitzungen mündlich zu beantworten.

Grundsätze der Staatskunde
Die staatlichen Organe und ihre Funktionen

3. Der Bundesrat

Der Bundesrat ist die oberste vollziehende und leitende Behörde und hat entsprechende Kompetenzen. Er besorgt die Durchführung der von der Bundesversammlung beschlossenen Gesetze, unterbreitet neue Vorschläge und leitet und überwacht die eidgenössische Verwaltung. Er vertritt die Schweiz auch nach aussen und hat in Notzeiten die dringendsten Massnahmen zu treffen.

a. *Departemente.* – Jedes Departement hat einen Bundesrat als Vorsteher. Es bestehen folgende Departemente:
- Politisches Departement
- Departement des Innern
- Justiz- und Polizeidepartement
- Militärdepartement
- Finanz- und Zolldepartement
- Volkswirtschaftsdepartement
- Verkehrs- und Energiewirtschaftsdepartement

b. *Das Kollegialsystem.* – Obwohl jeder Bundesrat Vorsteher eines Departementes ist, werden die wichtigsten Entscheide vom Gesamtbundesrat getroffen, der die Verantwortung dafür trägt. Für den einzelnen Bundesrat ist der Kollegialbeschluss verbindlich, und er hat ihn nach aussen zu vertreten, auch wenn er im Kollegium eine andere Auffassung vertreten hatte.

4. Das Bundesgericht

Das Bundesgericht als oberstes eidgenössisches Gericht entscheidet die privatrechtlichen und öffentlich-rechtlichen Streitigkeiten letztinstanzlich. Unter Privatrecht versteht man Rechtssätze, welche die Rechtsbeziehungen der Individuen und der privaten Verbände regeln. Das öffentliche Recht dagegen umfasst Rechtssätze, welche den Staat, seine Funktionen und seine Beziehung zu anderen öffentlich-rechtlichen Organisationen oder Privaten ordnen.

Mit privatrechtlichen Streitigkeiten unter Personen oder Personenverbänden soll sich das Bundesgericht nur unter gewissen Voraussetzungen befassen. So wird bei vermögensrechtlichen Streitigkeiten ein Streitwert von mindestens Fr. 8000.– verlangt.

Das Bundesgericht überwacht die richtige Anwendung bundesrechtlicher Normen durch die kantonalen Gerichte. Insbesondere kann die Verletzung verfassungsmässiger Rechte durch kantonale Instanzen – seien es nun Gerichte oder andere Behörden – durch staatsrechtliche

Beschwerde gerügt werden. Dieses Rechtsmittel der staatsrechtlichen Beschwerde kommt aber nur dann zur Anwendung, wenn alle anderen, gesetzlich vorgesehenen Rechtsmittel erschöpft sind. Besonders häufig wird die Verletzung des Grundsatzes der Rechtsgleichheit durch staatsrechtlichen Rekurs gerügt.

V. Die Bundesaufgaben

A. Allgemeines

Gemäss Art. 2 BV bezweckt der Bund:
- Behauptung der Unabhängigkeit des Vaterlandes gegen aussen,
- Handhabung von Ruhe und Ordnung im Innern,
- Schutz der Freiheit und der Rechte der Eidgenossen und Beförderung ihrer gemeinsamen Wohlfahrt.

Aus den vielfältigen Pflichten des Staates werden im Folgenden die diesen Zwecken dienenden Aufgaben besonders hervorgehoben.

B. Die speziellen Aufgaben

1. Sicherung
   a. *Aussenpolitik.* – Durch ihre Aussenpolitik soll die Schweiz das Ausland von ihrem Unabhängigkeitswillen, ihrer Neutralität und ihrem Wunsch nach guten Beziehungen zu andern Staaten überzeugen. Das bedingt ein vorsichtiges, oft übervorsichtiges Lavieren und auferlegt unserer Aussenpolitik vielerlei Beschränkungen. Der bewusste Verzicht auf jede Art von Aggression ermöglicht der Schweiz andererseits die Übernahme von Interessenvertretungen bei Konflikten zwischen anderen Staaten. Sie hat sich in dieser Rolle oft bewährt und ist stets bereit, vermittelnd einzugreifen, wo sie dazu aufgefordert wird.
   b. *Innenpolitik.* – Ruhe und Ordnung im Lande selbst werden am besten dadurch gesichert, dass allzustarke Interessengegensätze, vorab auf wirtschaftlichem Gebiet, nach Möglichkeit vermieden werden. Die grössten Arbeitgeber- und Arbeitnehmerorganisationen trafen ein Friedensabkommen in dem Sinne, dass Differenzen in Vertragsverhandlungen bereinigt werden sollen und bei Konflikten ein neutrales Schiedsgericht entscheiden soll. Diese Verständigungsbereitschaft hat der Schweiz lähmende, wirtschaftsschädigende Streiks, wie sie in anderen Ländern an der Tagesordnung sind, erspart. Den stürmischen und oft recht unpräsisen Forderungen der jungen Generation nach einem freieren und natürlicheren Lebensstil versucht man durch Anpassung veralteter Vorschriften an die veränderten Verhältnisse, verbessertes Bildungsangebot und Toleranz zu begegnen, bisher jedoch ohne grossen Erfolg. Vielen Jungen ist an der Aufrechterhaltung von Ruhe und Ordnung wenig gelegen. Ohne eine verbindliche, von allen Staats-

bürgern zu respektierende Ordnung kann indessen kein Staat auskommen. Nur ihm ist es dank seiner Souveränität möglich, Übergriffe Einzelner in die Rechte anderer zu verhindern und eine möglichst befriedigende Rechtsordnung zu schaffen. Auch sie ist jedoch auf dem Wege der Verfassungs- und Gesetzesänderung den beständig wandelnden Lebensverhältnissen anzupassen.

c. *Militär: Allgemeine Wehrpflicht.* – Das Militär soll die Unabhängigkeit der Schweiz bei Angriffen von aussen verteidigen, aber wenn nötig auch Ordnungsaufgaben im Innern übernehmen.

Im Zusammenhang mit dem Militär wird immer wieder die Frage aufgeworfen, ob es einen Angriff auf unsere Unabhängigkeit wirklich verhindern könnte. Dabei ist weniger an eine erfolgreiche Verteidigung als an einen ins Gewicht fallenden Widerstand zu denken, der vom Angreifer in Rechnung gestellt werden müsste. Kann und will das Schweizervolk seine Unabhängigkeit in diesem Sinne verteidigen? Der Widerstandswille, der im letzten Weltkrieg ausserordentlich stark aufgeflammt ist, besteht zweifellos auch heute noch. Die Einstellung zum Militär als solchem steht dagegen oft nicht im Einklang mit dem grundsätzlichen Wunsch nach Verteidigung der Unabhängigkeit. Der wehrpflichtige Schweizer leistet seinen Militärdienst meist ohne Begeisterung, und die Militärausgaben werden als notwendiges Übel reichlich stiefmütterlich behandelt. Sicher ist bedauerlich, dass so grosse Summen statt für aufbauende Arbeit für reine Abwehrmassnahmen eingesetzt werden müssen. Wer aber die Verteidigung unserer Unabhängigkeit gegen Angriffe grundsätzlich bejaht, muss auch die dafür erforderlichen Mittel bejahen, sonst ist der Widerstandswille nicht mehr glaubhaft und wird im Ausland nicht mehr ernst genommen.

2. Schutz der Freiheit und Rechte der Bürger

Die Freiheit und Rechte der Bürger werden durch die in der Bundesverfassung verankerte Rechtsordnung geschützt. Gegen Rechtsverletzungen kann der Richter angerufen und die Verletzung verfassungsmässiger Rechte durch staatsrechtliche Beschwerde beim Bundesgericht geltend gemacht werden.

3. Wohlfahrt

a. *Grosse Aufgaben.* – Der Bund hat Aufgaben zu übernehmen, die dem ganzen Volk dienen und daher gemeinsam gelöst werden

müssen. Dazu gehören unter anderem:
Verkehrs- und Zollwesen
Hochschulförderung
Forschungspolitik
Bundesfinanzen

b. *Soziale Aufgaben.* – Die staatliche Alters-, Hinterbliebenen- und Invalidenversicherung (AHV, IV) soll dem Schweizer die für sein Alter, eine allfällige Invalidität oder den Hinterlassenen im Todesfall notwendigen Existenzmittel sichern.
Die obligatorische Unfallversicherung durch die Schweizerische Unfallversicherungsanstalt in Luzern (SUVA) umfasst Personen, die in besonders gefährlichen, der SUVA unterstellten Betrieben arbeiten.
Dringend ist der Ausbau der Arbeitslosenversicherung.

c. *Kulturelle Aufgaben.* – Hierher gehören in erster Linie die Bildungs- und Forschungsaufgaben. Obwohl der Bildungsartikel vom Schweizervolk verworfen wurde, muss sich der Bund weiter um eine befriedigende Bildungspolitik bemühen, die seinen Bürgern ohne Rücksicht auf Herkommen und Mittel eine den Fähigkeiten entsprechende Ausbildung ermöglichen. Es ist eine Neuregelung der Stipendien vorgesehen.

d. *Wirtschaftliche Massnahmen.* – Die Wohlfahrt eines Volkes ist eng mit seiner Wirtschaft verknüpft. Der Gedanke, die Wirtschaft reguliere sich im Sinne von Angebot und Nachfrage selbst, hat im Lauf der Entwicklung der Einsicht Platz gemacht, dass ohne korrigierende staatliche Eingriffe die Wirtschaft nach allen Seiten überbordet. Entweder in der Weise, dass durch einzelne Wirtschaftszweige andere benachteiligt und dadurch notleidend werden, wie z. B. die Landwirtschaft, oder die Wirtschaft sich in ungesunder Weise aufbläht und eine gefährliche Konjunkturüberhitzung entsteht. In solchen Situationen hat der Staat fördernd oder dämpfend einzugreifen und das Gleichgewicht wiederherzustellen.

e. *Umweltschutz und Raumplanung.* – Auch in der Schweiz ist man zur Einsicht gelangt, dass mit den natürlichen Gütern, wie Boden, Wasser und Luft, seit vielen Jahren Raubbau getrieben wurde. Die Aufgaben der Raumplanung und des Umweltschutzes wurden dem Bund übertragen und in der Bundesverfassung verankert. Das genügt indessen nicht, um die weltweit gewordene Bedrohung zu bannen, denn die Probleme können nicht mehr von einem einzelnen Land, sondern nur durch internationale Zusammenarbeit gelöst werden. Voraussetzung ist jedoch, dass jeder einzelne Bürger der drohenden Gefahr bewusst wird und zu Opfern bereit ist. Die Einsicht, dass der Mensch nicht Herr über die Natur, sondern nur ein Teil der Schöpfung ist, muss zu einem neuen Verantwortungsgefühl gegenüber den Mitmenschen und Gott führen. Von dieser ganz persönlichen Verantwortung kann ihn der Staat nicht entbinden. Der Rechtsstaat, soweit er diesen Namen wirklich verdient, lebt aus diesem Verantwortungsbewusstsein seiner Bürger.

Verzeichnis der benutzten Gesetzeserlasse

1. *Das Schweizerische Zivilgesetzbuch (ZGB).* – Das ZGB umfasst das Personen-, Familien-, Erb- und Sachenrecht. Am 1.1.1912 in Kraft getreten, wurde es im Lauf der Zeit in verschiedenen Punkten geändert. Eine umfassende Revision des Familienrechtes ist im Gange.

2. *Das Schweizerische Obligationenrecht (OR).* – Das Obligationenrecht regelt das allgemeine Vertragsrecht, die einzelnen Vertragsarten, die Handelsgesellschaften, Geschäftsfirmen und das Wertpapierrecht. Am 1.1.1883 in Kraft gesetzt, wurde es 1912 dem ZGB angepasst und seither in verschiedenen Teilen revidiert.

3. *Das Schweizerische Strafgesetzbuch (StGB).* – Das am 1.1.1942 in Kraft gesetzte, jedoch seither wiederholt revidierte STGB bestimmt, welche Handlungen strafbar sind, unter welchen Voraussetzungen der Täter bestraft werden kann sowie Art und Ausmass der Strafe.

4. *Das Bundesgesetz über die Kranken- und Unfallversicherung (KUVG)* von 1911 regelt diese beiden Rechtsgebiete. Es erfolgten zahlreiche Änderungen des ursprünglichen Gesetzestextes.

5. *Das Bundesgesetz über den Versicherungsvertrag (VVG)* von 1908 regelt den privaten Versicherungsvertrag und die einzelnen Versicherungsarten.

6. *Die Bundesverfassung der Schweizerischen Eidgenossenschaft (BV)* von 1848, total revidiert 1874, umschreibt die Grundlage, den Zweck und die Organisation des Bundes sowie seine Rechte und Pflichten gegenüber den Kantonen und dem einzelnen Bürger. Seit 1874 erfolgten zahlreiche Teilrevisionen. Eine Totalrevision steht zur Diskussion.

Die Bundesverfassung und die vorstehend erwähnten Bundesgesetze können bei der Bundeskanzlei in Bern oder im Buchhandel bezogen werden.

Was finde ich wo
Schlagwortverzeichnis

A

	Seite
Abgangsentschädigung	162
Abnützung bei Mietobjekten	182–183
Abstammung	101–103
Abstandsvorschriften für Anpflanzungen	151
Adoption	104–106
Adoptionsverfahren	105
AHV-Leistungen	197–198
Aktives Wahlrecht	238–239
Alimente	33–35
Alters- und Hinterbliebenen-Versicherung (AHV)	196–199
Amtliche Liquidation	97–98
Anerkennung des ausserehelichen Kindes	116–121, 122
Anfechtung der Ehelichkeit des Kindes	102–103
Anfragerecht des Parlamentariers	242
Angefallenes Vermögen	47
Anries	152
Anspruch auf Versicherungsleistungen	196–197
Ansprüche der ausserehelichen Mutter	121
Ansprüche der Ehegatten bei Auflösung der Ehe	47, 49–50
Ansprüche des Mieters bei Mängeln	170–171
Arbeitserwerb des Kindes	109
Arbeitsleistung	157
Arbeitsverhältnis	155–162
Arbeitsvertrag	157
Auflösung des Arbeitsvertrages	161–162
Auflösung des Mietverhältnisses	177–182
Ausgleichung	90–96
Auskunftspflicht	70, 71, 225
Ausschlagung des Erbes	97
Aussenpolitik als Bundesaufgabe	245
Aussereheliches Kind	116–121, 122
Ausserordentlicher Güterstand	40–41

B

Bedürftigkeitsrenten	34–35
Beendigung des Mietverhältnisses	182–186
Beistandspflicht	109
Beitragspflicht	32–35

Bekanntgabe von Mietzinserhöhungen	175
Beschränkungen der Handlungsfähigkeit der Ehefrau	17–19
Beschränkungen des Eigentums	148–149
Bestattungskosten	209–210
Besuchsrecht	30–31
Betreibung unter Ehegatten	23–24
Betreibungsprivileg	70, 71
siehe auch privilegierte Ersatzforderung	45
Betriebseigene Wohnungen	180
Betriebsunfallversicherung	206–207
Beweis des eingebrachten Gutes	43–44
Böswillige Verlassung	28
Bundesaufgaben	245–248
Bundesgericht	241, 243–244
Bundesrat	241, 243
Bundesstaat	232–236
Bundesverfassung	234–235
Bundesversammlung	241–242
Bürgerrecht	232–234

D

Departemente	243
Disziplinarische Massnahmen im Jugendstrafrecht	134–135, 138
Dringlicher Bundesbeschluss	239–240
Durchleitungspflicht	151

E

Ehebruch als Scheidungsgrund	27
Eheliche Abstammung	101–103
Ehelicherklärung	103
Eheliches Güterrecht	37–72
Ehelichkeitsanfechtung	102–103
Ehescheidung	25–36
Ehescheidungsgründe	27–29
Ehescheidungsklage	31
Eheschutz	24
Eheschutzrichter	24
Ehetrennung	31
Eheverbot	29–30

Ehevertrag	39–40
Ehrenkränkung	28
Eigenbedarf des Vermieters	180
Eigenhändiges Testament	86–87
Eigentum	79
Eigentumsbeschränkung	148–149
Einbürgerung	233
Einfriedung	152
Eingebrachtes Gut	43–47
Eingliederungsmassnahmen	200–201
Einzelinitiative	242
Elterliche Gewalt	107, 114, 123–124, 126
Eltern- und Kindesrecht	99–127
Entehrende Verbrechen	28
Enterbung	88–89
Entschädigungsleistungen bei der Ehescheidung	33–35
Entscheidungsrecht des Ehemannes	61, 62–63
Entzug der elterlichen Gewalt	114, 126
Erbauskauf	88
Erbausschlagung	97
Erbeinsetzung	86
Erbenhaftung	97
Erbrecht	73–98
Erbrecht der elterlichen Parentel (Linie)	76
Erbrecht der grosselterlichen Parentel	76–77
Erbrecht der Nachkommen	76
Erbrecht der urgrosselterlichen Parentel	77
Erbrecht des Ehegatten	77–85
Erbschaftschulden	97–98
Erbteilung	98
Erbverpfründung	87
Erbvertrag	87–88
Erbverzicht	88
Errungenschaft	48
Errungenschaftsgemeinschaft	48
Ersatzforderung	45, 72
Ersatzwert	220
Erstreckung der Kündigungsfrist	179, 180–181
Erstreckungsausschluss	180

Erwerb der Ehefrau	51–53, 65, 66
Erzieherische Massnahmen im Jugendstrafrecht	135–137, 139–140, 142–143

F

Fakultatives Referendum	239
Familienhaupt-Haftung	110, 222–223
Familienschutz	21–24
Ferien	159–160
Festsetzung der Haushaltbeiträge	51–53
Finanzielle Nebenfolgen der Scheidung	32–36
Föderalismus (Eigenständigkeit der Kantone)	235
Formelles Scheidungsrecht	31
Frauengut (eingebrachtes Frauenvermögen)	44–45
siehe auch Sondergut	41–42
Freiheitsrechte des Bürgers	237–238

G

Gebrauch der Mietsache	168–169
Gefährdungshaftung	222
Geisteskrankheit als Scheidungsgrund	28
Gelegenheitsgeschenke	90
Genugtuung bei Scheidung	33
Gerichtliche Feststellung der Vaterschaft	119–121
Gesamtgut	48–49
Gesetzeserlasse, Verzeichnis der benutzten	249
Gesetzliche Gütertrennung	40
Gesetzlicher Erbanspruch	78–81
Gesetzlicher Vertreter	108, 113, 114
Getrenntleben	24
Gratifikation	159
Grenzabstand	151
Grobes Verschulden	210
Gütergemeinschaft	48–50
Güterrecht	37–72
Güterrechtliche Auseinandersetzung	35–36, 66–68
Güterrechtsregister	39–40
Güterstände	39–50, 64–66
Gütertrennung	50, 57–59
Güterverbindung	43–47, 64–66

H

Haftpflichtversicherung	221–224
Haftung der Ehegatten für Schulden	45–47, 48–49, 50
Haftung des Familienoberhauptes	110, 222–223
Haftung des Mieters	183–184
Haftung des Tierhalters	222
Haftung des Werkeigentümers	223–224
Halten von Haustieren	169
Handels- und Gewerbefreiheit	237–238
Handlungsfähigkeit	15–19
Haushaltbeitrag der berufstätigen Ehefrau	51–53
Haushaltführung	23
Haustiere	169
Heimatrecht	232–234
Herabsetzung des Mietzinses	171
Hinterbliebenenversicherung	196–199
Hinterlassenenrenten	209–210

I J

Innenpolitik als Bundesaufgabe	245–246
Interpellationsrecht des Parlamentariers	242
Interzessionsgeschäft	17–19
Invalidenrenten	201, 208–209
Invalidenversicherung (IV)	200–201
Jugendkriminalität	131
Jugendstrafrecht	129–143

K

Kapprecht	152
Karenzzeit	204
Kausalhaftung	222–224
Kinderzuteilung bei Ehescheidung	30–31
Kindesrecht	99–127
Kindesvermögen	108–109, 114–115, 126–127
Klage bei Ehebruch	27
Kollegialsystem	243
Konkursprivileg	70, 71
siehe auch privilegierte Ersatzforderung	45
Krankengeld	204, 207

Krankenkassen	202
Krankenpflege	203–204, 207
Krankenversicherung	202–205, 217–218
Kulturelle Aufgaben des Bundes	247
Kumulieren	238
Kündigung	161, 177–181
Kündigung aus wichtigen Gründen	161, 178
Kündigung betriebseigener Wohnungen	180
Kündigung wegen Eigenbedarf	180
Kündigungsbeschränkung	161, 179–181
Kündigungsfristen	161, 177–178
Kündigungstermin	177
Kürzung der Versicherungsleistung	210, 225–226

L

Lebensversicherung	218–219
Leichtere Mängel an Mietobjekten	170
Letztwillige Verfügung	82–85, 86–87
Lidlohn	95–96
Liquidation, amtliche	97–98
Lohnanspruch der Ehefrau	54–56
Lohnzahlung	158
Lohnzahlung bei Ferien und Krankheit	159

M

Mängel an Mietobjekten	170–171, 183
Mängelliste	167
Medizinische Massnahmen	200
Meldepflicht	225
Mietgericht	175–176
Mietrecht	163–186
Mietvertrag	165–167
Mietzins	173–176
Mietzinserhöhung	175–176
Militär	246
Missbräuche im Mietwesen	173–176
Missbräuchlicher Mietzins	173–176
Misshandlung	28
Motionsrecht des Parlamentariers	242
Mündigkeit	15

N

Nachbarrecht	145–154
Nachträgliches Referendum	239–240
Namensänderung der Ehefrau	29
Nationalrat	238, 241
Nebenfolgen der Scheidung	29–31, 32–36
Neutralität	236
Neuwertversicherung	220
Nichtbetriebsunfallversicherung	206–207
Notwegrecht	152–153
Nutzniessung	79, 81
Nutzung der Mietsache	168–169
Nutzung des Kindesvermögens	108–109, 114–115, 126–127
Nutzungsbefugnis des Ehemannes	44, 48, 50, 64, 65

O

Obligatorische Unfallversicherung	206–211
Obligatorisches Referendum	239
Öffentlich beurkundetes Testament	86
Öffentliches Inventar	44, 70, 71, 97
Ordentlicher Güterstand	40, 64–66

P

Panaschieren	238–239
Parentelen	75–77
Parlamentarier	242
Passives Wahlrecht	239
Personenversicherung	217–219
Persönliche Freiheitsrechte des Bürgers	237–238
Persönliche Nebenfolgen der Scheidung	29–31
Petitionsrecht	237
Pflichtteil	82–85, 88–89, 219
Politische Rechte des Bürgers	238
Postulatsrecht des Parlamentariers	240
Privatversicherung	213–227
Privilegierte Ersatzforderung	45
siehe auch betreibungs- und konkursrechtliches Privileg	70, 71
Probezeit	161
Proporz-System	238

R

Raumplanung	247–248
Rechtsfähigkeit	15–19
Rechtsfragen – aus dem Alltag gegriffen	7–9
Rechtsgeschäfte mit Kindern	113
Rechtsgeschäfte unter Ehegatten	17
Rechtsgleichheit	237
Rechtsgültigkeit der Kündigung	178–179
Rechtsordnung	237–240
Referendum	239–240
Reinigung des Mietobjektes	182
Rente statt Nutzniessung	81
Rentenhöhe	198, 208–210
Reparaturen an Mietobjekten	171
Retentionsrecht des Vermieters	185–186
Revision des Eherechtes	60–72
Revision des Kindesrechtes	122–127
Richterliche Gütertrennung	41
Rückgabe des Mietobjektes	182–183
Rückschlag	47, 66

S

Sachversicherung	220
Scheidung	25–36
Scheidungsgründe	27–29
Scheidungsklage	31
Schenkung	90
Schlichtungsstelle in Mietsachen	175
Schlüsselgewalt	57, 62
Schuldenhaftung der Ehegatten	45–47, 48–49, 50
Schutz gegen Missbräuche im Mietwesen	173–176
Schutzbestimmungen bei Gefährdung der Ehe	24
Schutzbestimmungen im Arbeitsverhältnis	158
Schutzbestimmungen zugunsten der Ehefrau	62, 64
Schutzmassnahmen im Eltern- und Kindesrecht	112–115, 125–126
Schwere Mängel an Mietobjekten	170–171
Selbstbehalt	204
Sicherstellung des Nachlasses	81
Sicherung des Frauengutes	70

Was finde ich wo 261

Sondergut	41–42
Souveränität (höchste Staatsgewalt)	234
Soziale Aufgaben des Bundes	247
Sozialversicherung	193–211
Spezielle Scheidungsgründe	27–28
Staatliche Organe	241–244
Staatskunde	229–248
Staatsrechtlicher Rekurs	244
Ständerat	241
Stillstand der Verjährung	191–192
Stimmrecht	238–239
Strafen im Jugendstrafrecht	138–139, 142
Strafrecht für Jugendliche	138–141
Strafrecht für junge Erwachsene	142–143
Strafrecht für Kinder	134–137
Summenversicherung	217
Suva	206–211
Suva-Leistungen	207–210

T

Teilrente	197
Teilung der Erbschaft	98
Testament	86–87
Tierhalterhaftung	222
Trennung	31
Treuepflicht	158

U

Übergabe des Mietobjektes	184
Überstundenarbeit	158
Umweltschutz	247–248
Unehrenhafter Lebenswandel	28
Unfallversicherung, obligatorische	206–211
Unfallversicherung, private	217–218
Unterhaltsbeiträge bei Scheidung	32–35
Unterhaltspflicht des Ehemannes	32–35
Untermiete	169
Unterstellung unter neues Recht (Adoption)	106

Unterstützung	109
Urteilsfähigkeit	15

V

Vaterschaftsklage	119–120, 123
Vaterschaftsvermutung	119–120
Verfassung	234–235
Verfassungsinitiative	240
Verfügungsfähigkeit der Ehefrau	15–17
Verfügungsgeschäft	18
Verfügungsrecht	44–45, 65–66
Verhältnis von Unfall- und Haftpflichtversicherung	226
Verjährung	187–192
Verjährungseinrede	192
Verjährungsfristen	190–191
Verjährungsunterbrechung	189–190
Verlassung	28
Verlust des Bürgerrechts	233–234
Vermächtnis	86
Vermutung der Ehelichkeit eines Kindes	101–102
Verpflichtungsgeschäft	17–19
Verschuldenshaftung	221–222
Versicherungsleistungen	197–198, 200–201, 203–204, 207–210, 224
Versicherungspflicht	202–203, 207
Versicherungsrecht	202–203
Vertragsauflösung, siehe Kündigung	161, 177–181
Vertragsrücktritt	170
Vertragswidriger Gebrauch der Mietsache	169–170
Vertretungsrecht	61, 63–64
Verwaltung des Kindesvermögens	108–109, 114–115, 126–127
Verwaltungsbefugnis des Ehemannes	44, 48, 50, 64, 65
Verzeichnis der benutzten Gesetzeserlasse	249
Verzicht auf das Bürgerrecht	233
Volksinitiative	235
Vollrente	197–198, 201
Voraussetzungen der Adoption	104–105
Vormund	114
Vorschlag	47, 66–67, 69–70, 72
Vorschlagssicherung	70–71, 71–72

W

Wahlrecht	238–239
Wartefrist bei Versicherungen	204
Wartefrist für die Eingehung einer neuen Ehe	29–30
Wasserabnahme- und Wasserabgabepflicht	151
Wegnahme der Kinder	113–114
Wehrpflicht	246
Werkeigentümer-Haftung	223–224
Wertvermehrende Arbeiten des Mieters	184
Wertzuwachs	47
Wirtschaftliche Massnahmen des Bundes	247
Wohlfahrt als Bundesaufgabe	246–247

Z

Zerrüttung der Ehe	28–29
Zeugnis	160
Züchtigungsrecht	108
Zusprechung mit Standesfolge	120–121
Zuwendungen	90–92